JN041802

一生「投資」で迷わない
行動科学の超メソッド

The LAWS 富の法則 of WEALTH

PSYCHOLOGY AND THE SECRET TO INVESTING SUCCESS

DANIEL CROSBY

ダニエル・クロスビー
モーガン・ハウセル／序文
児島修／訳

徳間書店

カトリーナ、シャーロット、リアム、ローラ、そして3人の天使たち
——私にとってのすべてに。

謝辞

子どもひとりを育てるには村が必要であると言われる。本の執筆にも同じことが当てはまる。本書があるのは、以下の人たちが、私に様々なものを与えてくれたからだ。心からの感謝を。

アリソン・クロスビー——人生と、書くことへの愛を与えてくれた
フィリップ・クロスビー——最高のキャリアカウンセラーでいてくれた
ナナ——かぼちゃのキャセロール、スイートポテト、カブラ菜をつくってくれた
カール・ファーンズワース——私の本の大ファンでいてくれる
ヘゲ・ファーンズワース——素晴らしい娘を育ててくれた
アリ・マッカーシー——「安値で買うこと」を教え、キャリアを与えてくれた
チャック・ウィジャー——導き、忍耐、ロードマップを与えてくれた
クレイグ・ピアース——チャンスを与えてくれた
ジム・レイク——意欲、エネルギー、目的を与えてくれた
ステファニー・ギララミタ——ユーモア、ウィット、ヒップポップを与えてくれた

ブリンカー・キャピタル――仕事上の家族でいてくれた
スティーブ・ウルブル――夢想、策略、バックテストの方法を教えてくれた
エドモンド・ウォルターズ――指導、機会、率直さを与えてくれた
ティム・マッケイブ――励ましと南部流のもてなしを与えてくれた
メレディス・ジョーンズ――疲れを知らないガイダンスと、私の気まぐれへの忍耐を与えてくれた
ブライアン・ポートノイ――愚かな私を苦しめなかった
マディー・クインラン――素晴らしい校正をしてくれた！
ジョン・ノーラン――知恵とユーモアとベーグルを与えてくれた
ジョーダン・ハッチソン――『ザ・ダイナスティ』を信じてくれた
コーリー・ホフスタイン――世界の仕組みを説明してくれた
ノリーン・ビーマン――リーダーでいてくれた
レスリー・ハダードとレイチェル・バロウ――初期の頃に支援してくれた

私の講演を聴き、本を買い、励ましてくれた何千人もの人たちへ――あなたたちの支えは、私の人生を素晴らしいものにしてくれる

◎目次

第1部　行動科学に基づくセルフマネジメントのルール

ルール1　最も重要なことは自分でコントロールする

ルール2　専門家の助けを借りる

第2部 行動科学的な投資手法

資産運用の現状

ルールベースの行動科学的投資手法における4つのC

行動科学的な資産管理プログラムを設計するための3ステップ

おわりに

モーガン・ハウセルによる序文

まず、世界がどれくらい大きいかを考えてみよう。

次に、生き物がどれだけ身を隠すのがうまいかを考えてみよう。

そして、ある生物種が絶滅したかどうかを判断することを仕事にしている生物学者について考えてみよう。

その仕事が簡単ではないとわかるのではないだろうか。


以前、オーストラリアの生物学者たちが、驚くべき発見をした。それは、「過去500年のあいだに絶滅したと見なされていた哺乳類の3分の1以上は、生きている状態で再発見されている」というものだ。これは、私たちが普段十分に考えていない、ある事実についての一例だ。すなわち、今、科学が明らかにしていることの多くは、いずれ覆されるということだ。

だからこそ科学は偉大なのであり、だからこそ科学は機能している。そして、だからこそ科学は宗教と一線を画している。科学には無数の規則や、証拠に基づく理論、確率に基づいた観察結果がある。だが、法則（law）――例外のない不変の真理――は稀《まれ》にしかない。どの科学分野にも、法則はごくわずかしかないのだ。

しかし、それは特別な役割を果たしている。これらの数少ない法則は、新しい真実を発見するために使われる一般的な理論や規則の偉大な祖母であり、老賢者なのである。科学には階層がある。一番下に法則があり、その上に具体的な規則、さらに理論、観察、推測などが続く。ピラミッドの上に行けば行くほど、物事は刺激的になる。大きな発見やチャンスがあるのもここだ。だがピラミッドの一番上にあるものは、一番下にある法則を尊重しなければならない。揺るぎない法則から柔軟な規則が生み出されるという考えは、あらゆる分野に当てはまる。作家のジョン・リードは著書『Succeeding』（未訳）のなかでこう述べている。

ある分野について学び始めたときは、覚えなければならないことが無数にあるように思える。だが、実際にはそんなことはない。必要なのは、その分野を支配している、核となる原理を知ることだ。覚えなければならないと思っていた１００万個の事柄は、この基本的な原理の様々な組み合わせにすぎないのだ。

同じことは、私たちのお金にも当てはまる。世界経済は、正確に表現できないくらい複雑だ。世界には2億社以上の企業がある。世界の金融資産の総額は３００兆ドルで、ＧＤＰの総額は80兆ドルに達している。２００もの国々があり、何千もの文化や規範がある。世界には70億人が住んでいて、人々の脳内で分泌されるセロトニンの総量をおおまかに見積もると、常に約2トンが世界経済を駆け巡っていることになる。

世界の経済の動きをすべて理解し、不況やバブル、GDP成長率などを予測するのは不可能に近い。絶えず変化している要素が多すぎるからだ。

例を挙げよう。

この原稿の執筆時点で、世界には6万3000社の上場企業がある。投資信託やETFの数（11万4131個）は、世界のスターバックス店舗（2万9324軒）の4倍ある。

2010年の学士号取得者の数は、自己破産の申請者と同等だった（160万人）。

1980年から2014年のあいだに、米国株の40％が70％以上の価値を失い、回復しなかった。

米国人の40％はいざというときに400ドルを用意できない。

労働者の78％は給料ぎりぎりの生活をしている。

米国人の46・1％は死亡時に資産が1万ドル以下しかない。

1950年から2018年にかけて、S&P500の価値は151倍に増えたが、価値が上昇した日は全体の52％のみだ。

これらはまさに私たちの理解を超えている。

にもかかわらず、人々は金融モデルや表計算シート、グラフ、予測などを通して、必死にそれを理解しようとしている。

そうすること自体には問題はない。だが金融の世界を理解しようとするとき、この分野のクレイジーかつダイナミックな部分が、一握りの法則に支配されていることを忘れてはならない。たいていの分野がそうであるように、金融の世界にも法則はわずかしかない。だが、カギを握っているのは紛れもなくこれらの法則なのだ。金融を学べば学ぶほど、経済のクレイジーで複雑な部分は、いくつかの重要なポイントのバリエーションにすぎないことがわかってくる。

本書『The Laws of Wealth』のなかで、著者のダニエル・クロスビーは、「どうすればお金持ちになれるのか?」「どこに投資すればいいのか?」といった問いの答えを具体的に示すのではなく、これらの問い——個人や国、世代によって異なるが、ごく少数の法則に支配されている問い——に答えるために必要な、基本的な原理を提示する。

ロシアの小説家フョードル・ドストエフスキーは、自然界の法則についてこう書いている。

自然は人間の許可を求めない。それは私たちの願望とは無関係に存在している。好むと好まざるとにかかわらず、人は自然をありのままに受け入れ、この自然界の法則が導く結果をすべて受け入れなければならないのだ。

これは、あらゆる分野の法則に当てはまる。もちろん、金融の世界にもだ。

モーガン・ハウセル

コラボレーティブ・ファンド

本書の構成

親愛なる読者の皆さんへ。

本書は、「あなたを裕福にする」という唯一の目的に従って書かれている。ただし、この富は簡単に手に入るものではない。忍耐力を発揮し、自らの欠点を認め、いくつかのシンプルなルールに従うことが、自分の行動と資産を管理するための最善策であるという考えに同意しなければならないからだ。人間は、せっかちで、自信過剰で、複雑なものを好む。だから、この試みに失敗する可能性は高い。それでも、本書の目的は変わらない。あなたを自分自身がつくり出す罠から救い出し、豊かにさせることだ。

本書は、2部構成になっている。

・第1部——複利の力を活用して富を増やしていくための道のりにおいて、自分自身を管理するために必要なルールを説明する。何百年もの市場の歴史に裏打ちされた、10個の戒律を提示する。これらのルールはすべて、「最も重要なもの（すなわち、自分の行動）を、常に自分でコントロールする」という真理に根ざしている。

・第2部――ルールベースの行動科学的投資手法（ＲＢＩ＝Rule Based behavioural Investing）のアプローチを提示する。第1部で学んだ一般的なルールを具体的な方法へと落とし込みながら、リスク管理からリターン創出へと移行する方法も説明する。まずは、行動リスクについて考察し、そのリスクを軽減するルールベースの投資アプローチを紹介する。その後、ＲＢＩアプローチにおいて私が重視している5つの要素を、応用例とともに説明する。

各章の終わりには、その章で取り上げた内容を実践するのに役立つ、「次のステップ」のコーナーを設けてある。その章の内容を「考えよう」「自問しよう」「実行しよう」の3つのポイントにまとめ、投資行動を改善するための一歩を提案する。

投資の世界には、世の中の他の領域とは異なる独自のルールがある。投資で成功できるかどうかは、この市場のルールに従えるかどうかにかかっている。そのために、私たちはまずは自分自身を知らなければならない。

本書を読むことで、読者が経済的に豊かになるだけではなく、自分自身への理解をさらに深められるようになれば、著者としてこれ以上の喜びはない。

はじめに
虫《ワーム》と富《ウェルス》

「株式市場のリターンを向上させるあらゆる方法の背後には、心理学がある」
――ベン・スタイン、フィル・デマス（『The Little Book of Alternative Investments』［邦題『株デビューする前に知っておくべき「魔法の公式」』パンローリング］の著者）

ギニア虫の例：重要な行動を、一貫して継続する

米国南部は、独特の食文化や、「南部訛り」として知られる強い英語のアクセント、人の良さや温暖な気候などの特徴で知られる、誇り高く、時に問題を抱えることのある地域である。

私はこの風変わりで素晴らしい土地の出身だ。生まれはアラバマ州で、現在は南部の首都と呼ぶべきジョージア州アトランタに住んでいる。

アトランタには有名なものがたくさんある。２人のノーベル平和賞受賞者（マーティン・ル

ーサー・キング・ジュニアとジミー・カーター）の出身地であり、米国で唯一、二度も大規模な火災に見舞われた都市である。１９９６年の夏季オリンピックもここで開催された。だがおそらく最も有名なのは、米国疾病予防管理センター（ＣＤＣ）とカーター・センターが置かれている、疫学研究の世界的な中心地であることだろう。

ＣＤＣは世界50カ国に１万４０００人以上の職員を擁し、国内外の感染症対策の先鋒を担っている。カーター・センターは、ジミー・カーター元米国大統領が設立した非営利組織で、「平和を実践し、疾病と闘い、希望を築く」という崇高な理念を掲げている。

長年、どちらの組織も精力的な活動を続けてきた。だが、特に世間の大きな注目を集めるのは、ＨＩＶ／ＡＩＤＳやＳＡＲＳ、鳥インフルエンザ、エボラ出血熱、最近では新型コロナウイルスの流行のような、ニュース性の高い疫病の流行時だけだ。記事の見出しになりやすい恐ろしい名前の疾病（たとえば「狂牛病」）は実際以上に大きな注目を浴びるが、これらの組織が実施している最もインパクトの大きなプログラムには注目が集まりにくい。こうしたプログラムの代表例が、ドナルド・ホプキンス博士率いるギニア虫の撲滅活動だ。

カーター・センターでホプキンス博士のチームが取り組んでいる活動の重要性を理解するには、まずこの寄生虫、すなわち学名「Dracunculus medinensis」、通称ギニア虫（メジナ虫）がもたらす害を（いささか不快であるが）理解するところから始めなければならない。ギニア虫は人間に寄生する最大の組織寄生虫で、体長は最大１メートルにも達する。繁殖力も強く、成虫のメスは実に300万個の胚を持っている。WHO（世界保健機関）によれば、「この寄生虫は宿主の皮下組織を移動し、特に関節で発生した場合に激しい痛みを生じさせる。激しい痛みを伴う浮腫や水疱、潰瘍を引き起こし、宿主には発熱や吐き気、嘔吐などの症状が見られる。最終的には宿主の皮膚を突き破って（たいていは足から）外に出てくる」とある。想像しただけで背筋が凍りつきそうだ。

事態を複雑にしているのは、この恐ろしい痛みを和らげようとするためのある行為が、寄生虫の伝染を促していることだ。感染者は激痛を遠ざけようとして、近くの水場に走り、寄生虫にまみれた手足を水に浸す。その結果、短期的には良い反応が得られる。患部が冷やされ、一時的に痛みを緩和できるからだ。だがこの行為は、大勢の犠牲者を生むことにつながる。ギニア虫を、繁殖に適した水中に送り込むことになるからだ。そう、この寄生虫は水中で増殖し、喉の渇きを癒そうとする村人の口から体内に入り込む。感染した村人は、再び痛みを和らげようとして水場に行き、患部を水に浸す。このサイクルは、無限に繰り返される。

しかし、この寄生虫が社会に及ぼす負の影響は、身体的苦痛だけではない（と、当事者ではない私は簡単に言える）。ケリー・パターソンらは書籍『Influencer: The Power to Change Anything』（未訳）で、この影響を次のように説明している。

「感染者は何週間も農作業ができなくなる。親が感染すると、子どもは学校を休んで家事を手伝わなければならなくなる。作物はまともに育たず、収穫量が激減し、飢餓が起こる。子どもの学力低下と貧困の連鎖が、次の世代を蝕んでいく。寄生虫による二次感染で命を落とすケースも少なくない。その結果、3500年以上にわたって、ギニア虫は数十もの国々で社会経済の発展を大きく妨げる要因になってきたのである[1]」

ホプキンスのチームが1986年にギニア虫に宣戦布告したとき、その相手がとてつもない強敵であったのは明らかだった。だがその戦いの計画は、大方の予想とは違っていた。チームは医学的な治療法を開発することではなく、感染を広げる人間の行動を変えることに注力したのだ。そしてそれによって、明確な治療法のない病気をほぼ根絶させることに成功したのである。

このあり得ないような成功は、あっけないほど単純に思えるような取り組みによってもたらされた。チームは、ギニア虫の被害が少ない村を調査し、その村で観察された一握りの重要な行動に注目し、その結果を広く公表したのだ。具体的には、次のような行動である（もしあなたが発展途上国に行くことがあれば覚えておいてほしい）。

ギニア虫の被害が少ない村では、友人や家族、隣人が感染した場合、村人たちは積極的にそれを周知する。感染者は、痛みのピーク時（つまり、寄生虫が皮膚から出てくる頃）に共同の水場から遠く離れた場所に隔離される。

ホプキンス博士のチームは、この2つの重要な行動を明文化し、それを広く世の中に知らせることで、何百万もの人々の心身の健康や経済状況に良い影響を与えたのだ。成し遂げられたことがあまりにも大きいために、解決策がごく単純なものであったという事実が見落とされがちだが、この惨劇を世界からなくすために彼らがしたことは、特に画期的なことではなかった。ホプキンスは、ごく少数の重要な行動を、幅広く、一貫して適用することの力を理解していただけだった。

小さな行動変化が、大きなリターンを生む

資産運用と熱帯の寄生虫の類似性について考えるのは、ひどく的外れな（あるいはおぞましい）ことのように思えるかもしれない。だが、実は私たちがギニア虫の根絶から学べることはたくさんある。

第一に、私たちは投資家が治療法のない病気に苦しんでいるという現実を認めなければならない。その病気とは、私たち自身の恐怖と貪欲さだ。私は本書を読み終えた読者が、〝人間心理は、満足のいく投資リターンを得るための最大の障害であると同時に、規律ある行動をしていない他の投資家に対して優位に立つための最大の源泉である〟と確信することを願っている。

第二に、私たちは「恐怖と貪欲という病を根絶する唯一の方法は、少数の重要な行動を規律

に従って実践することである」という考えを受け入れなければならない。村人たちを救ったものと同じく、その行動は、単純かつ直感的に理解できるが、実行には胸をえぐられるような苦痛を伴うものである。寄生虫に感染しても水場に近づいてはいけないことを頭で理解するのは簡単だ。だが、燃えるような激痛に襲われているときは、そうはいかない。

本書でこれから紹介するアイデアも、冷静に考えれば「なるほど」と頷けるものばかりだ。だが、市場がどんな状況でも、規律ある方法でそれを実践できなければ、これらのアイデアの有効性は薄れてしまう。〝ギニア虫に感染したら、水場に足を浸してはいけない〟という掟を知ってはいるが、結局は激痛から逃れようとして足を水に突っ込んでしまう村人は、何も知らない村人と同じだ。これは、まさに投資にも当てはまる。村人と同じく、より良い明日のために今日の苦痛に耐える術を学ぶことが、私たちが真に優れた投資家になる道なのだ。

バイアスを超えて

病理に魅せられるのは人間の性《さが》らしい。心理学者で精神科医のジークムント・フロイトは、人間の精神はどのようにして壊れるのか（ヒント：母親）に注目することから研究を始めた。その後、精神分析学は1世紀以上にわたってこの道を歩み続けた。臨床心理学が、現在「ポジティブ心理学」と呼ばれている領域において、人間のポジティブな側面――何が人を幸せにし、強くし、素晴らしい存在にするのか――に目を向けるようになるまでには、150年の年月を要した。

そう考えると、行動ファイナンス〔訳注／行動経済学に基づく投資理論〕の分野でも、まずは異常なものに注目することから研究から始まり、最近になってようやく〝あるべき理想に向けた解決策〟に目が向けられるようになったのも、驚きではない。本書の目的は、投資やファイナンスにおける「効率から行動へ」というアプローチの変遷を細かく辿ることではない。とはいえ、これらの考えの基本を理解し、そのうえで私たちの投資行動を改善する方法を探っていくことには価値がある。

何十年ものあいだ、一般的な経済理論は「経済人（エコノミック・マン）」は合理的で、効用を最大限に追求し、利己的な存在であると考えてきた。経済学者はこの単純な（非現実的ではあるが）仮定に基づいて、極めて美しい数理モデルを構築したが、現実世界への適用性は限られていた。理論上はうまくいくはずが、実際にはそうではなかったのだ。この〝経済人の行動は予測できる〟という確信に導かれて、無防備に利益を追い求め、大きな被害を被った優秀な頭脳の持ち主たちもすくなくなかった。

やがて、ヘッジファンドの破綻や、幾度もの株式市場の熱狂と暴落、人間の不合理さを示す研究結果の増加といった要因が重なり、経済人は「不合理な人間」に取って代わり始めた。行動科学の支持者たちは、過去に市場効率性の支持者たちが大衆の集合知を擁護していたのと同じ熱心さで、投資をする人々の行動に見られる欠陥について論文を書き始めた。最近、私が数えた限りでは、心理学者や経済学者が発見した、正常な投資判断を歪ませる認知バイアスは、117個もある。つまり人間の認知機能には、間違った投資判断をしてしまう仕組みが1、1、7、種類も備わっているのだ。

ただし、象牙の塔〔訳注／芸術至上主義の人々が俗世を離れて没頭する、静寂で孤高の境地。現実から逃避するような学者や、大学の研究室などの閉鎖社会のことも指す〕から生み出されるこうした概念には、投資には役立たないという問題がある。臨床心理士にとって診断は必要だが、それだけでは治療計画を十分に立てられるわけではない。心理療法を施す精神科医は、患者の病名を指摘するだけでは1時間当たり200ドルもする料金に見合う価値は提供できない。だが、行動科学が投資家に与えてきたのはまさにそれだった。病気の種類は豊富だが、解決策が乏しい。このような行動はしてはいけないとは指摘されるが、それを解決するための方法は提示してくれないのだ。

「してはいけない」とだけ言われることの無益さについて考えてみるために、実際に今ここで簡単にそれを試してみよう。

「ピンクの象を思い浮かべないで」

この文章を読んだとき、あなたの脳には何が起きただろうか？　おそらく、ピンクの象を思い浮かべてしまったのではないだろうか。他に想像できることはいくらでもあるのに、無限の選択肢からたった1つのことを外せばよかっただけなのに、してはいけないと言われたことをしてしまったのだ。でも、あきらめるのはまだ早い。指示を変えて、もう一度挑戦してみよう。

「2つの高層ビルを結ぶ高い電線を、日傘を差した大きな紫の象がつま先立ちで横切る姿を想像しないで」

また、してはいけないと言われたことをしてしまったのではないだろうか。

あなたが今経験したのは、何かを想像したり、反芻《はんすう》したりしてはいけないとわかっていても、それをしてしまうという、ごく自然な人間の行動だ。ダイエット中の人が、食べてはいけないものの長いリストをつくったとしよう。そして、ちょっとした誘惑にかられる度に、「私はクッキーを食べない。私はクッキーを食べない。私はクッキーを食べない」と呪文を繰り返したりする。

けれども、このように自責の念にかられながら「～をしてはいけない」と反芻することがもたらす真の効果とは？　結局、一日中クッキーについて考えることになり、オレオを目にしたとたん咄嗟《とっさ》に手を伸ばしてしまうのだ。研究が明らかにしたのは、ある行動を頭から追い出そうとして自己否定の言葉を繰り返すよりも（このアプローチだと、皮肉にもその悪しき行動について常に考えてしまうことになる）、その行動を望ましいものへと方向転換するほうがはるかに効果的なアプローチであるということだ。

残念ながら、これまでの投資に関するアドバイスには、声高に「これをしたらダメ！」というものが多く、「その代わりにこれをしよう！」という建設的なものは少なかった。本書の目的は、この歪《ゆが》んだ状況を正し、あなたの行動とお金をうまく管理するための具体的な方法を提供することだ。

「ダメというだけ」でなく、長所を最大限に高めるために

否定的、自虐的な考えを心のなかで繰り返すと、望ましい行動をもたらさないだけでなく、積極性も閉ざされてしまう。企業研修とリーダーシップ開発の分野の革新的企業、バイタルスマート社のリーダーたちは、その著作『Influencer: The Power to Change Anything』（未訳）のなかで、まさにそのようなケースの例として、タイ国王のラーマ9世が60歳の誕生日を迎えたときに、囚人3万人以上に恩赦を与えるという歴史的な大盤振る舞いをしたときの出来事を紹介している。

それは１９８８年のことで、当時のタイでは、ＨＩＶ／ＡＩＤＳウイルスはほぼ刑務所内に封じ込められていた。だが、性産業が盛んな国に数万の囚人が釈放されたことで、状況は急変した。１年以内に、一部の県ではセックスワーカーの３分の１がＨＩＶ陽性であることが判明した。予想通り、残念ながら既婚男性の多くが売春婦から感染し、それを郊外に移動させ、何も知らないパートナーのいる家庭に持ち帰った。国内の感染者数は１００万人を突破した。人

口の1％近くが性産業で働いていることを考えると、将来の感染率の予測は恐ろしいものになった。

こうした事態を受けて、政府は対策委員会を発足させた。その中心となったウィワット医師の実質的な仕事は、国民を怖がらせることだった。ウィワットのチームは、「恐ろしい疫病がやって来る！」といったキャッチフレーズを用いて、この病気の恐怖を煽るような啓蒙キャンペーンを展開した。だが、数年後に確認したところ、この人々の恐怖心に訴えるアプローチは、実際にはマイナスの効果しかもたらしていないことがわかった。むしろ、状況は悪化していた。そこで、新たな方針が採用された。

ウィワットらはまず、問題の根本を突き止めた。それは、新規のＨＩＶ感染の97％が売春婦との性行為によるものであるという事実だった。そこで、タイのセックスワーカーにコンドームの使用を推奨することにした。恐怖を煽るのではなく、教育によって行動変容を促そうとしたのだ。漠然と恐怖心に訴えるだけだった戦略は、この病気を予防するコンドームの具体的な入手、使用、廃棄の方法についての有用な情報に置き換えられた。その結果、恐怖を煽るだけのアプローチを採っていた場合と比べて、１９９０年代後半時点のタイ国内でのＨＩＶ感染者を５００万人減少させることができたと試算されている。ピンクの象であれ、タイのセックスワーカーであれ、効果は同じだ――恥や恐怖を煽ることは行動の良い動機付けにはならず、逆の反応につながることさえあるということだ。

事前に受けた刺激によってその後の行動に影響が生じる現象は、プライミング効果として知られている。行動経済学者のダン・アリエリーは、著書『予想どおりに不合理』（早川書房）のなかで、被験者の数学テストの成績が、自分がアジア人（一般的に数学が得意だと見なされている属性）であることを思い出させられたか、女性（一般的に数学が苦手であると見なされている属性）であることを思い出させられたかによって変わったという実験を紹介している。予想通り、アジア人であることを思い出させられた人のほうが、女性であることを思い出させられた人よりもテストの結果は優れていた。

同様に、経済学者のメイア・スタットマンは著書『What Investors Really Want（投資家が本当に求めているもの）』（未訳）のなかで、社会経済的なレッテルと消費行動に関する研究を紹介している。自分のことを貧しいと思うようにプライミングされた被験者は、世間に対して自らが裕福であることを示す派手な高級品にお金を使う傾向がはるかに高くなった。

どちらのケースも、「自分がどの箱に入るか」を想起させることで、被験者の行動が操作された。被験者は、自分がどのようなカテゴリーに所属するかを告げられると、それに従って行動したのだ。

こうしたプライミングを投資の世界で用いるのは危険である。建設的な代替アプローチを提示することなく、「人間は、認知バイアスのために誤った行動を取りやすい」と強調すれば、投資家はかえってこうしたバイアスに陥りやすくなり、問題を悪化させるような行動を取ってしまいやすくなるからだ。
投資家は、かつて効率的市場の支持者が考えていたような、利己的で、効用を最大化しようとする生き物でもなければ、最近描かれるようになったホーマー・シンプソン〔訳注／米国の人気テレビアニメ『ザ・シンプソンズ』の主人公〕のような間抜けでもない。投資家に必要なのは、欠陥のある行動を列挙した長いリストではなく、自分の長所と短所を現実的に理解することと、長所を最大限に高め、短所を最小限に抑えるための具体的なアドバイスである。私は本書が、タイの名医のように、読者を怖がらせて問題に注意を向けさせつつ、「投資家の間違った行動」という恐ろしい疫病を避けるための道筋を与えるものになることを願っている。
16世紀のフランスの哲学者ミシェル・ド・モンテーニュは、このことを優雅な言葉で表現している。

「私は、哲学者タレスが天体の観想に明け暮れ、常に視線を上に向けているのを見て、彼をつまずかせるようなものを地面に置いて、足元のものを見てから雲のなかのものを思索するべきだと警告したミレトスの田舎娘に感謝している。彼女は、空よりも自分自身を見るようにとタレスに忠告をしたのだ」

行動ファイナンスは、天体を眺めることに多くの時間を費やしてきたが、足元にある現実的な問題を見逃すこともあった。本書の目的は、人間心理を説明する理論や逸話、研究結果を提供しながら、良い投資家になるという実用的な目的に向かうためのアドバイスを示すことだ。

本書は、ただ読み通すだけで終わらないでほしい。なぜなら、本書で学ぶ原則は、それを試してみて初めて役に立つものだからだ。行動ファイナンスの実践者になるための道のりには、頭を使うこと以上に、心と胆力が必要になる。

第1部

行動科学に基づくセルフマネジメントのルール

霊長類とフォーマルウェアのパラドックス

あなたは、タキシードを着たサルを見たことがあるだろうか？　もし見たことがないなら、本書をちょっと脇に置いてネット検索をして、霊長類を擬人化するこの定番の安っぽいコメディのイメージを探してほしい。イメージが見つかったら、再び本書を手に取って読み進めよう。

サルがタキシードを着ているというシュールな光景を見たあなたの心には、いくつもの相反する反応が生じたのではないだろうか。最初は笑ったり微笑んだりしたが、見ているうちに、少々落ち着かない気持ちになったかもしれない。たしかに、タキシードを着たサルは面白い。だが、野生動物が正装している姿はやはりどこかおかしい。

だが、株式投資をする人間も、イブニングウェアを着た霊長類と同じくらいおかしな存在かもしれないのだ。その理由は、次の悲しいパラドックスがあるためだ。

1．私たちは、生きていくためにはリスク資産に投資しなければならない。

2．しかし、人間心理はリスク資産に投資するのに向いていない。

まず、老後にキャットフードを食べたくないならリスク資産に投資しなければならない理由について考えてみよう。本書の執筆時点で、米国の賃金の中央値は約4万9000ドルだ[2]。

ただし説明のために、あなたが有能で、この中央値の約2倍である年間10万ドルの高収入を得ているとしよう。同じく、あなたは人気のファイナンシャル・アドバイザー、デイブ・ラムジーの「借金をしてはいけない」という教えに忠実で、毎年収入の10％を貯金箱に入れ、退職の日まで一切そのお金に手を付けないようにすると仮定してみよう。25歳で貯金を始め、65歳で引退したとすると、この涙ぐましい努力のおかげで引退時に40万ドルの蓄えがあることになる。

40万ドルはかなりの額に思えるかもしれないが、これから30年間、老後を安泰に暮らせる額には程遠い。1年当たりにすると1万3333ドルで、現在の物価で考えると貧困ギリギリの生活ということになる。さらに、今後の数十年間で、このお金の価値（購買力）がインフレによってどれほど大幅に低下するかはわからない。

時計の針を45年前の1975年に戻すと、現在の40万ドルと同等の価値の金額は約9万ドル。この計算を将来に当てはめると、40年後に現在の40万ドルと同じ価値のあるお金を手にしようとすれば、約150万ドルが必要になる。

また、米国の平均的な夫婦は現在、老後生活全体を通じて医療費に25万ドル近くを費やしている。これは、月額にすると相当の額になる。今後40年間、インフレ率がそれほど高くないと見積もったとしても、10万ドルの高収入を得て、そのうちの10％を40年間貯金してつくった老後資金は、医療費だけでほぼ吹き飛んでしまうことになる。

上記の仮定を、平均的な労働者の実態に合わせた現実的なものにすることもできるが（学校を出てすぐに10万ドルも稼げるケースは少なく、たいていの人は加齢とともに昇給していく。また、収入の10％を40年間貯蓄し続ける人もめったにいない）、その場合でも導かれる結果は基本的に同じである。65歳までに必要な老後資金をつくるには、資産の価値をじわじわと侵食するインフレを上回るリターンをもたらす、リスク資産の助けを借りなければならないのだ。

経済学者のバートン・マルキールは、このことをもっと簡潔に述べている。「緩やかなものであれ、インフレに対処するには、購買力を維持するための投資戦略を取らなければならないのは明らかだ。そうしなければ、生活水準は確実に低下していくことになる」。つまり、資産を現金で保有していたら、インフレによってその価値は減っていく。だから、私たちがより良い老後を送るためには、投資をしなければならないことははっきりしているのだ。

だが、先に挙げた2番目の問題、すなわち「しかし、人間の心理はリスク資産に投資するのに向いていない」についてはどうだろうか？

ルイス・キャロルの『不思議の国のアリス』は、「ナンセンス文学」と呼ばれるジャンルの代表作と言えるだろう。このまさにナンセンスな物語のなかで、アリスは文字通り不思議な世界に迷い込む。そこでは上が下で、間違っていることが正しくて、どっちに行くかは大した問題ではない。この本に見られる気まぐれな循環性は、アリスとチェシャ猫との次のようなやりとりによく表れている。

「でも、おかしな人たちがいるところには行きたくないわ」とアリスは言った。

「そいつは無理だな」とチェシャ猫は言った。「ここでは、みんながおかしいんだ。オレもおかしいし、キミもおかしい」

「どうしてわたしがおかしいってわかるの？」アリスが尋ねた。

「わかるさ」チェシャ猫は言った。「だって、そうじゃなきゃ、こんなところに来ないだろ」

チェシャ猫の世界にいるアリスと同じように、投資家も日常的な法則が通用しない世界にいる。投資の世界は、将来が現在よりも確実で、仕事を減らすと多くを成し遂げられ、集団は個人より知識が少ない。これから、このどんでん返しが成立する投資の世界の現実を詳しく見ていこう。

現在より確実な未来？

「今から5分後に、何をしますか？」と尋ねられたら、おそらくあなたはほぼ確実に、何をするかを答えられるのではないだろうか。たいていの場合、それは質問をされたときにしているのと同じことだろう。では次に、ゴールポストを遠くに動かして、5週間後に何をしているかと尋ねられたらどうだろうか？　先ほどよりもはるかに答えるのが難しくなるはずだ。それでも、スケジュール表を見れば、何らかの手がかりは得られるかもしれない。では、今から5か月後、5年後、さらには50年後の行動を予測するように尋ねられたら？　答えるのはほぼ不可能だ。これは当然である。遠い未来よりも現在のことのほうがはるかに知り得ることが多いのは当たり前だからだ。

だが投資を複雑にしているのは、これが正反対になるからだ。投資の世界では、今日何が起こるかはわからないし、来週何が起こるかもほとんどわからない。1年後のリターンを予測するのも難しい。だが、25年後についてはもっと正確に予測できる。表1で、株式の長期的なパフォーマンスを保有期間ごとに見てみよう。

短期間だと、リターンがどれくらいになるかはほとんど予測できない。1年間のリターンの幅は非常に広く、54％プラスになることもあれば、43％マイナスになることもある。しかし、保有期間が25年を超えるような長期投資をした場合、リターンの幅が狭くなり、将来の予測の精度がはるかに高くなる。リターンは1年当たり最高で15％プラス、最悪の場合でも6％プラスになる。

リターンの幅は長期的にはそれほど恐ろしいものではなくなる。つまり、株式は長期的に保有すべきものであると言えるだろう。だとすれば、株式投資をしている多くの人にとっては戦

表1　株式のリターンの幅（1926年〜1997年[3]）

保有期間	最高リターン（%）	最低リターン（%）
1年	+53.9	−43.3
5年	+23.9	−12.5
10年	+20.1	−0.9
15年	+18.2	+0.6
20年	+16.9	+3.1
25年	+14.7	+5.9

略を根本的に見直す必要があることになるが、実際にはそうはなっていない。米国の高名な統計学者ネイト・シルバー〔編集部注／米国出身の統計専門家。統計を使って、米大統領選の結果を予想した〕は、著書『シグナル&ノイズ』（日経BP）のなかで、こう述べている。

「1950年代には、米国企業の普通株式は平均して約6年間保有されていた――これは、株式は長期投資の対象であるという考えと一致していた。だが、2000年代に入ると、取引の速度はおよそ12倍になった。以前は平均して6年間保有されていた株式が、わずか半年で取引されるようになったのだ。この傾向は弱まる兆候を見せていない。株式市場の出来高は、4、5年毎の割合で倍増している[4]」

直感的には、私たちは明日のことより今のことのほうをよくわかっていると思っている。けれども、ウォール街の不思議な世界はそうではない。前述の統計学者シルバーが指摘しているように、データへのアクセスが容易になり、テクノロジーの発達によって仲介業者を使わない投資がしやすくなったことで、短期的な投資への注目はさらに強まっている。

逆に言えば、これはこうした傾向に引きずられない人にとっては大きなチャンスになる。大衆が忍耐力を失うほど、賢明な投資家にとって有利な状況になるのだ。資産運用ディレクターのベン・カールソンは著書『A Wealth of Common Sense』（未訳）のなかで、「個人投資家は、金融業界にどんな革新が起ころうとも、金融市場で専門家に伍していくためには、忍耐力が大きな役割を果たすことを理解しなければならない。長期的に確実に勝ち続ける方法などない。プロの投資家に対して個人投資家が持っている最大級の利点は、忍耐力なのだ[5]」と述べている。

思っているほど行動しなくてもいい

「何もしないことの力を過小評価しないこと」
——くまのプーさん

「怠惰は、諸悪の根源であるどころか、むしろ唯一の真の善である」

――セーレン・キェルケゴール（デンマークの哲学者）

本を読まなくなるほど物知りになり、旅行に行かなくなるほど多くの世界を見聞でき、運動しなくなるほど健康になれる世界を想像してみよう。労力を減らすほど多くのものが手に入るのは、私たちが日々経験している現実世界の価値観とは大きく矛盾している。だが、それはウォール街の不思議な世界では常識なのだ。この奇妙な世界で生き延びる術を学ぼうとするなら（そして、私たちは学ばなければならない）、まずは「自分がしなければならないと思っているよりも、行動を減らさねばならない」ことを理解すべきだ。

重大な場面に直面したときに大きな努力をしようとする人間の傾向は、心理学の専門用語で「行動バイアス」と呼ばれている。行動バイアスに関する研究のなかでもとりわけ興味深いのは、スポーツの厳しい勝負の世界、特にサッカーを対象にしたものだ。ある研究グループが、サッカーのゴールキーパーがペナルティキックを止めたときの挙動を調べた。311本のキックを調べた結果、キッカーがボールを蹴る瞬間、キーパーがゴールの左右どちらかにヤマを張ってジャンプする確率は94％だった。しかしキック自体は、左、右、中央にそれぞれ3分の1程度均等に蹴られていた。その結果、左右どちらかにジャンプせず、ゴール中央に留まっていた場合、キーパーは60％の確率でボールを止められた。左右にジャンプした場合に比べて、シュートを阻止できる確率ははるかに大きい。

中央に立ったまま動かないのが最適な戦略であるなら、なぜキーパーはドラマチックに左右どちらかにジャンプするのだろうか？　その答えは、ゴールキーパーの立場になってみるとわかりやすい（特にピッチ上でミスをすると、怒り狂ったファンに命を奪われかねないような熱狂的なサッカーファンのいる国の選手である場合）。ＰＫを止めるかどうかは、試合の行方を決定づけることも多く、国際試合の場合なら国民が歓喜に沸くか、暴徒化するかの分かれ目になることもある。そんな大事な場面では、選手は必死の努力をしていることをアピールしたくなるものだ。スポーツの世界では、全力を尽くすことが美徳とされる。キーパーが真ん中に立ったまま相手のＰＫを防ごうとするのは、傍目には怠惰なプレーという印象を与えやすい。同様に、苦労して手に入れた富を維持し、成長させることを使命としている投資家にとっては、市況が悪化すると、たとえ研究結果が「こういう場合は何もしないのが最善策である」と示していたとしても、指をくわえてじっとしているのは難しい。

投資信託会社のフィデリティ・インベストメンツ社のチームは、本書の「はじめに」で紹介したギニア虫の研究者のように、際立って優れた投資家の行動を特定するために、最も業績の良い証券口座を持つ人の行動を調査した。その結果わかったのは、ショッキングな事実だった。最も業績の良い証券口座の所有者に連絡を取って質問をしたところ、共通して見られた傾向は、その証券口座の存在を忘れていたことだったのだ。これが、優れた投資家の複雑な行動特性と思われたものの現実だった。忘れっぽいということは、投資家にとって最大の武器なのかもしれない。

大手ファンドのバンガードが株を長期間保有する「買い持ち（バイ・アンド・ホールド）」をしている証券口座と、頻繁に株を売買している証券口座のパフォーマンスを比較したところ、案の定、買い持ちのほうが、明らかにパフォーマンスが良かった。さらに、経済学者のメイア・スタットマンは、最も取引量の多いトレーダーが、取引コストとタイミングの悪さによって毎年証券口座の価値の４％を失っていることを示すスウェーデンの研究を引用している。これらの結果は世界的に一貫している。19の主要な証券取引所で、頻繁に売買をしている投資家は、買い持ちをしている投資家にパフォーマンスで年間１・５ポイント劣っていることがわかっている〔6〕。

行動バイアスの悪影響に関する有名な研究は、取引行動におけるジェンダー関連の傾向についての洞察も示している。行動ファイナンスの父と呼ばれるテランス・オーディーンとブラッド・バーバーが、ある大手株式仲買ブローカーの個人口座を調べたところ、当時としては衝撃的な発見をした。

調査対象の男性は女性よりも45％多く取引しており、独身男性の場合は独身女性よりもなんと67％も多く取引していた。オーディーンとバーバーは、この活発さは男性の自信過剰によるものだと考察しているが、心理的な原因が何であれ、その結果としてリターンは低下していた。この調査では、平均すると男性は女性よりも年間１・４ポイント、独身男性の場合は独身女性よりも2・3ポイントもパフォーマンスが劣っていた。長期的な複利効果を考えれば、莫大な差になり得る違いだ。

女性がアウトパフォーム〔訳注／ベンチマークとなる市場指数に対して収益率で上回ること〕する傾向は個人投資家だけに見られるものではない。ヘッジファンド・マネージャーも、女性のほうが男性よりもパフォーマンスがより優れていることがわかっており、これは前述の忍耐力によるところが大きいと考えられている。投資関連メディア、モトリー・フールのローアン・ロフトンは次のようにこうした研究結果について報告している。

「女性が運用するファンドの運用成績は設立以来、平均して9・06％のリターンを上げており、これに対して他のヘッジファンドは加重指数で5・82％である。また同研究グループによれば、2008年の金融恐慌の際のダメージは、女性が運用するファンドは他のファンドの19・03％に対して9・61％と低く、他のファンドほど深刻な打撃を受けていない〔7〕」

英語の諺《ことわざ》に「男の子はやんちゃをするもの」（Boys will be boys）というものがあるが、それは投資の世界でも当てはまるようだ。とはいえ、この行動バイアスによってこれほど大きな経済的な損失が生じているのを予測できた人はほとんどいなかっただろう。

大衆から遠く離れる

「誰でも、個人としてみれば、それなりの分別があり、合理的である——だが、大衆の一員になったとたん、愚か者になってしまう」

——フリードリヒ・フォン・シラー（ドイツの詩人）

私は週に一度くらいの割合で、学会の集まりに参加している。そこでは、立食パーティーで焼きすぎたチキンが出てくることに加えて、金融アドバイザーに行動ファイナンスの初歩について話すように頼まれることが多い。出張の多い人なら誰でも知っているように、新しい土地を訪れると、どこで食べ、どこに泊まり、どこで気晴らしをするかを決めるのが難しい。それなりのホテルにはコンシェルジュがいてお薦めを教えてくれるが、そのアドバイスは、結局は一個人の意見にすぎないために限界がある。

あまり舌の肥えていないコンシェルジュのお薦めに従って何度も失敗したことで（私が味覚音痴だからではないはずだと信じたい）、私はすぐに不特定多数が書き込みをできるウェブサイトのレビューの力を利用するようになった。イェルプ（Yelp）やアバンスプーン（Urban Spoon）、ロッテントマト（Rotten Tomatoes）などのアプリでは、ユーザーレビューの結果がまとめて表示され、評価の高いレストランや映画が何かを調べられるようになっている。私は、ホテルのコンシェルジュや地元紙の映画評論家の好みには必ずしも賛成できないが、このようなアプリでお薦めされる映画やレストランに失望したことは一度もない。最も重要なこと（すなわち、食べ物と映画）に関しては、大勢の人の意見に従っていれば間違いないということだ。

しかし、こうした集合知の力が当てはまるのは、おいしいシュニッツェルを選んだり、映画『ゾルタン★星人』を観るかどうか（ロッテントマトでは18％という低評価）を決めたりすることに留まらない。それは、史上最も成功した政治システムである民主主義の基盤になっている。ウィンストン・チャーチル卿の有名な言葉に、「民主主義に対する最良の反論は、ありふれた有権者と5分間会話をすることだ」というものがある〔訳注／チャーチルは、知識や見識が十分ではない平均的な人々の投票によって当選者が決められることを問題だと考えていた〕。同じような意見は、選挙時に様々な形で耳にする。では、なぜ民主主義は長期にわたってこれほど成功した（あるいは少なくとも完全に失敗したわけではない）のだろうか？　再びチャーチルの言葉を借りれば、なぜ「民主主義は最悪だが、過去に時折試みられてきた他のあらゆる政治形態に比べれば一番マシな政治形態」なのか？

その答えは、大衆が部分の総和よりも賢く、倫理的で、寛容で、慈悲深くなるからである。寡頭制や君主制などの他の政治制度は、少数の権力者の長所や短所によって運命が決まるため、リスクとリターンが民主主義よりもはるかに高くなる。平均的な有権者は特に印象的ではなくても、平均の平均、すなわち有権者が集合すれば、優れた知恵を生み出し得るということだ。もし集合知が複雑な問題の解決に役立ち、既存の政府を支える基盤になっているのだとしたら、それは投資にも役立つのではないかと思うかもしれない。だが、そうではない。ウォール街の不思議な世界では、従来の常識が逆さまになる。そこでは、まったく異なる前提のもとで行動しなければならない。すなわち、集合知よりも、ルールに基づいた個人行動を優先しなければならないという前提だ。

なぜ、投資先を選ぶときと、レストランを選ぶときに、質的な違いが生じるのだろうか。優れた行動経済学者であるリチャード・セイラーは、あらゆる分野において適切な意思決定の妨げとなる要因を4つ挙げている。

1. 今すぐメリットが得られるが、後でコストを支払わなければならない。
2. 意思決定が頻繁に行われない。
3. すぐにフィードバックが得られない。
4. 用いられる言葉の定義が明確ではない。

レストランを選ぶとき、用いられる言葉は明確で（「今夜のスペシャルはチーズをまぶして揚げています」）、すぐにフィードバックがあり（「わあ、すごくおいしい！」）、頻繁に行われ

（毎日3回、私のようにもっと多く食事を摂る人もいる）、コストはすぐに発生するもの（「支払いは27ドル」）と遅れて発生するもの（「つい食べすぎてしまった。あの料理は3つでやめておくべきだった」）がある。

一方、投資判断はセイラーの4つの条件すべてに該当する。意図的に紛らわしい言葉が用いられ（そもそも「市場中立型」とは何を意味しているのだろう？）、フィードバックが大幅に遅く（賢明な人なら投資の結果を判断するのは買ってから数十年後になる）、非常に稀にしか発生しないものがあり（メイブルおばさん、財産を残してくれてありがとう）、想像もできないほど先の将来での利益を考えなければならないこともある（40歳の人が、そのお金を使う80歳の自分を想像するのは非常に難しい）。レストラン選びは、結果がすぐに明らかになり、頻繁に行われるがゆえに、集合知による良いアドバイスが受けられる。一方、投資判断では賢明さや愚かさが数年後にならないと判明しないことがある。そのため、せっかちな大衆が提供できる知恵は少ないのだ。

セイラーの研究結果からも予想されるように、大衆は株式市場への参入時期と撤退時期の判断を根本的に間違えている。目先の喜びと長期的な苦しみがある時期（強気相場）に参入し、目先の苦しみと長期的な喜びがある時期（弱気相場）に撤退しているのだ。ベン・カールソンは著書『A Wealth of Common Sense』（未訳）で、連邦準備制度理事会が実施した1984年から2012年までの資金の流れを調査した研究に言及している。

「この研究は、投資家の大半が大きな利益を得た後に市場に資金をつぎ込み、損失を被った後に資金を引き揚げていることを明らかにした。つまりほとんどの人は、高く買って安く売るという典型的な不味い投資をしているのだ」

ウォール街の不思議な世界のルールよりも、一般社会のルールを優先させると、安っぽい安心と引き換えに、富を失ってしまうというわけだ。

ジャレド・ダイアモンドの著書『文明崩壊――滅亡と存続の命運を分けるもの』（草思社）には、ウォール街の不思議な世界で投資家の多くが試みたこと――すなわち、融通の利かないシステムに対して自らの好む生活様式を強引に当てはめようとした人々の物語が記されている。[8]ダイアモンドは、故郷であるノルウェーとアイスランドを離れてグリーンランドに定住し、一時期は興隆を誇った民族であるノース人の物語を紹介している。

ヴァイキングはその荒々しさで有名だ。ノース人もそのご多分に漏れず、新たな地で森林を切り開き、土地を耕し、家を建てることを強引に推し進めた。それによって、もともとあった牧草地は失われ、貴重な天然資源も枯渇した。しかも、先住民であるイヌイットの伝統的な知恵を原始的だとして軽蔑し、自分たちが持ち込んだ欧州式の農業や建築技法のほうが高尚だと見なした。原住民の食文化や衣服文化を無視したせいで、ノース人はこの本当は豊かなはずの土地で生き延びられなくなっていった。彼らは、自分たちの傲慢さによって滅びたのだ。

投資の世界に足を踏み入れた私たちは、グリーンランドに移住したノース人のように、一見すると理解できないような奇妙な習慣のある土地に身を置くことになる。この土地では、何もしないほど多くが得られ、未来は現在よりも予測可能で、同胞の意見を無視しなければならない。

そこは、人間が生得的に不得手とする一貫性や忍耐力、自己否定が求められる孤独な場所だ。だが、安心して生き、投じた労力に見合うものを得ていくためには、そこで生きていくための術を学ばなければならない。この法則は数が少なく、簡単に学べるが、慣れるまでは違和感を覚えるだろう。簡単ではないが、間違いなく価値がある。そして、それは自分の力でコントロールできる。

ではこれから、この土地の法則を学んでいこう。

ルール1 最も重要なことは自分でコントロールする

「投資家の最大の問題であり、最悪の敵にさえなり得るものは、おそらく自分自身だ」
――ベンジャミン・グレアム（米国の経済学者）

私は、人間の本質に関する鋭い観察は、科学がその根底にある真実を明らかにするはるか以前から、哲学者や神学者、小説家によって記されてきたと繰り返し述べてきた。私が「ヨルダン川問題」と呼ぶ問題、つまり単純であるがゆえに認識されない解決策を持つ複雑な問題を象徴する物語の典型例は、旧約聖書に見られる。

それは、シリア王の軍隊の長である裕福な指導者ナアマンの物語だ。ナアマンは誰もが認める権力者で、周囲から大きな尊敬を集めていたが、（大きな）問題を抱えていた。重い皮膚病にかかっていたのだ。主人の苦しみを見かねた召使の女性が、ナアマンに、同じような苦しみを患っている人々に奇跡を起こすと噂されていたサマリアの聖者に相談することを提案した。

ナアマンはさっそく馬と戦車で聖者エリシャの住む土地に行き、この預言者との謁見を求めた。だがエリシャは姿を現さず、使者を通じて、ナアマンに「ヨルダン川で七度身体を洗えば、肉は再びあなたのもとに戻り、あなたは清められるだろう」という簡潔なメッセージを伝えてきた。ナアマンは2つ不満を抱いた。まず、エリシャが自分と顔を合わせて話をしようとしなかったこと。もうひとつは、エリシャからお世辞にもきれいとは言えない川（気になる人は、「ヨルダン川」をグーグルで検索して、この川の水がどれくらい濁っているか確かめてほしい）で身体を洗うという、ばかばかしいような行為を指示したことだ。ナアマンはもっと水がきれいで、近くにある川の名前を3つ挙げ、怒りを爆発させた。

ナアマンの家来たちは勇気を出して、激怒するナアマンに近づくと「父よ、もし預言者がもっと難しい何かをするよう命じたら、あなたはそれに従ったはずです。預言者はそれよりも簡単なことを命じたのです。なぜそれに従わないのですか」と言って、エリシャの単純な要求に従うよう説得した。ナアマンは謙虚にそれを受け入れ、川で身体を清めるという一見単純そうなことをした。すると、病は癒えたのだった。

今日、投資家は単純であるがゆえに目に見えない「ヨルダン川問題」に悩まされている。その問題とは自分自身だ。

投資収益率を上げるものは何かについて考えるとき、投資家は最も重要なこと――すなわち自らの行動以外のあらゆるものについて思いを巡らしがちだ。新規株式公開の日にテスラ（あるいはアップルや他の高騰した銘柄）の株を買っていたら、今頃どんな人生を送っているだろう？ あるいは、グレート・リセッション〔訳注／米国のサブプライムローン問題がきっかけで、2008年から2010年にかけて起こった世界的な景気後退〕の前に完璧なタイミングで撤退していたら？ おそらく最も一般的なのは、バークシャー・ハサウェイ〔訳注／ウォーレン・バフェットが代表を務める持ち株会社〕の初期段階からの投資家になって、投資の神様と呼ばれる中西部出身のこの会社の庶民派経営者の後を追って富を手に入れるという夢だろう。

投資家の行動は、ファンドの選択や市場のタイミングよりも富の創出の優れた予測因子になるという明白な証拠が示されているにもかかわらず、パニックに陥らず、定期的に投資し、長期的な視点を保つということを夢見る人はいない。

だが、投資家が夢見るものではないとしても、健全な行動は優れた投資の必須条件であり、それを怠ることは破滅的な投資の元凶になる。ゲイリー・アントナッチは、調査会社DALBAR（ダルバー）による投資家の行動に関する研究を引用して、ドルと時間の大きな隔たり、いわゆる「行動ギャップ」を強調している。

「2013年までの過去30年間で、S&P500の年間総リターンは11・1％であったのに対し、平均的な株式投資信託の投資家のリターンはわずか3・69％であった。このアンダーパフォーマンスの約1・4%は投資信託の手数料によるものである。つまりそれを差し引いた6%の差は、主に投資家がタイミングの判断を誤ったことで生じている」〔9〕

行動ギャップは、平均的な投資家が市況に対して感情的な反応をした結果として被る損失を表している。方法論的な理由からDALBARの調査結果に反対する人もいるかもしれないが、行動ギャップが存在することを疑う人はいない。チャート1に示すように、行動ギャップの推定値には年間1・17%から4・3%と調査によって違いがあるが、このギャップにリターンを阻害する影響があるという点は広く意見が一致している。

ある投資信託会社が、たとえば毎年確実に4%アウトパフォームするという金融商品をつくったとしたら、投資家はそれを買うために殺到するだろう。しかし、実質的には行動ギャップを控えることでこれと同等のリターンが得られるにもかかわらず、人々は「ヨルダン川問題」と同じ理由で、何もしないという至極簡単な行動を選ばす、感情に任せて株や債券を売買してしまうのだ。

しかし、あなたが「行動ギャップを最小限に抑えるべき」という私のアドバイスに同意せず、最高のファンドを選びたいと思っているとしよう。ここでは一歩譲ってそれを認め（ただし、株式投資信託〔訳注／ミューチュアルファンド〕は8000種類以上ある）、あなたが2000年から2010年にかけて最も運用成績の良かったファンドに投資したとしてみよう。

チャート1 行動ギャップの推定値（調査者別）

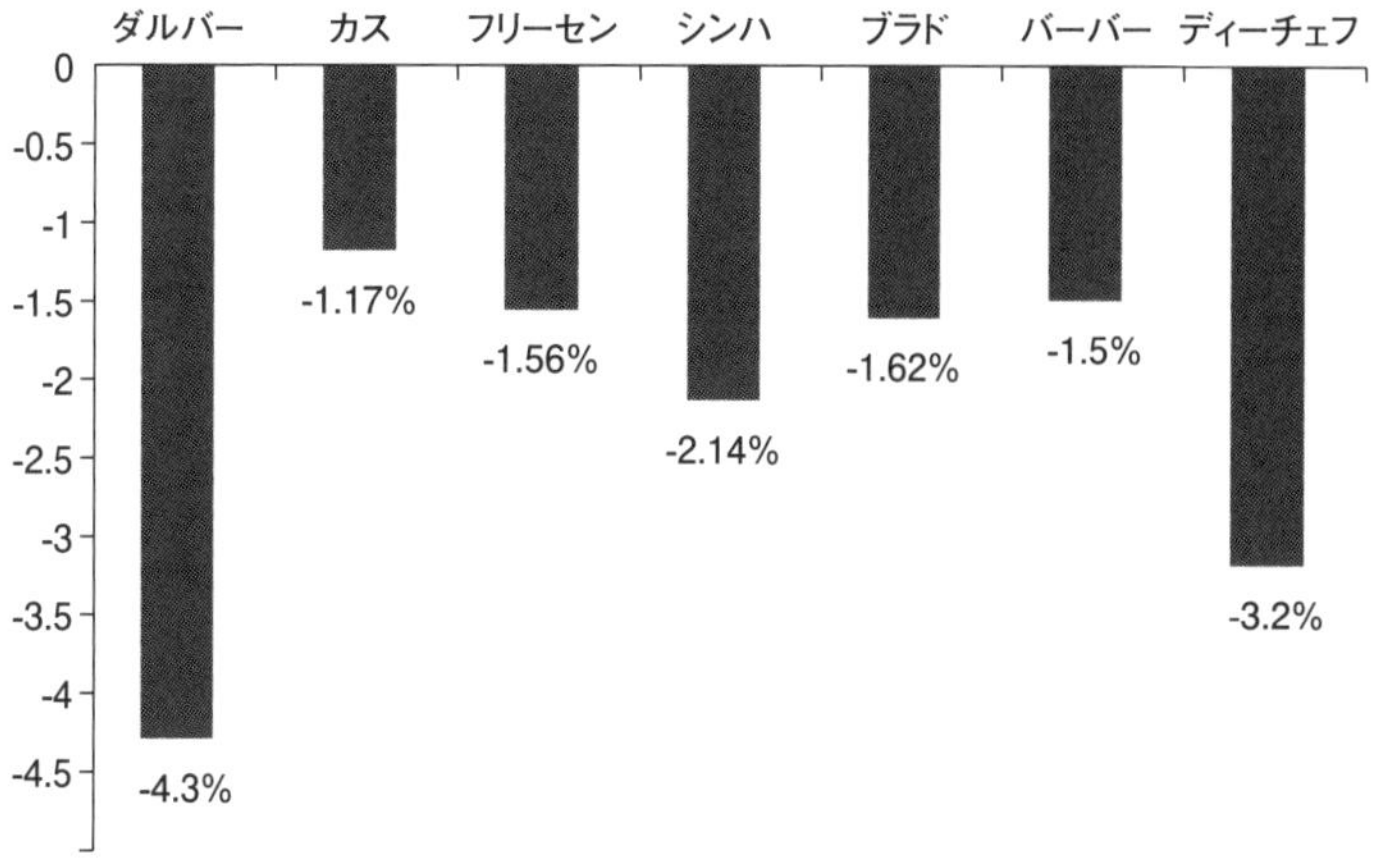

その10年間で、最もリターンが良かった株式ファンドはＣＧＭフォーカス（ＣＧＭＦＸ）。リターンは年率18・2％で、次点のライバルに３％以上の差をつけている。悪くないチョイスだ。だが問題がある。この期間にＣＧＭＦＸに投資をしていた人は、平均すると資産全体の10％を失っていたのだ。これは、こうした不安定なファンドに投資をする人は、儲けたときにさらに買いに走り、損失が出たときに売るという行為を繰り返す傾向があるためだ。リターンを最大化することには価値があり、本書のテーマでもあるが、自制心を伴わなければ成果は見込めない。

このタイミングの問題について他の例を挙げよう。株式が史上最も高値をつけていた１９９９年、米国人は給料の９％近くを４０１ｋの退職金口座に振り込んでいた。３年後、株式は約33％安くなったが、４０１ｋの拠出額は４分の１近く減少した[10]。広範な市場を評価するのはとても簡単だが、その評価に基づいて適切な行動を取るのはとても難しいということだ。

私たちは、行動を管理することが投資家として成功するためのカギであるという事実からは逃れられない。どれほど優れた投資スキル（それ自体、稀にしか見られないが）があっても、行動の不味さは相殺できない。第1部の残りの章でこれから述べていく自己管理の9つのルールは、あなたを良い行動へと導き、4％の行動ギャップを埋めるのに役立つが、それはあなたがこれらの行動は自分の力でコントロールできるものであることをしっかりと認識し、理解して初めて実現できるものだ。良い投資行動をすることの難しさは、投資をする人がその重要性を理解しても、それは本来私たちにとって自然だと感じにくいものであることだ。これから紹介する自己管理のルールは、それに抗うために役立つものだ。

自力で自分を律することのできる見識や明確な考えを持つ人はほとんどいない。良い行動が投資リターンの最良の予測因子であるならば、そのための助けを求めようとする意欲があることが、良い行動の最良の予測因子になるのだ。

次のステップ

考えよう――「市場がどう動こうと、自分自身の選択が最も重要である」

自問しよう――「リターンを追い求めるよりも、貯蓄、コスト削減、忍耐力向上のために他にできることはないか?」

実行しよう――昇給分が自動的に積み立て投資されるように投資口座で設定する。

ルール2
専門家の助けを借りる

「私たちは、自分のためだけに生まれたのではない」
――マルクス・トゥッリウス・キケロ（古代ローマの政治家、哲学者）

わずか7ドル程度から株式取引ができ、手数料が大幅に下がった時代では、従来のように投資の専門家からアドバイスをもらうのは過去の時代の遺物のようなものだという意見もあるだろう。たしかに一昔前は、証券会社や証券アドバイザーはファイナンス・データの番人であり、株価の管理人だった。今では、投資をする人はiPhoneと無料のオンライン証券の証券口座があれば、30年前までウォール街にしかできなかったことができるようになった。このような時代に、「私のアドバイザーは本当に報酬に見合った仕事をしているのか？」と問う価値はあるだろう。だがこの問題に対する研究は、その答えが「イエス」であることをはっきりと示している。ただし、その理由はおそらくあなたが想像しているようなものではない。

手数料に敏感なことで有名な資産運用会社のバンガード〔訳注／米国・ペンシルバニア州で創業

された世界最大級の運用会社のひとつ」は、『アドバイザーのアルファ』と題した独創的な論文のなかで、有能なファイナンシャル・アドバイザーのサービスを利用することで得られる付加価値は、年間およそ3％であると見積もっている。[11] ただしこの論文は、3％の差がスムーズかつ直線的に達成されるわけではないことを指摘している。アドバイザーを利用することのメリットは、投資をする人が大きな不安や欲を感じる時期に偏って得られている。この事実は、次に説明する第2の真実を予感させるものだ。それは「ファイナンシャル・アドバイザーを利用する最大のメリットは、資産運用よりもむしろ行動コーチとしての側面にある」というものだ。

アドバイザーの有効性のさらなる証拠が見られるのが、金融サービス大手のモーニングスター社のホワイトペーパー『アルファ、ベータ、そして新たに……ガンマ』だ。[12]「ガンマ」とは、モーニングスターによる「投資家がファイナンス上の良い判断をすることで得られる追加的な収入」の略語である。同社はファイナンシャル・アドバイザーのサービスを利用することの主な利点として意思決定の改善を挙げ、ファイナンス関連の選択を改善することを目的としたアドバイスを受けた人々が、年間1・82％のアウトパフォームを達成したと試算している。ここでも、アドバイザーは報酬以上の仕事をしていて、意思決定を改善させることがクライアントの投資成果を向上させる主要な手段であることがうかがえる。

エーオンヒューイット社とマネージド・アカウント・プロバイダーのファイナンシャル・エンジンズが行った調査も、「アドバイザーのサポートは大きな配当をもたらす」という考えを裏付けている。この最初の調査は2006年から2008年に行われ、オンラインアドバイスや、ターゲット・デート・ファンドやマネージドアカウントを介したガイダンスという形でのアドバイザーのサービスについて利用者と非利用者の同期間での運用成績を比較した。その結果、サービスの利用者は非利用者よりも手数料を差し引いても年率1・86％も運用成績が優れていた。

さらに、2009年から2010年の市場が不安定だった時期を対象にして同様の分析を行ったところ、意思決定支援の影響は不安定な時期に高まることが明らかになった。アドバイザーのサービスの利用者は、非利用者に比べて手数料を差し引いても年間2・92％も運用成績が高かったのだ。

当初からバンガードが示唆していたように、合理的な投資の意思決定が困難な時期には、専門家のアドバイスを受ける利点が大きくなる。現在では、アドバイザーのサービスを利用すると、一般的に運用成績が年間で2％から3％向上することが明らかになっている。一見すると小さな数字に思えるかもしれないが、複利効果の驚異的な力を知っている人なら、それが将来的に莫大な差を生むことがわかるはずだ。もしファイナンシャル・アドバイスに本当に効果があるのなら、良いアドバイスに従うことで得られる効果は長期的には莫大なものになるはずだ。実際、この研究はまさにそのことを示唆している。

カナダ投資信託協会が2012年に発表した『アドバイスの価値に関する報告（Value of

Advice Report)』と題した報告書によれば、ファイナンシャル・アドバイス・サービスの利用者は、非利用者に比べて長期的な投資計画を守る可能性が1・5倍以上高い。こうした投資計画へのコミットにより、資産は時間の経過とともに増えていく。ファイナンシャル・アドバイスのサービスを4年から6年利用した人の場合、非利用者に対する（アドバイスに起因する）運用成績の差は1・58倍になる。この差は、7年から14年アドバイスを利用した場合は倍近く（1・99倍）になり、15年以上アドバイスを利用した場合は実に2・73倍になる。優れたファイナンシャル・アドバイスは短期的にも役に立つが、生涯にわたる投資という視点でとらえると驚異的な違いを生むのである。

この時点で、適切な投資アドバイスを受けることで得られる長期的なメリットに疑いを持つ人は少ないのではないだろうか。だが、ここで考えるべきは、ファイナンスの専門家のサービスを利用することで経済的なメリットが得られるだけではなく、生活の質の向上が見込めるかどうかだ。

私たちは、芝刈りや家の掃除、室内のペンキ塗りなど、自分でできることを業者に依頼することがある。自分でもできるのだが、お金を払って人に頼むことで、心の安らぎや、愛する人との時間が得られるからだ。前述の研究によれば、アドバイザーのサービスの利用者は、経済的なメリットだけでなく、それと同等の価値のある自信や安心感の向上を得ている。

前途したカナダの報告書によれば、ファイナンシャル・アドバイスの利用者のほうが非利用者よりも安心してリタイアできることや、いざという時の出費に備えていることに自信があると回答している。ファイナンシャル・プランニング基準審議会（FPSC）が実施した別の調査でも、「お金の問題について安心している」という項目に「はい」と答えたのはファイナンシャル・アドバイス・サービスの利用者（ファイナンシャル・プランに従っている）の場合は61％だったのに対し、非利用者（ファイナンシャル・プランを立てていない）はわずか36％だった。同じく、「緊急時の経済的な備えができている」と感じている人は、ファイナンシャル・プランに従っている人の場合は大多数（54％）だったのに対し、プランを立てていない人の場合は22％しかいなかった。また、「リタイア後の準備ができている」と答えたのはファイナンシャル・プランに従っている人の場合は51％だったのに対し、プランを立てていない人の場合は18％しかいなかった〔13〕。

優れたファイナンシャル・アドバイスは、経済的なメリットと同時に、安心感をもたらしてくれる。この調査では、有能なファイナンシャル・アドバイザーは、経済的目標の達成に必要なリターンを得るうえで役立つだけではなく、日々の生活の質を高めてくれることをはっきりと示している。

ファイナンシャル・アドバイザーへの10の質問

ファイナンシャル・アドバイザーのサービスを利用することで、大きなメリットが得られるのはおわかりいただけたのではないだろうか。とはいえ、アドバイザーのサービスはそれぞれ異なる。以下に示すのは、アドバイザー選びで役立つ10個の質問だ。自分に合った最適なアドバイザーを見つけてほしい。

1. **あなたはフィデューシャリー・デューティーの概念に従っていますか？** フィデューシャリー・デューティーとは、自らの利益よりも顧客の利益を優先させる責任を負うことを意味する。

2. **どのような方法で、私を最悪の敵から守ってくれますか？** 行動コーチはアドバイザーがもたらす最大の付加価値だということを忘れないようにしよう！

3. **利用料と支払い方法は？** アドバイザーへの利用料は私たちが想像している以上に交渉の余地がある。特に、大口の顧客の場合はそれが当てはまる。

4. **得意分野は何ですか？** アドバイザーのなかには、中小企業経営者や、出産後に社会復帰を目指している女性、価値観に基づいた投資を好む人などとの仕事を専門とする人もいる。

5．**どのようなサービスを提供していますか？**　ファイナンスの専門家のなかには、計画や投資のアドバイスだけを提供する人もいれば、幅広いサービスを提供する人もいる。自分のニーズに合ったサービスを探そう。

6．**経験はどれくらいですか？　保有資格は何ですか？**　経験年数や、関連資格、大学院教育などについて尋ねよう。

7．**あなたの投資哲学は何ですか？**　明快で簡潔な答えが返ってくれば、投資哲学について深く考えたことの表れである。安っぽい売り文句しか出てこないようなら、そのアドバイザーは避けたほうがいい。

8．**サービス提供の頻度はどのくらいですか？**　これはあなたのニーズと好みによって決めるべきである。年に1回から4回程度が一般的だ。

9．**あなたのクライアントになることの特典は何ですか？**　サービスに安くない料金を払っているのだから、それなりの扱いを受けるべきだ。

10．**後継者計画は立てていますか？**　クライアントに長期的なことを考えるべきだと言うアドバイザーなら、自分でもそれを実践しているはずだ。

ファイナンシャル・アドバイザーがもたらす意外な価値

ルール1では、ヨルダン川問題――すなわち、単純であるがゆえに無視されがちな、シンプルな解決策を持つ問題について説明した。ナアマンが聖者の提案に立腹したのは、問題の巨大さと複雑さに比べて、その解決策が不適当だと思えたからだった。同様に、現代人はたとえば病気に対して複雑な治療法を求め、食事の改善や運動といった、単純だが効果的なアプローチには目を向けようとしない。

この傾向は投資の世界でも長年にわたって見られる。その結果、アドバイザーもクライアントも、ファイナンスの専門家がもたらす最大の価値に気づいていない。ここでもう一度、ファイナンシャル・アドバイスの利用者が得ているアウトパフォームの原因を明らかにするために、調査結果に目を向けてみよう。

バンガードは『アドバイザーのアルファ』と題した論文で、アドバイザーの活動によって生じる付加価値を定量化している（単位はベーシスポイント／bps）。その結果は驚くべきものだ。

・リバランス――35bps

・アセットアロケーション――0～75bps
・行動コーチング――150bps

興味深いことに、行動コーチングは、資産運用に直接関連する他のどの活動よりも付加価値が高い。バンガードの年間の平均付加価値3％という仮定に基づけば、実にその半分は行動コーチング、すなわち顧客が恐怖や欲が高まる時期に愚かな判断をしないようにサポートすることでもたらされている。つまり、アドバイザーはお金を管理するより、感情を管理しているほうが付加価値が高いということだ。

モーニングスターの「ガンマ」調査も、アドバイザーがもたらす真の付加価値と、投資をする人が専門家を選ぶ際に求めるべきことを示している。この調査では、付加価値の源泉を次のように分類している。

・アセットアロケーション
・撤退戦略
・税効率の最適化
・プロダクトアロケーション
・目標に基づくアドバイス

　これらのなかには独学できるものもあるが（アセットアロケーションなど）、専門のアドバイザーのサービスを利用することで大きなメリットが得られるものもある。現代では、ネット情報などを通じて、たとえば身体を鍛えるためのトレーニング方法を簡単に調べられる。同じように、幅広く多様化した資産クラス〔訳注／投資対象である資産の種類や分類のこと〕に投資する方法を探すのも難しくはない。

　しかし、知識さえあれば適切な行動ができるのなら、米国は先進国のなかで最も肥満の多い国ではないだろうし、老後不安の問題もこれほど高まっていないだろう。適切な知識を持つことはスタートとしては重要だが、計画通りに行動することをサポートしてくれる個人的なコーチはさらに重要なのだ。

ファイナンシャル・アドバイザーに付加価値はあるのか？

　前述の研究は、経済面と生活の質の両方を向上させてくれる点で、ファイナンシャル・アドバイザーに価値があると裏付けている。しかし、自分が何を求めているかを利用者が明確にしておかなければ、こうした専門家のサービスから十分に価値は引き出せない。私たちは複雑さや派手なマーケティングを求めがちであり、小難しい専門知識をもっともらしく語る人に惹かれやすい。しかし、本当の豊かさをもたらしてくれるのは、知識と信頼関係のバランスが取れた専門家である。不安なときに話を聞いてくれる人、感情に突き動かされて愚かな判断をしないように踏みとどまらせてくれる人、複雑な問題への簡単な解決法を示してくれる人を、あなたの資産運用のパートナーに選ぶべきだ。ナアマンなら、きっと同意してくれるだろう。

次のステップ

考えよう——「生涯で5回、大きな投資の失敗をしないようにしてくれるアドバイザーには、料金以上の価値がある」

自問しよう——「アドバイザーがもたらす一番の価値が行動コーチングなのだとしたら、アドバイザーとの関係に何を求めればいいだろうか?」

実行しよう——行動コーチングを主な責務だと考えているアドバイザーを探し、サービスを利用する。

ルール3 トラブルはチャンス

「最も悲観的な時期が買い時であり、最も楽観的な時期が売り時である」
――ジョン・テンプルトン卿（英国の投資家）

「私たちを殺さないものは、私たちを強くする」というニーチェの名言がある。あまり知られていないが、ニーチェはこの発言をした直後に梅毒に感染し、精神が崩壊し、精神病や脳卒中、麻痺などが原因で亡くなっている。〔14〕

金融市場でも、人生と同様、「他人が恐れているときに貪欲であれ」と口で言うのは簡単だが、それを実行するのはまったく別の話だ。その大きな理由は、ネガティブな出来事に注目し、記憶しようとする人間の生まれながらの特性にある。

それを理解するために、ここでちょっとした実験をしてみよう。あなたが、ごく普通の1日を過ごしたとしよう。この日を最高の1日にするとしたら、どんなことが起こるべきかを30秒から1分かけて想像し、書き出してみよう。次に、この日を最悪の1日にするとしたら、どんなことが起こるべきかを同じく30秒から1分かけて想像し、書き出そう。次に、２つのリストを比較してみよう。どちらのリストが長いだろうか？　どちらのリストのほうが具体的だろうか？　現実的に起こりそうなことが書いてあるのはどちらだろうか？

たいていの人は、１日を最高にする出来事より、１日を最悪にする出来事のほうが簡単に思い浮かぶ。人間には、将来的に自分の身を守るために、悪い出来事を想像し、記憶するという生得的な特性があるからだ。モノを売る側の人間は、この特性をよく理解している。金融メディアも同様だ。ファイナンシャル・アドバイザーのニック・マレーは、「世界のどこかで、常に破滅的な出来事が起きている。そうでない稀な場合には、メディアが新たな物語を紡ぎ出し、世界の終わりが来ると喧伝し始める。それは24時間３６５日、終わることがない」と述べている。

投資をする人が、不安を煽る商売人から身を守るには、次の３つのことを理解しなければならない。１つ目は、調整局面や弱気相場は投資人生で必ず起こるものであること。２つ目は、長期的な買い場であること。３つ目は、それを活かすには体系的なプロセスが必要であることだ。

調整局面とは、株価が最高値から10％下落した状況を、弱気相場は株価が最高値から20％下落した状況のことを指す。どちらの定義も恣意的ではあるが、広く注目され、他の投資家の行動に影響を与える以上、検討する価値はある。

1900年から2013年にかけて、米国の株式市場では123回の調整局面があった。これは年に約一度のペースになる。それよりも大きな下落である弱気相場は、平均すると3・5年に一度発生している。メディアは10％から20％の市場の下落を世界の終わりであるかのように報じるが、それは春に咲く花のように恒例のものであり、長期的に複利の力で大きく資産が増えていくことの妨げにはならない。

100年以上にわたって、2桁の年率リターンと2桁の損失の両方が起こり得るというのは、にわかには信じられないかもしれない。だからこそ、次の言葉を肝に銘じてほしい。「弱気相場は経済のサイクルにおいて必然的に生じるものであり、私の人生でも10回から12回経験するのは間違いない」

表2は、1929年以降における米国の代表的な弱気相場の発生時期や高値、ピークから谷までの下落幅、期間（月単位）などを示している。弱気相場や調整局面はある程度の規則性を伴って発生するが、投資家のリターンにダメージを与えるのは、その金融的な影響力だけではなく投資家自身の行動である。『The Behavior Gap』（未訳）の著者カール・リチャーズは、2002年10月の例を挙げている。「投資家が株式投資信託から資金を引き出した額が、投資家が株式投資信託に資金を投入した額を5か月連続で上回った。このようなケースは史上初である」。この弱気相場の底はいつだと思うだろうか？（その後5年間で、株価はほぼ2倍になっている）――そう、2002年10月だ。

この傾向は、個人投資家に限ったことではない。バートン・マルキールは著書『ウォール街のランダム・ウォーカー』（日本経済新聞出版社）でこう述べている。

「投資信託の運用担当者が注意すべき時期（極めて高い現金配分に代表される）は、株式市場の底とほぼ完全に一致する。投資信託のキャッシュ・ポジションのピークは、1970年、1974年、1982年、そして株式市場が大暴落した後の1987年末の市場の谷と一致している」

弱気相場が資産にダメージを与える力は、私たちが恐怖に煽られることで増幅される。これは、私たちが市場に対して感じることが、実際とは正反対であるという事実によって二重に難しくなっている。つまり市場は最も恐ろしく感じるときに、最も安全なのだ。ウォーレン・バフェットのメンターは「不当な市場の下落に振り回され、過度に心配する投資家は、自らの優位性を不利なものへと捻じ曲げている」と述べている[15]。この過度な不安をうまくコントロールするには、体系的に投資に取り組み、それを貫く意志を持つことだ。これは、後で詳しく説明する。

大人は、8時間のうち約1時間を、未来について考えることに費やしている。つまり、私たちは平均すると1日のうち起きている時間のうちの2時間を、明日何が起こるのかについて考えることに費やしているのだ。残念ながら、安心より不安のほうが心に留まりやすいため（先ほど想像した、1日を最悪にする出来事を思い出してみよう）、私たちはその2時間のうちの

表2 1929年以降の米国の弱気相場

弱気相場	出来事	市場ピーク	下落幅	持続期間
1929年のウォール街大暴落	過剰なレバレッジ、不合理な熱狂	1929年9月	−86	33
1937年のFRBによる金融引き締め	時期尚早な引き締め	1937年3月	−60	63
第2次世界大戦後の暴落	戦後の復員、景気後退の恐れ	1946年5月	−30	37
1962年の瞬間的急落	キューバ危機	1961年12月	−28	7
1970年のテクノロジー株急落	経済の過熱市民暴動	1968年11月	−36	18
スタグフレーション（不況とインフレの同時進行）	OPECの石油禁輸	1973年1月	−48	21
ボルカーによる金融引き締め	ターゲットインフレ	1980年11月	−27	21
1987年の暴落（ブラック・マンデー）	プログラム売買、市場の過熱	1987年8月	−34	3
ITバブル	過度のバリュエーション、ドットコムバブルの崩壊	2000年5月	−49	31
世界金融危機	レバレッジ／住宅ローン問題、リーマンショック	2007年10月	−57	17
平均			−45	25

大部分を、明日を心配することに費やしている。そのため投資でも、「市場の混乱期は、大きなリターンをもたらす時期の前兆になる」という事実を見逃しやすい。

それが正しいことを裏付ける例としては、たとえば、失業率が高い期間が続くと、その後で株式市場のアウトパフォームにつながる傾向があるというものがある。[16] また資産運用ディレクターのベン・カールソンは、「市場は、良い状態から素晴らしい状態に移行するときではなく、ひどい状態からそれほどひどくはない状態に移行したときに最高のパフォーマンスを発揮する」と述べている。バートン・マルキールとチャールズ・エリスは著書『投資の大原則』（日経BPマーケティング）で、市場の浮き沈みを耐え抜くアプローチについて、親（やかつてのティーンエージャー）の心に響くような喩えをしている。

「投資はティーンエージャーを育てるようなものだ。子どもが大人に成長していく過程で〝興味深い〟出来事に何度も遭遇する。だが経験豊富な親は、日々のドラマチックな出来事に一喜一憂せず、長い目で子育てをとらえている」。

「なぜ、自分の腕をくすぐってもくすぐったくないのか」と不思議に思ったことはないだろうか？　その理由は、脳が「これから自分で自分のことをくすぐるぞ」と考えるからだ。実際に自分の腕をくすぐろうとするときには、あなたはそれを予期している。だから、誰かに腕をくすぐられたときのようなくすぐったさを感じないのだ。

「市場は変動するもの」という考えを持っていることも、同じ影響を生じさせる。予期することで、その影響は鈍らせることができるのだ。下落時にメディアの煽りに乗ってしまうと、経済的な損失だけではなく、行動上の損失という両刃の剣に切り裂かれることになる。だが、日頃から市場の下落は自然なものであり、逆にチャンスととらえられると考えていると、周りがパニックに陥っている状況で、利益を得られるようになるのだ。

次のステップ

考えよう――「弱気相場や景気後退、そして不確実性は、良いリターンを得るために支払わなければならない心理的代償である」

自問しよう――「他人がパニックに陥るような状況は、自分にとって好機になるか？」

実行しよう――市場が下落して値ごろになったら買いたい、価値は高いが高価格で今は手が出しにくい「夢の株」のリストをつくっておく。

ルール4
興奮していたら、それは悪いアイデア

「投資を面白く、楽しいと感じるのなら、おそらくあなたは儲かっていない。良い投資とは退屈なものだ」
――ジョージ・ソロス（世界的に有名なハンガリー系ユダヤ人の投資家）

私はリスクアセスメントをテーマにしたセミナーを行うときに、参加者に「ダイ」と発音する単語を頭に思い浮かべ、書き留めてもらうことがある。あなたも今、深く考えず、頭に浮かんだ言葉を書いてみてほしい。

ご存じの通り、英語には「ダイ」と発音する単語として、「ｄｙｅ（染める）」と「ｄｉｅ（死ぬ）」の2つがある。最初に頭に浮かんだ単語は、その日の気分と関係があると考えられる。記憶は気分の影響を受けるので、良い気分の人は当たり障りのない語を、悪い気分の人は不吉な語を思い浮かべやすくなるはずだ。

だが気分が思考に影響を及ぼすのは、こうした単純な連想に限らない。感情は、過去の記憶や未来に対する考え方にも影響を与える。悪い気分の人（先ほどの質問の場合なら、「d・i・e」と答えた人）に子ども時代について尋ねれば、その頃は太っていて、ニキビに悩まされ、スポーツチームでも補欠だったというようなネガティブな記憶を思い浮かべる可能性が高い。良い気分の人に同じ質問をすれば、夏休みに家族とともに避暑地で過ごした思い出や、3段重ねのアイスクリームを食べたことなどの楽しい記憶が蘇ってくるだろう。

脳は、よくコンピューターに喩えられる。情報が整然と格納され、いつでも公平に呼び出せる記憶装置のようなものだと見なされているのだ。だが実際には、私たちの脳はスーパーコンピューターというより、ビアゴーグル〔訳注／酔っ払うと理性の抑制が利かなくなる現象のこと〕のような歪んだレンズを通じて現実や記憶にアクセスしている。だから、投資をする人は瞬時の感情に現実を歪められないよう注意しなければならない。資産運用ディレクターのベン・カールソンも、単刀直入にこう述べている。

「たしかに、人生には込み上げてくる感情をしっかりと味わうべき場面がある。結婚式や、出産時などだ。だが、感情は良い投資判断の敵になる。大事なことなのでもう一度繰り返す。感情は、良い投資判断の敵なのだ」[17]。

感情がリスク評価や支払い意思に及ぼす影響の数値化を試みた、社会心理学者のジェニファー・ラーナーらの研究がある。[18] 実験では、被験者を「悲しみ」と「無感情」の2グループに分けた。「悲しみ」のグループの被験者は、映画『チャンプ』の悲しいシーン（主人公である少年のメンターが亡くなる）を見せられ、この死が自分の感情にどう影響したかについて文章を書くことを求められた（この喪失感への共感を強化するため）。「無感情」のグループの被験者は、泳ぐ魚を映した短い映像を見せられ、その後で自らの日々の活動について文章を書くよう求められた。その後、被験者はまったく別の実験を行うと告げられた。この実験は、被験者を2群に分け、一方が蛍光ペンの販売価格を設定し、もう一方が購入価格を提案するというものだ。

実験結果は、予想通りのものだった。感情は、売買価格に大きく影響していた。「悲しみ」グループの被験者は、「無感情」グループの被験者に比べて約30％高い価格で蛍光ペンを買おうとした。悲しみに影響されたことで、「やけ買い」をして後悔するのと同じように、割高な価格を支払おうとしたのだ。また「悲しみ」グループの被験者は、「無感情」グループの被験者よりも33％安い価格でペンを売ろうとした。

蛍光ペンを割高で買うのは、大した問題ではないかもしれない。だが資産運用の場合、その影響は甚大だ。感情に突き動かされた投資家は、興奮して株を買いすぎ、絶望して株を安く手放してしまう。このことに気づいていたと思われるエコノミスト誌主筆の金融ライターのウォルター・バジョットは、行動ファイナンスという概念が知られるようになるはるか以前に、

「人は、最も幸せなときに最も信用できる」と書いている。〔19〕

感情が判断にもたらす影響

気分がリスク認識に及ぼす影響をさらに考察するために、行動経済学者ダン・アリエリーの研究に目を向けてみよう。アリエリーは著書『予想どおりに不合理』（早川書房）で、自身が実施したいささか刺激的な研究を紹介している。アリエリーらは学生の被験者に、性的嗜好に関する19項目の質問をした。そのなかには、アブノーマルな性行為をする傾向、浮気をする傾向、安全なセックスをする傾向、パートナーと敬意を持って関わる傾向などが含まれていた。

まず、学生たちは感情的にも性的にも興奮していない冷静な状態でこれらの質問に回答した。予想通り、これらの状態にいる学生は、パートナーの意思を尊重し、既存の人間関係のなかで行われる、安全で合意のあるセックスを望む傾向が見られた。

次に、被験者にポルノ画像を見せ、性的、感情的に興奮させた状態で同じ質問をしたところ、回答は劇的に変わった。浮気をする可能性は136％、アブノーマルな性行為をする可能性は72％、避妊具を着けないセックスをする可能性は25％高くなったのだ。アリエリーはこう要約している。

「予防、保護、慎重さ、道徳はレーダー画面から消えた。学生たちは、感情が自分をどの程度変えるのかを予測できなかったのだ[20]」

この実験のセンセーショナルな特性から、その影響は性的な興奮に限定されるのではないかと思うかもしれないが、そうではない。アリエリーも同書の脚注でこう述べている。

「これは他の感情の状態（怒り、飢え、興奮、嫉妬など）にも当てはまり、人が平常時とは違う行動を取る可能性がある[21]」

被験者の学生は、常にコンドームを着ける、パートナーを裏切らない、といったルールを知っていた。だが、興奮するとこうしたルールを気にしなくなってしまった。これは投資でも同じだ。不安や欲にかられた瞬間には、普段は従っている投資のルールがどうでもよいものに思えてしまう。心理学者でトレーダーのブレット・スティーンバーガーはこのことをうまく表現している。

「感情が取引に及ぼす実質的な影響は、ルールガバナンスの混乱であるように思える。（中略）感情に支配されていると、トレーダーの関心は自己中心的になり、ルールに注意を払わなくなる。感情にかられていると、ルールを疑うというよりも、その存在を忘れてしまうのだ[22]」。

どれほど頭が良くても、感情に振り回された投資家は、自分自身や自分のルールから完全に離れてしまう。

感情をコントロールするための10のヒント

感情は投資において、時間やリスク、適切な価格など、様々なものへの認識に影響する。感情に振り回されないようにするための実用的なヒントを紹介しよう。

1. 激しい運動する
2. 問題を再定義する
3. カフェインとアルコールの摂取量を減らす
4. 友人に相談する
5. すぐには反応しない
6. 注意の対象をシフトさせる
7. 感情に名前をつけて客観視する
8. 考えや気持ちを書き出す
9. 破滅的な思考に陥らないように気をつける
10. 自分の力で変えられるものに目を向ける

ストーリータイム

株に興奮する理由はたくさんある。それは自分が普段使っている商品の会社の株かもしれないし、カクテルパーティーで友人が勧めているのを偶然耳にした株かもしれない。あなたが、次の急成長する企業の初期からの投資家になりたいと思っているからかもしれない。原因が何であれ、その興奮には「その株を買った人は、ほどなくして莫大な資産を手に入れ、その後ずっと幸せに暮らした」というよくある物語が付随していることが多い。ストーリーは理性を迂回し、脳を飛び越え、私たちの心臓を直撃する。ゆえに、行動ファイナンスの実践者にとっての難敵になる。

スパンコールのついた1980年代風の片方の手袋に、あなたならいくら払うだろうか？　大した額は出さないだろう。ではこの手袋が、マイケル・ジャクソンがつけていたものだとしたら？　ストーリーには、モノの評価を根本から変える力がある。この力は、1980年代のポップスの小道具に対して生じる場合はそれほど危険ではないかもしれない。だが株の場合は、話は別だ。

物語の力を知る作家のロブ・ウォーカーとジョシュア・グレンは、「物語は重要でないものを重要（シグニフィカント）なものに変える」という仮説を検証するために、「シグニフィカント・オブジェクト・プロジェクト」と題した社会実験を行った。まず、ガレージセールでガラクタ品を100点買い、ライター仲間の協力を得て各品に架空の裏話をでっち上げた。これらのガラクタ品はもともとの購入価格は総額130ドル弱だったが、偽のストーリーをつけたことで、オークションサイトのイーベイで、総額3600ドル以上で売れた。ストーリーの力によって、中古のオーブンミットにも52ドルもの値が付いた。

IPO(新規株式公開)投資ほどストーリーの力が発揮される場もない。IPOはその定義上、新規性のある成長分野に焦点を当てていることが多く、対象となる企業は伸び盛りの時期に上場する傾向がある。ストーリーの力や、感情、見逃しへの恐れなどの要因が相まって、IPOはプロ投資家や個人投資家にとって極めて魅力的なものとなっている。だが、このような興奮は投資家に何をもたらすのだろうか。コリャティ、パレアリ、ビスマラらは、『IPOの価格設定:公開価格に含まれる成長率』と題した論文で、米国の平均的なIPOは、公開後の3年間で市場のベンチマークを年率21%下回ると述べている。[23] このような大幅なアンダーパフォームにもかかわらず、今後IPO人気が衰えると考える十分な理由はない。そこには必ずストーリーがあり、投資家はそれに魅了されるからだ。

感情的な投資がもたらす弊害は無数にあるが、おそらく最も大きなものは長期的な視点を失うことだろう。計画に長期的に従うためには冷静さが必要だ。けれども感情は、「今すぐ欲しい」と言う。このことを証明したのが、「15ドルのアマゾン・ギフトカードを今すぐもらうか、

20ドルのアマゾン・ギフトカードを2週間後にもらうか」という選択肢を与えられた被験者の脳をスキャンした、プリンストン大学の心理学者4人による実験だ。

「〝今すぐ15ドルのギフトカードを手に入れられる！〟という可能性は、大半の学生の大脳辺縁系に異常な興奮を引き起こしていた。これは、人間の感情や記憶の形成を主に司っている脳の領域である。学生が感情的に興奮すればするほど、すぐに選択できる選択肢を選ぶ可能性が高くなった。これはすぐに得られる満足度が大きくない選択肢に対してもあてはまった[24]」

投資では、興奮することでせっかちになり、失敗しやすくなる。感情は、日常生活で重要な役割を果たしている。感情があるおかげで、私たちは愛する人に共感できるし、他人のために良い行いをしようと思うようになる。感情は、人生の最も豊かな瞬間をもたらしてくれる。ゆえに、「投資の意思決定では、感情を一切排するべき」という考えは、現実世界とウォール街の不思議な世界の大きな隔たりの別の一例である。だから笑い、泣き、愛し、怒ろう――投資以外の場所で。

次のステップ

考えよう――「感情に振り回されると、常識的な考えができなくなる」
自問しよう――「この意思決定は、恐怖や欲によって動機付けられていないか？」
実行しよう――長期投資とは別に、少額の投資口座（総資産の3％程度）をつくり、実験的な投資をしてみる。

ルール5
あなたは特別ではない

「お前は美しくない。世界に一つだけの雪の結晶なんかじゃない。他と同じく、いずれ朽ちゆく有機物質でしかないんだ」
――チャック・パラニューク（小説家、『ファイト・クラブ』の一節）

「私は恋をしている患者に心理療法をするのが好きではない。おそらく、それは嫉妬のためだ――私だって、うっとりとした気分を味わいたい。またそれは、恋愛と心理療法が根本的に相容れないものだからかもしれない。心理療法家は闇と戦い、光を求める。神秘に包まれているロマンチックな愛は、検査されると崩れていく。私は、愛の死刑執行人になるのが嫌なのだ」

これは、過去50年間に出版されたなかでもとりわけ優れた心理学書の著者であるスタンフォード大学のアーヴィン・ヤーロム教授の言葉だ。ここでは心理療法の場における恋愛が語られているが、それがファイナンスの世界にも当てはまるのは明白だろう。良い心理療法が闇のなかで光を見出そうとするように、良い投資は「私は特別だ」という考えを克服しようとする――自分は特別だと思っていると、確率に基づくアプローチを軽視し、「私にはルールは当てはまらない」という漠然とした考えを抱いてしまうようになるからだ。

凡庸さを自覚している投資家は、ルールやシステムに頼れる――うまくいくことに従い、利益を得られる。だが、自分は人並み以上の存在だと思い込んでいる投資家は、ルールを無視して自分の考えを優先させ、その傲慢さのために高い代償を払うことになる。ヤーロムが患者の真の内省を促す「愛の死刑執行人」であったように、投資家は投資で成功するには、自らのエゴを冷酷に処刑しなければならない。投資家で作家のジェームス・P・オショーネシー〔編集部注／米国の金融専門家。定量分析の先駆者の一人〕は、「投資を成功させる鍵は、自分は他人と同じように行動バイアスの影響を受けやすいと自覚することだ」と述べている。[25]

人間のこうした高慢さは、自分は特別な存在だと思い込む「自信過剰バイアス」や、〝成功は自分の手柄、失敗は外部の責任〟と考える「根本的な帰属の誤り」などの認知バイアスに根ざしている。『行動ファイナンスの実践』（ダイヤモンド社）の著者ジェームス・モンティアによれば、95％以上の人が自分は平均よりもユーモアのセンスがあると思っている。[26] ピーターズとウォーターマンは、その著書『In Search of Excellence』（『エクセレント・カンパニー』英和出版）で、調査対象の男性全員が「私は人間関係において平均以上に優れている」と考え、男性の94％が「私は運動能力が平均以上に優れている」と考えていることを明らかにしている。[27]

米国の高校生は、客観的に評価すれば数学の能力が世界的に中位であるにもかかわらず、自分たちは世界トップだと思っている。CNBCのジョシュ・ブラウンはこの研究について、「一般的に人間には自信過剰になる傾向があるとはいえ、数学的な能力、凡庸さと自信過剰が組み合わさっていることが、今日の投資界における多くの問題の根源である」と述べている。[28]自分は特別だと考えていると、リスクを軽視し、過度に集中的な株式ポジションを取り、自分の能力の範囲を超えた領域に逸脱してしまいやすくなる。良い投資には自らの平凡さを認めることが欠かせないというのは、ウォール街の不思議な世界での常識だ。

この問題が男性の運動能力に関する誤った思い込みに限られるのなら、それほど被害は大きくないかもしれない。だが、この自信過剰は初心者やプロの投資家のあいだにも明らかに見られる。前述した経済学者のメイア・スタットマンは著書『What Investors Really Want』（未訳）で次のように述べている。

「2000年2月の株式市場の最盛期に実施されたギャラップの調査によれば、個人投資家は、全般的にその後12か月間で平均13・3％のリターンが得られると予想していた。だが平均すると、自分のポートフォリオは15・5％のリターンが得られると予想していた。（中略）米国個人投資家協会のメンバーは、自らの投資収益率を実際よりも平均3・4ポイント過大評価し、平均的な投資家に対して自分のリターンを5・1ポイント過大評価していた」

スタットマンが示唆するように、投資家の過信は絶対的、相対的に存在する。2000年初頭の株価は、米国株式市場史において、あらゆる観点から最も高値であったことを忘れてはならない。つまり投資家は、すでに天文学的に高い評価がなされているときに、過去平均の1・5倍のリターンを期待していたのだ。そのうえ、さらに自分はそのなかでも平均以上のリターンを得られると過信していた。

前述した「根本的な帰属の誤り」とは、人が自分自身の評価に関しては都合よく周りの環境のせいにするが、他人への評価の場合はその人の属性と結びつけたがる認知バイアスのことだ。たとえば、私たちは朝の通勤時に他人が荒っぽい運転をすると「気をつけろ！」と叫んで、その相手がいつもマナーの悪い運転をしているといった印象を持つのに、自分が同じように荒っぽい運転をしたときは、「今日は2杯目のコーヒーを飲んでいなくて本調子じゃないから」といった都合のいい言い訳をする。同じく、自分が誰かに不親切なことをしたときは、今日はたまたま虫の居所が悪かったからと解釈するのに、誰かに不親切にされると、その相手は常に他人にそういう態度を取る最低の人間だと決めつける。

このように、「成功は自分の手柄、失敗は周りのせい」と見なしていると、投資でもうまくいったときに、すべて自分の投資のスキルが優れているからだと考えがちになる。その結果、学習の機会や歴史の感覚が失われてしまう。株価が上がるのは自分に才能があるからで、株価が下がるのは外的な原因があったからと考えていたら、何も学べない。伝説の投資家ジェレミー・グランサムは、グレート・リセッションから投資家は何を学ぶと思うかと尋ねられ、「短期的にはたくさん、中期的には少し。長期的には何も学ばない。それが歴史の先例だ」と答えた[29]。内省は、私たちを自分自身から救い、歴史から学ぶことを可能にする。傲慢は、その最大の敵なのだ。

失敗の過小評価

ウォーレン・バフェットの投資における第一のルールは「損をするな」で、第二のルールは「第一のルールを忘れるな」だ。賢い投資家は、「ニュースの見出しを飾るのは攻撃だが、優勝をもたらすのは防御」という真理を知っている。つまり「根本的な帰属の誤り」によって生じる最大のリスクは、物事の望ましい側面について傲慢になることではなく、望ましくない側面を軽視しがちになることである。自分は特別だと考えていると、ネガティブな出来事が起こる確率を低く見積もりがちになる――それは投資判断では致命的な考え方だ。

被験者にポジティブな出来事（例：宝くじに当たる、結婚して相手と添い遂げる）とネガティブな出来事（例：がんで死ぬ、離婚する）が自分の人生に起こる可能性を評価させたクックカレッジの研究がある。結果は予想通りだった。被験者はポジティブな出来事が自分の人生に起こる可能性を15％過大評価し、ネガティブな出来事が起こる可能性を20％過小評価していた。同じく、ヘザー・レンチとピーター・ディットーは、被験者にポジティブおよびネガティブなライフイベントをそれぞれ6件、平均的な人の人生に起こり得る確率とともに提示し、それが自分の人生に起こり得る確率はどれくらいだと思うかと尋ねた。被験者はポジティブなライフイベント6件のうち平均して4・75件が自分の人生に起こるが、ネガティブなライフイベントは2・4件のみしか起こらないと予測した。これは、実際の確率を大幅にかけ離れている。

つまり私たちは、ポジティブな出来事は自分の人生に起こり、ネガティブな出来事は他人の人生に起こると考えている。

「私は宝くじに当たるかもしれなくて、彼女はがんで死ぬかもしれない」「私たちは幸せな結婚生活を送るが、あのふたりは離婚するかもしれない」「他の人は銘柄を選ぶときに定石に従うべきだが、私は直感に頼ってもいい」。

私たちは、人生に悪いことが起こり得るのは理解している。だが、幸せに生きるために、こうした考えをどこか他人事のようにとらえているのだ。

自分を特別視することがもたらすリスク管理への影響は明らかだ。自分だけは特別だという意識でいると、リスクを無視しがちになる。自分がすることはうまくいき、他人は失敗するという考えが、愚かな意思決定につながる。ここでも、筆者よりこのことをはるかにうまく表現している人がいる（この場合は、J・K・ガルブレイスだ）。

「昔から言われているように、遅かれ早かれ、お金は愚か者の手から離れていく。一般的な楽観ムードに乗っているだけなのに、自らにファイナンスの能力があると勘違いしている人も、残念ながら同じ運命を辿る。何世紀にもわたってそうであったように、これから長きにわたってこれは変わらないだろう〔30〕」

古代ローマでは、勝利を収めた軍の指導者たちが通りを練り歩き、大衆から祝福された。今日、私たちがカンファレンスなどで舞台に立ったスター投資家に歓声を送るのと同じである。ただし現代のウォール街の戦士に対して、ローマの勝者が持っていた強みがひとつある。それは、傲慢さと新近性バイアス〔訳注／過去よりも最近の出来事を重視する現象〕を克服するための仕組みだ。将軍が乗っている戦車の後ろには、奴隷も乗せられていた。その目的は、将軍に死の必然性を思い起こさせるためだった。死を想うことで、将軍は慢心しにくくなる（慢心は失墜につながる）。奴隷は、「メメント・モリ（人はいつか必ず死ぬ）」と将軍にささやく。ローマ人は、将軍が最高の日を迎えたときにさえ、征服者がいつか不運に見舞われることを思い起こさせるための仕組みをつくっていたのである。

私たちが自分の経済的な成功に拍手を送り、それを自分の手柄だと思いたいのは自然なことだ。しかし祝福しながらも、ローマ人のように、自らの不完全さや無常さを忘れないようにするのが賢明だろう。奴隷たちは戦車の上で、前にいる将軍に向かってこう続けたという――

「後ろを見て、自分が人間であることを思い出してください」。

次のステップ

考えよう――「私は投資をしている他の人たちよりも賢いわけでも、自制心があるわけでもない」

自問しよう――「もしこれがそれほど素晴らしい投資機会なのだとしたら、なぜ他の人たちはこれを見過ごしているのだろう？」

実行しよう――「自分は特別だ」という考えではなく、アドバイザーの指導とファイナンス・プランに従って資産運用を行う。

ルール６
ベンチマークは自分の人生

「裕福な人とは、妻の姉の夫よりも年収が１００ドル多い人のことである」
——Ｈ・Ｌ・メンケン（米国のジャーナリスト）

鏡よ鏡

ふぁ～（あくびの音）
ふぁ～～
ふぁ～～～～～～

これを読んで、あくびをしたくならなかっただろうか？　私自身、この言葉を3回書いた後、あくびをこらえるのに必死だった。なぜそうなるのか？　このように誰かの行為を無意識に真似しようとすることの背後にあるメカニズムを、科学はミラーニューロンと呼ぶもので説明している[31]。ミラーニューロンを最初に発見したのは、イタリアのパルマにある、世間からあまり注目されていない地味な研究所だった。ここでは、脳が運動行動をどう組織しているかを解明するために、マカクザルの脳を研究していた。作家のマーティン・リンドストロームによれば、この研究所の科学者たちはすぐに、脳の仕組みに関するこれまでの仮定を覆す発見をした。彼らは、「サルがナッツに手を伸ばすときだけでなく、他のサルがナッツに手を伸ばすのを見たときにも、そのサルの脳の運動前野ニューロンが発火することを観察した」のだ。そのサル自身が行動した場合も、他のサルが行動したのを見ただけの場合も、脳への影響は同じだった。

さらに不可解なことが起こった。ある日の午後、研究チームの大学院生の一人がアイスクリームコーンを持って研究室に入った。モニター装置につながれたままの一匹のサルが、そのおいしそうな甘い食べ物を物欲しそうに見ていた。大学院生がアイスクリームを自分の口元に持ってくると、モニター画面に映されたサルの運動前野が活性化し始めた。

「サルは腕を動かしてもいないし、アイスクリームを舐めてもいなかった。そもそも、何も手に持っていなかった。しかし、学生がアイスクリームコーンを口に運ぶのを見ただけで、サルの脳はまったく同じジェスチャーを心のなかで模倣していたのである[32]」

自分ひとりのゲーム

私たちが悲しいドラマを見て泣いたり、誰かがゲテモノを食べているのを見てぞっとしたり、ホラー映画の「チェーンソーを振り回す田舎者《ヒルビリー》が、湖の別荘で何も知らずに楽しそうに過ごしている大学生のグループに偶然出会うシーン」を見て目を閉じたりするのは、ミラーニューロンが作用しているからだ。動画投稿サイトで「開封動画」が人気なのも同じ理由だ。誰かが買ったばかりのゲーム機や高価なおもちゃのパッケージを嬉しそうに開けていくのを見るのは、自分でするのと同じくらい楽しいことだ。この知識を最大限に活用したい人は、子どもの次の誕生日パーティーで、他の子どもがプレゼントを開封する動画を見せ、「コスビー博士が、自分でするのも他の子がするのも同じようなものと言ってるよ」と伝えてみてほしい。

ミラーニューロンが良い作用をもたらしているのは確かだ。

たとえば私たちは、友人が親を亡くしたとき、その親に会ったこともないのに悲しみを分かち合える。だが、それは人の行動を操るために悪用されていたりはしないのだろうか？　コメディ番組などで多用される、耳障りな「録音笑い」について考えてみよう。もし本書の数千人もの読者にアンケートを採ったとしたら、「私は録音笑いが大好きだ」と答える人は誰もいないだろう。録音笑いは陳腐で、不快で、押しつけがましく、嘘っぽい。

こんなに誰からも嫌われているのに、なぜハリウッドの経営陣は録音笑いを使い続けるのだろう？　彼らが、私たちが理解していないかもしれないことを理解しているからだ。それは、たとえ不愉快であっても、録音笑いが視聴者に「他人も笑っているのだから、自分も笑うべきだ」と促す社会的合図を与えていることだ。研究によれば、録音笑いが使われていると、視聴者は長く、激しく笑い、視聴体験を楽しく感じやすくなる[33]。録音笑いは、ひどいジョークの評価を上げるのに最も効果的であることもわかっている。人間は生得的に他人の行為を模倣する――たとえ、他人が録音テープのなかにしか存在しない場合でも。

この模倣は社会の至る所で見られる。物乞いは、自分に施しをするのが正しい行いであり、すでに多くの人がそれをしていることを通行人に知らせるために、カップに最初からお金を入れていることが多い。この方法を使えない文字通り一文無しの物乞いは、他よりも施しを受けるべきであるにもかかわらず、最初からカップに小銭や札を入れている物乞いよりもお金を恵んでもらえにくい。

子どもの恐怖心を消す極めて費用対効果の高い方法は、その子どもの不安を引き起こす行動を他の子どもが怖がらずに行っている様子を見せることである。ある研究では、他の子どもが飼い犬を可愛がる様子を見るだけで、子どもの犬恐怖症の67％が1週間以内に治ったという[34]。自殺のような深刻なものでさえ、模倣の影響を受けやすい。カリフォルニア大学サンディエゴ校のデビッド・フィリップス博士によれば、「新聞の一面を飾るような自殺事件が起こるたびに、その2か月以内に自殺者は通常より平均58人多くなった」[35]。笑う、泣く、生きる、死ぬなど、人間の様々な行動は、私たちが想像しているよりもはるかに伝染しやすいのだ。

ミラーニューロンなどの脳の仕組みは、人間関係やコミュニティの基盤となる「共感」をもたらしてくれる。私たちは、まったく同じ喜びや悲しみは経験できなくても、慰め合い、支え合い、高揚感を分かち合えるような形で相手の感情を経験できる。

しかし最近よく言われているように、この社会の基盤となり、人々が苦しみを分かち合う仕組みは、私たちを貧しい投資家にする原因にもなっている。私たちは、自分のニーズを満たすよりも、他人についていくことに目を向けがちになってしまうのだ。だがジャーナリストのジェイソン・ツヴァイクが書いているように、「投資とは、他人のゲームに勝つことではなく、自分のゲームで自分をコントロールすること[36]」なのである。

スコアを記録する

何をするにしても、パフォーマンス測定の基準となるベンチマークを設定するのは自然なことだ。得点を記録せずにスポーツをするのは、良い気晴らしになるかもしれないが、見ている側にとっては退屈極まりないものになってしまうのと同じことだ。ただし、スコアボードをつける際には大切なポイントがある。それは、個人的に意味のある方法で、自分が定めたルールに沿って記録をつけることだ。

ギリシャ神話に登場するプロクルステスは、1サイズのベッドしかない宿屋の主人だ。ベッドのサイズに合わせるために、大柄な宿泊客の手足を切り落とし、小柄な宿泊客の身体を引き伸ばしたりした。株式指数（S&P500が代表的）をベンチマークにして自分のリターンを記録しようとする投資家は、この「プロクルステスの寝台」の誤りに陥ってしまう。自らのニーズに合わせてカスタマイズしたものではなく、株式指数をベンチマークにすると、リスク選好や個人的価値、期待リターンを切り落としたり、引き伸ばしたりすることになるのだ。

自らのニーズに合わせたパフォーマンス測定からは、その直感的な魅力に加えて、良い投資をするための心理的なメリットも多く得られる。株式指数ではなく個人のニーズをベンチマークにしてパフォーマンスを測定していると、市場が不安定な時期にも投資を続け、貯蓄行動を高め、長期的な視点を保つのに役立つことがわかっている。

個人のニーズをベンチマーキングすることは、業界用語で「ゴールベースの投資」と呼ばれている。各資産運用会社には独自のアプローチがあるが、おおまかな共通点は、個々のリターンニーズを明確にし、個人の目標に応じて資産をいくつかに切り分けて投資をすることである。SEIインベストメンツは、早くからゴールベースの投資用のプラットフォームを展開してきた企業であり、幸運にも2008年の金融危機の直前からそれを実施してきた。そのため私のような研究者は、ゴールベースの資産管理のアプローチと、市場全体とリターンを比較する従来のアプローチの違いがどのような結果をもたらすかを観察できた。私が著書『ゴールベース資産管理入門：顧客志向の新たなアプローチ』（日経BPマーケティング）（ブリンカー・キャピタルの創業者チャック・ウィジャーとの共著）で書いたように、研究者はこの金融危機に際して2つの集団のあいだに次のような違いがあることを発見した。

従来型の投資ポートフォリオを採用していた投資家

・50％が、ポートフォリオを完全に清算するか、少なくとも株式ポートフォリオを清算することを選択した。そのなかには現金をすぐには必要としない富裕層の顧客も含まれていた。
・10％が、株式の配分を大幅に変更し、25％以上削減した。

ゴールベースの投資戦略を採用していた投資家

・75％は変更なし。
・20％は、当面のニーズに合わせて流動的な資産を増やしたが、長期的な資産はそのままにした。

ＳＥＩのメリッサ・レイヤーは、「ゴールベースの投資家はパニックに陥ったり、誤った情報に基づいてポートフォリオを変更したりする可能性が低い」と結論付けている。[37]従来型のポートフォリオで資産運用をしていた人にとって、２００８年の金融危機は本当に恐ろしい経験だった。ニーズが短期的か長期的かにかかわらず、総資産がほぼ半減したのだから。ＳＥＩの投資家の60％が資産を売ったり、ポジションを大幅に減らしたりしたのも無理はない。

一方、ゴールベースの投資家は、自分の目標に金融危機の影響をまったく受けないものがあることに気づくだろう。ゴールベースのアプローチでは、短期的な「安全」の枠を設ける場合が多いため、嵐を乗り切るのに役立つ当面の安心感も得やすい。このように広範囲に影響を与えるアプローチでありながら、ゴールベースの投資は至ってシンプルだ。投資をいくつかの枠に切り分け、それぞれの目標を明確にするだけで、ボラティリティ〔訳注／金融資産の価格変動率〕に惑わされずに最も重要なものに集中するという視点を得られる。

個人的な目標をベンチマークにすると、短絡的な考えに抗いやすくなるのに加えて、心理学者が「メンタル・アカウンティング」と呼ぶものの力も利用できる。メンタル・アカウンティングとは、フレーミング〔訳注／提示方法を変えることで、同じ情報に対する意思決定に影響を生じさせること〕の一形態で、質問（または会計）のフレーミングの方法が、人の反応に大きく影響することを指している。

たとえば、ニューヨーク・タイムズ／ＣＢＳの「Don't Ask Don't Tell」法案〔訳注／同性愛者であるかどうかを尋ねたり公表したりしないこと〕に関する世論調査では、同じ質問を、表現を変えて2つの文面で尋ねたところ、結果に劇的な違いが生じた。[38] 最初の質問は、「ゲイの男性とレズビアン」が軍で公然と働くことを許可されるべきかと尋ねたもので、民主党支持者の79%が賛成と答えた。2つ目の質問では「ホモセクシュアル」が軍で公然と働くことに賛成かどうかと尋ねたところ、賛成した民主党支持者はわずか43%だった。

同様に、人々はリベート〔訳注／謝礼金や報奨金として戻された支払代金の一部。手数料〕として得たお金は貯蓄するが、臨時ボーナスとして得たお金は簡単に使ってしまう傾向があることが研究で示されている。行動経済学に通じていたオバマ大統領とアドバイザーは、フレーミングを用い、グレート・リセッション後に打ち出した景気刺激策を、受給者がボーナスと位置づけ、手にしたお金を溜め込まずに大画面テレビのような大きな買い物をするように仕向けた。お金にどんなラベルを貼るかは、その使い方や貯蓄の方法に影響する。ゴールベースの投資では、この特性が最大限に活用されている。

経済学者のジョージ・ルーヴェンスタインは、「心のなかでお金を複数の口座に分けて管理するとき、それぞれの口座に特定の目標を割り当てるのが一般的だ。取るに足らないことのように見えるが、これは老後資金の貯蓄に劇的な影響を与え得る。チーマとソマンは、子どもの写真が貼られた封筒に貯金をした低所得世帯の貯蓄率が、ほぼ2倍になることを明らかにした」と述べている。[39]

図1 ファイナンシャル・ニーズの階層例

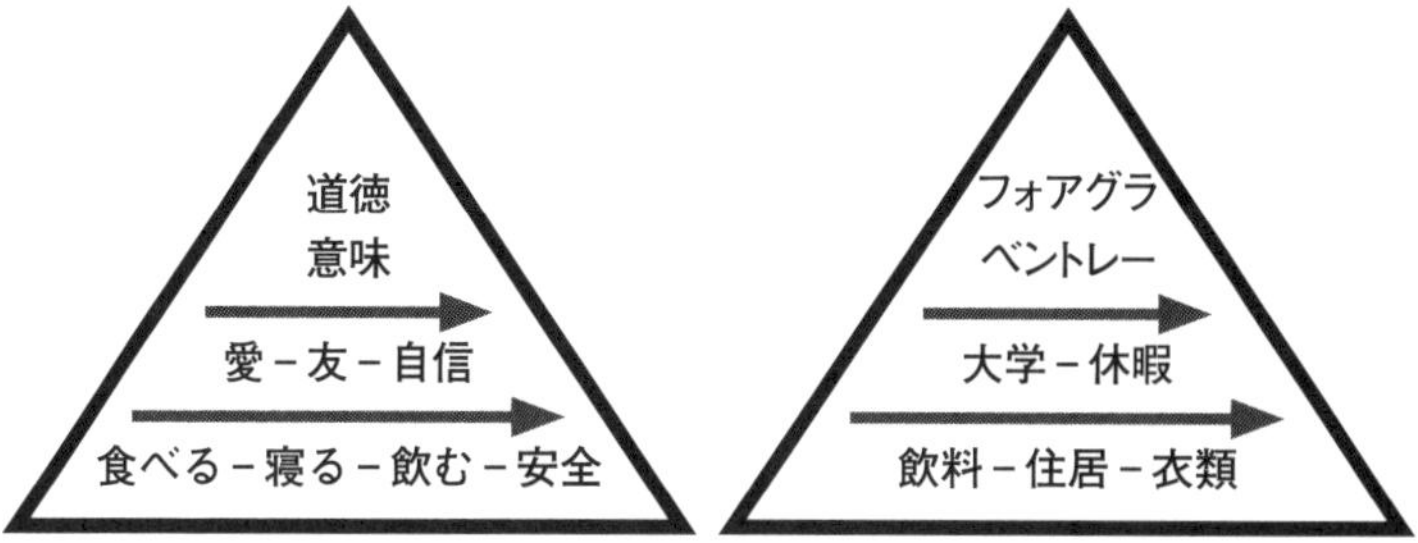

心理学者のアブラハム・マズローは、人間には欲求の階層構造があり、高次元の欲求を満たすには、まずは安全、食料、住居といった基本的な欲求を満たさなければならないと主張した。投資でも、「遺産をつくる」などの高次元のニーズを満たすには、当面の生活資金といった基本的なニーズを満たさなければならない。図1に、この概念を示す。

投資資産が満たすべき特定のニーズと紐付けられていると、期待すべきリターンとそのために取るべき行動が鮮明になる。さらに、意図的なフレーミングは、今日のお金を明日のために取っておくという、本来なら苦痛を伴う行為にインセンティブを与える。お金に名前をつけることには、これほど大きな力があるのだ。

ニュートンの失敗

私がこれまでにしてきた仕事のなかでも特に誇らし

いと思えるのは、チャック・ウィジャー、ブリンカー・キャピタルとチームを組んで、彼らのゴールベースの投資プラットフォーム「Personal Benchmark」を開発したことだ。長年パーソナライズされた投資アプローチを支持してきたチャックは、彼が長年観察してきたことに科学的根拠を加えるために私の協力を求めてきた。優れた投資家は、市場の指数には目を向けず、自らが望む生活を送るために必要なリターンを得ることに集中する。とはいえ、こうした個人的なベンチマークを用いることの価値は直感的に理解できるものの、それを実行するには人間の本能的行動に逆らわなければならない。人間は、自分独自の価値観に従うことよりも、他人よりも優れた存在になることに関心があるからだ。

平均年収が25万ドルのコミュニティで10万ドルを稼ぐより、平均年収が2万5000ドルのコミュニティで5万ドルを稼ぐ方を好む人が多いことを明らかにした、経済学者のメイア・スタットマンの研究は、この「バケツのなかのカニ」〈訳注／バケツのなかにいるカニは、足を引っ張り合うので一匹も外に出られない〉的なメンタリティを説明している。私はブリンカーとの共同研究を通じて、この種の他者への優越感を求める欲求を乗り越えるには、価値観や信念、夢に焦点を当てるべきであることを明らかにした。こうした価値が何かを明確にするには、ファイナンシャル・アドバイザーとクライアントによる深い対話が必要になるが、その結果として、行動面と経済面に大きなメリットがもたらされるようになるだろう。

アイザック・ニュートンにまつわるある逸話は、自分自身の基準より他者との比較を求めようとする人に有益な教訓を示している。歴史上の偉大な思想家たちは、その死後に初めて天才として評価されるケースも少なくない。だがニュートンは存命中に称賛され、その名声から得られた経済的な利益を享受していた。ニュートンは巨額の資産をさらに増やそうと、国の借金を減らすために官民合同で設立された英国の株式会社「南海会社」に出資した。

英国政府は威厳を示すために、南海会社に南米との貿易独占権を与えたが、実質的に南米はスペインが支配していたために、この独占権は無意味なものだった。けれども、それを知らない投機家たちがこぞって南海会社の株を買ったため、同社の株価は高騰した。ニュートンはそれによってさらに資産を増やし、元金と多額の利息を手にして一度は撤退した。しかし、その後も南海会社の株価は上がり続け、（ニュートンよりもはるかに知性で劣る）友人たちはさらなる富を築いていた。

ニュートンはすでに十分な富を得ていたにもかかわらず、友人や隣人よりも資産が少ないという事実に耐えられず、株を買い戻した。だがその直後、株価は暴落してしまった。天才科学者だが、投資では他の人間と同じような行動を取ってしまったニュートンは、後に「星の動きは計算できるが、人間の狂気は計算できない」と語ったと伝えられている。

投資をするときに何らかの基準を設定するのは自然なことだ。だが、その方法は適切なものばかりとは限らない。外部の指数をベンチマークにすると、自分の価値やニーズとは無関係の競争心を煽られる。逆に、自分が最も大切にしている価値をベンチマークにすれば、必要なリターンを確保し、長期的な投資目標に視線を合わせ、短期的な乱高下に一喜一憂せず安心して投資を続けられるようになる。

私は『ゴールベース資産管理入門：顧客志向の新たなアプローチ』で次のように書いた。「投資のプロセスは、それが果たす大きな目的から切り離されると、困難になる。一見すると小さな投資判断でも、適切なレンズを通して見れば、ダイナミズムと生命を帯びる。投資判断をすることは、朝ベッドから起きる理由にはならないだろう。だが、あなたが朝ベッドから起きる理由になるものは、投資判断において重要な意味を持つのだ」。

次のステップ

考えよう――「経済のニュースに振り回されず、自分のお金の問題を第一に考えること」

自問しよう――「この経済ニュースは私の資産運用にとって特別に重要な意味があるだろうか？」

実行しよう――人生で本当に望んでいることや、長期的な金銭的目標に基づき、（現実的または心のなかで）資産をいくつかに分割する。

ルール7
予報は気象予報士がするもの

「知る者は言わず　言う者は知らず」
——老子（中国の春秋時代の哲学者）

最悪の魔人

あなたは考古学者で、高度な文明を誇り、魔法の力を持っていたと噂されている種族がかつて住んでいた異国の地を調査しているとしよう。あなたは超常現象への懐疑論者であり、それが嘘であることを立証したいという思いを抱きながら、この種族の神秘的な遺物の発掘に取り組んでいる。

古代遺跡を丹念に調べていると、古いランプが見つかった。90年代のディズニー映画のファンであるあなたは、それをこすってみた。すると驚いたことに、ランプの精である魔人《ジーニー》が姿を現した。ただしその魔人によれば、彼は「3つの望み」を叶えてくれるのではなく、「あらかじめ用意された2つの選択肢」のうちどちらかひとつを叶えるタイプなのだという。残念ながら、あなたの懐疑的な世界観は打ち砕かれ、そしてしょぼい魔人が現れたというわけだ。とはいえ、願いを叶えてくれるのなら、それに乗らない手はない。あなたが2つの選択肢とは何かと尋ねると、魔人は、「一生、毎年3万ドルを与えられる」か「毎日30分散歩できる自由時間が与えられる」だと答える。奇妙な選択肢だが、どちらがあなたの幸福度を高めると思うだろうか？

このような選択肢を示されると、たいていの人は（私もそうだ）お金を選ぶ。年間3万ドルを生涯にわたってもらえるのは大きい。私たちは、それなのに、お金があれば幸せになれると考えている。だが研究によれば、定期的な運動のほうがはるかに幸福度と生活の質を向上させられることがわかっている[40]。

私たちは、なぜこれほど単純なものの予想を誤ってしまうのだろう？　お金は毎日使っているし、日常生活のなかである程度は散歩もしている。お金や散歩が幸福度にどう影響するかを予想する能力は、私たちに備わっていないのか？　研究によって、人間は身体的な痛み（例：顔を殴られる）や快感（例：食べ物、セックス）を引き起こすものを予想するのは得意だが、心理的効用を予想する能力は非常に限られていることがわかっている。

心理学者のダニエル・ギルバートがＴＥＤの講演で鋭く指摘しているように、レバー&オニオン味のアイスクリームがこの世に存在しないのは、事前に消費者調査をして不味いと評価されたからではない。人間は、それが気持ち悪い味になることが直感的にわかるのだ[41]。

けれども様々な認知バイアスがあるために、私たちは何が自分に喜びや悲しみをもたらすのかといった心理的な側面はうまく予測できない。これらの歪みが、私たちが一般的なものを予想するのを妨げるのであれば、株式市場のような人間がつくり出すダイナミックなシステムの動きを予想するのはほとんど不可能になる。作家のナシム・タレブは、「人類が、過去に政治・経済の重大かつ稀な出来事を予想した実績は、限りなくゼロに近いのではなく、ゼロである[42]」と述べている。

タレブの研究テーマであるブラック・スワン〔訳注／ごく稀に起こる、壊滅的な被害をもたらす事象〕の予想では、人類全体としてほとんど成功していないのは確かだろう。だが、より一般的なタイプの金融予想の場合はどうだろうか。これは重要な問題だ。なぜなら、ジェームス・モンティアが述べているように、アクティブ投資のマネージャーの80％から90％が予想ベースのモデルで意思決定を行っているからだ[43]。

著名な投資家のジェームズ・オショーネシーはこのプロセスをこう説明している。

「一般的な方法は、頭のなかで様々な可能性を想定し、個人的な知識や経験、常識に基づいて意思決定を行うことだ。これは臨床的または直感的なアプローチとして知られ、従来のアクティブ投資のマネージャーのほとんどが採用してきた。（中略）このタイプの意思決定は予想者の能力に依存している[44]」。

一見すると理にかなっているように思えるが、よく考えてみれば、全体とすればまったく信頼できない予想者の能力に依存していることになる。

逆張り投資家のデビッド・ドレマンによれば、ウォール街の「コンセンサス予想」〔訳注／複数アナリストの予想に基づいて算出した予想の平均値〕のほとんど（59％）は、実際の数字から15％以上も上下に乖離している。[45]ドレマンの分析によれば、1973年から1993年にかけて、調査対象となった約8万件の予想が実際の数値の5％以内に収まる可能性は170分の1にすぎなかった。[46]

ジェームス・モンティアは、著書『The Little Book of Behavioral Investing』（『株デビューする前に知っておくべき「魔法の公式」』パンローリング）のなかで予想の難しさに触れている。たとえば、2000年の株価の平均目標価格は市場価格を37％上回り、最終的には16％になった。2008年の平均予想は28％増だったが、市場は40％下落した。2000年から2008年の9年間のうち、アナリストは4年間で市場全体が上昇するか下降するかも当てられなかった。またマイケル・サンドレットとMITのスディール・ミルクリシュナムルティが、アナリストが最も広くカバーしている1000社の年間予想を調べたところ、アナリストの予想には一貫性がなく、年平均31・3％の割合で目標から外れていることが明らかになった。[47]これらの研究結果が示していることは明らかだ――予想は、当たらないのだ。当然、これらの予想に基づいた投資がうまくいくわけがない。

予想は当たらない

この予想に関する悪い知らせは、これ以上悪くならないと思うかもしれない。だが、それは間違いだ。なぜなら、予想者は全体としてダメなだけではなく、最悪の予想者に最大の注目が集まるからだ。UCLAのフィリップ・テトロックは、過去25年間における金融の専門家300人の予想8万2000件を対象とした徹底的な調査を実施した。その結果は予想通りのものだった。専門家の予想は、コイン投げよりかろうじて優れている程度しか当たっていなかった。さらにテトロックの他の研究は、専門家が自信を持つほどその予想は悪くなり、有名であるほどその予想が悪くなることを示唆している。ウォール街の不思議な世界では、専門家は自信に満ちているほど愚かであり、有名であるほど悪名に値するのだ。

金融予想の世界では自信や名声がなぜ逆効果になるのか、そのメカニズムを考えてみよう。スターと呼ばれるアナリストは、ハーバード大学で金融工学の博士号を取得し、猛勉強して公認証券アナリスト（CFA）の資格を取り、ゴールドマン・サックスで頂点に上り詰めたような経歴を持っていることが多い。おまけにマラソンを走り、ピアノのリサイタルをし、料理がプロ並みという、嫌味なくらいなんでもできる人間が少なくない。

これほど華々しい肩書はなくても、金融の専門家は押しなべて頭が良く、裕福で、社会的に成功していて、何でも自分の思い通りになることに慣れている。そのため、言動にはある種の大胆さが現れやすい。ブライアン・ポートノイ博士は「彼らは特定のテーマについて専門的な知識があるため、大胆な予想をすることに抵抗がない」と述べている。しかし、この大胆さは傲慢さにつながり、そのアドバイスに耳を傾ける人たちに悪い結果をもたらすことになる。[48]

テトロックは、「専門家」たちに自分の予想についてどれくらい自信があるかを評価させた。80%以上の自信があると断言した人でも、予想が当たる確率は半分以下だった。[49] そのうえ、予想の精度が低いと知らされると、「まだ実現していないだけだ！」と苦し紛れの言い訳をするために、その後の予想の質を向上させられていなかった。

自信は効果的な予想の妨げになるようだ。では、有名な専門家ほど予想が外れやすいというテトロックの研究結果についてはどう考えるべきだろうか。市場予想者の数が膨大で、選択できる可能性の範囲が限られているために、毎年、実に細かなところまで予想を的中させる予想者が出現する。だがこうした予想を的中させるのは、常に楽観的、あるいは常に悲観的な予想をしていて、偶然、それがその時期の市況と一致したという専門家がほとんどだ。２００８年の金融危機を当てたのも、このような危機が来ると毎年訴え続けていた専門家だった。それは優れた金融の予想者というより、「1日に2回は正確な時刻を示す」、針の止まった壊れた時計のようなものだ。

だが金融メディアは常に先見性を求めているため、予想を的中させた者に注目する。そして、ブラック・スワンの到来を当てたことでキャリアを築き、市場の預言者という称号を得た者たちは――ご想像の通り――その後も大胆な予想を続けようとする。たいていそれは、最初に自分を有名にしたのと同じような予想だ。このアプローチの問題点は2つある。市場は平均すれば大した変化は起こらないこと、前回の危機の原因はめったには次の危機の原因にはならないことだ。にもかかわらず、過去に予想を的中させた専門家は、同じように劇的な変化が起こると予想し続ける。これが、有名な専門家ほど予想が外れやすくなる主な理由だ。

歪んだインセンティブ

このように、金融予想は名声や過信によって悪化する無益な営みだと言える。だが、予想に基づく投資アドバイスに代わるものを検討しようとするなら、まずは予想を困難にしている構造的な欠陥に目を向けなければならない。その最たるものは、ウォール街のアナリストが予想の精度に応じて報酬を得ているのではなく、投資家を欺くような歪んだインセンティブを持っているケースが多いことだ。

ダートマス大学のケント・L・ウォマック教授によれば、1990年初頭のアナリストは、「売り」銘柄を1件推奨するごとに、約6件「買い」銘柄を推奨していた。だが21世紀に入ると、売り1件に対して買いが50件近くに膨れ上がった。[50] アナリストたちは自らの利益を優先させることで、ハイテク株への熱狂的な期待の高まりを警告するのではなく、むしろそれを促したのだ。クサティスとウリッジの調査によれば、長期的には全銘柄の約3分の1がマイナスになる。そのため、アナリストが正確に予想をするとしたら、常に全銘柄の約3分の1に対して「売り」を推奨しなければおかしい。だがある調査に至っては、アナリストがマイナス業績になると予測した企業数は0・17％しかなかった〔51〕。

このような楽観主義に対する全体的な偏りが、人間の生得的な心理によって生じているのなら、まだそれは許されるかもしれない。しかし悲しいことに、この買いへの偏重の理由は、業界の仕組みそのものに根ざしている。もともと予想が難しいのに加えて、ウォール街のアナリストが報酬を得る仕組みのせいで、正しい予想をすることが実質的に不可能になっているのだ。投資家のジョエル・グリーンブラットはこのプロセスを次のように説明している。

「リサーチアナリストには、企業の株価を酷評するアナリストは、その企業から重要な情報源を与えられないという職業上の障害もある。会社の幹部との接触やIR担当者からの情報が、より『協力的』な他のアナリストにのみ提供されるというケースも十分に考えられる。アナリストの大半は顧客から直接報酬を得ていない。アナリストが作成した推奨事項やレポートが、所属する企業の株式ブローカーによって手数料ビジネスとして販売されることが収入源になっている。根深い問題のひとつは、アナリストが『買い』を推奨することで得られる圧倒的なインセンティブである」[52]

つまりアナリストは本来、客観的な視点で売買の推奨をすべきなのに、「買い」の推奨で利益を得て、「売り」では利益を得ない金融企業の一員として働いている。しかも、アナリストが事前に協力を約束しなければ、評価対象となる企業が正直な評価を行うために必要な情報を出さない場合もある。傘の売上に応じて報酬を得る天気予報士や、試合の結果に賭けることを許された野球の審判のことを想像してみてほしい。金融アナリストの不透明なインセンティブとよく似ていないだろうか。

今から100年近く前、アルフレッド・カウルズは「株式市場の予想者は予想ができるか？」という直感的なタイトルで、金融予想の有効性に関する初期の研究を行った。その結果、5年間で市場平均以上の銘柄を選んだのは、予想者のわずか3分の1しかいなかった[53]。チャールズ・エリスは「将来の変数のひとつを予測することすら難しいのに、変化する無数の変数が相互作用する将来を予測するのは極めて困難である。こうした複雑な変化を他の投資家がどう解釈するかを推定するのも至難の業である」[54]と述べている。

カウルズが研究を実施してから月日が流れ、人々のエゴが大きくなり、インセンティブが複雑化したことで、このエリスのコメントの真実味はますます増している。私の考えでは、ウォール街の予想産業全体を今日廃止しても、個人投資家にとって害はなく、むしろ大きな利益がもたらされるだろう。ではなぜ、このような決定的な証拠を前にしても、私たちは専門家の予想に耳を傾け続けるのだろうか？

専門家の話を聞くと投資家は考えるのをやめてしまう

経済学者のベン・グレアムは、「普通株に興味のある人は、市場がこれからどうなるかを誰かに教えてもらいたいと思っている。需要があるのだから、供給されなければならない」と述べた[55]。だがこれは、供給が需要を追い求めるという的外れなケース以上のものである。人間の脳は、他人の予想を切実に求めている。身体の部位のなかで最も代謝が活発なのは脳で、実に摂取カロリーの20％を消費する。身体は、効率を求める組織であり、常にエネルギーを節約する方法を探している。そのため身体にとって、脳のエネルギー消費量を抑えることほど効果的なものはない。

このことを裏付けるのが、金融の専門家の話を聞いた人の脳の一部の機能が止まることを明らかにした、ＭＲＩを用いた研究である。こうした認知機能の休息は、エネルギーを節約できる身体にとっては望ましいかもしれないが、資産運用には有害である。この研究では、被験者に様々な条件下で金銭的な意思決定を行わせ、脳の活動を調査した。金融の専門家の意見を聞いているとき、高次の推論に関連する脳の部位の活動が低下することがわかった。

つまりジム・クラマーのような専門家の話を聞き始めると、人は自分で考えるのをやめてしまうというわけだ。ライバルの真後ろに位置取って風よけにする「スリップストリーム」を用い、最後のきつい登りに向けてエネルギーを温存する自転車選手のように、脳は他人のアイデアに乗ることで、省エネモードに入るのだ。

私たちは苦労して稼いだお金を、根拠の薄いストーリーや、人間の不合理な思考、歪んだ構造などが組み込まれたシステムに預けるというリスクを冒している。アモス・トヴェルスキーは、「自分がいかに物事を知らないかということを考えるのは恐ろしいが、〝世界で何が起きているかを自分は正確に知っていると信じている人々によって運営されている〟と考えることのほうが恐ろしい」と述べている。ファイナンスの判断をするときに、確率的に有利になるようなことは一切知りようがないと考えるのは非現実的な虚無主義であるが、どんなに世間知らずで教養がなくても、誰でもある程度の確率で未来を予測できると考えるのは非現実的な楽観主義である。

この2つのアプローチの中間地点は、将来についての軽率な臆測を避け、人間の偏った判断ではなくシステム的な思考に目を向け、視野を広げて謙虚さを保つことだ。それは、「私は何かを知ることはできるが、すべてを知ることはできない」というアプローチだ。うまくいって資産を増やせても、それでCNBCの番組に出演できる権利を得たなどとは夢にも思わないこと。ファイナンスの世界には、未来を映す水晶玉は存在しない。だが、それは前に進むときに身体を支える手すりがないという意味ではないのだ。

次のステップ

考えよう――「この専門家は実は何もわかっていない。この専門家は実は何もわかっていない。この専門家は実は何もわかっていない」

自問しよう――「この予測は確率的で、測定され、研究結果に基づいているか？　この人は過去にどのような予想をしていたか？」

実行しよう――予測のできない未来について臆測をするのではなく、時代を超越した行動原則（第2部で詳述する）に基づき、一貫した行動をする。

ルール８
極端なことは続かない

「失意のどん底にある者はやがて蘇り、得意の絶頂にある者はやがて失墜する」
——ホラティウス（古代ローマの詩人）

本当のことは決して語られない

「これもまた過ぎ去る（this too shall pass）」というフレーズを見聞きしたことがある人は多いだろう。だが、その豊かな歴史や出典の曖昧さについてはよく知らないかもしれない。このフレーズのルーツは、ソロモン王やスーフィーの詩人、そして最も知られているものとして「東方の君主」にあると考えられている。

スーフィーの詩には、王から「悲しいときに幸せな気持ちになれる指輪をつくってほしい」と依頼された賢者たちが、このフレーズを指輪に刻んだというエピソードが紹介される。ただし皮肉にも、「これもまた過ぎ去る」と刻まれた指輪は、王が悲しんでいるときに喜んだだけでなく、喜んでいるときに悲しませたという意図しない結果をもたらした。ユダヤの民間伝承では、ソロモンは無常さについての知識の受け手であり、提供者でもあるとされている。ある物語では、これはどんなときにでも当てはまる唯一のフレーズであると説明されている。

このフレーズは、19世紀の欧米でも人気を博した。エイブラハム・リンカーンが「かつて東方の君主は賢人たちに、どんな時代や状況でも真実かつ適切である言葉を創案するように命じたという。賢者はリンカーンに、『これもまた過ぎ去る』という言葉を贈った。この言葉は、高慢さをどれほど懲らしめることだろう。苦悩のときにどれほど慰めになるだろう！」と述べたのは有名である[56]。

起源は不明かもしれないが、このフレーズが投資にも当てはまるのは間違いない。投資をする人は、どんな極端な状況も決して永続することはないという真実を知らなければならないのだ。

スポーツ・イラストレイテッドの呪い

スポーツファンのあいだでよく知られている、「スポーツ・イラストレイテッドの呪い」という現象がある。人気スポーツ雑誌であるスポーツ・イラストレイテッド誌の表紙を飾って脚光を浴びたチームや選手が、その数週間から数か月後に怪我や成績不振、不運に見舞われるというものだ。２００３年後半、それまで1世紀近くもＭＬＢの優勝から遠ざかっていたシカゴ・カブスとボストン・レッドソックスが、順調にプレーオフに勝ち進んでいた状態で、スポーツ・イラストレイテッド誌の表紙を飾った。その後、両チームは運に見放された。レッドソックスはヤンキースに、カブスも新興チームのマーリンズにそれぞれプレーオフ最終戦で敗れてワールドシリーズへの出場を逃した。

王者マイク・タイソンとのプロボクシングのヘビー級タイトルマッチを控え、「俺を甘く見るな（Don't Count Me Out）」という見出しでスポーツ・イラストレイテッド誌の表紙を飾った挑戦者のマイケル・スピンクスは、試合開始わずか91秒後にノックアウトされ、テンカウントを数えられてしまった。２０１０年夏に同誌の表紙を飾ったニューヨーク・ヤンキースの黄金時代を築いた「コア４」ことデレク・ジーター、アンディ・ペティット、ホルヘ・ポサダ、マリアノ・リベラも、その7日以内にジーターを除く全員が故障者リスト入りした。ジーターも怪我は免れたものの、この年、バッティングではキャリアを通じて最悪の成績しか残せなかった。[57]

迷信深いスポーツファンは、スポーツ・イラストレイテッド誌の呪いには本当のブードゥーの呪いのような効果があると信じたがっている。だがこの現象は、心理学で「平均への回帰」と呼ぶものでとらえたほうがはるかに理解しやすい。これは、観察結果が時間の経過とともに平均に向かう傾向を指している。スポーツ・イラストレイテッド誌の表紙に登場するのは、たいていその時点で平均以上のパフォーマンスを発揮し、世間の注目を集めているチームや選手だ。けれども時間の経過とともに一時期の勢いが落ち、パフォーマンスが平凡になっていくのはごく自然なことだ。

行動経済学者のダニエル・カーネマンは著書『ファスト&スロー』（早川書房）で、イスラエルの空軍で「優れた飛行をした飛行士は、褒めると次回のパフォーマンスが低下する」と嘆く指導者の例を紹介している。この指導者は、褒めると飛行士は慢心し、結果としてパフォーマンスが落ちると思い込んでいた。だがカーネマンは、上司が褒めようが叱ろうが、並外れて優れたパフォーマンスの後は前回よりもパフォーマンスが落ちるし、際立って悪いパフォーマンスの後は前回よりもパフォーマンスが良くなる可能性が高いことを指摘した。褒めたり叱ったりすることは、「パフォーマンスは時間の経過とともに平均に回帰していく」という真実を見えにくくする煙幕になっていたのだ。

英国の統計学者フランシス・ゴルトンも、遺伝の研究で同じことを発見した。非常に背が高い人からはそれほど背の高くない子どもが、非常に知能が高い人からは平均的な知能の子どもが生まれる傾向があり、彼はこれを「平凡への退行」と表現した。人間の知能、運動能力、豆の木の長さなど、研究対象が何であれ、ダニエル・カーネマンがエイモス・トベルスキーに述べたように、「一度それに気づくと、この退行は至る所で見られる」のだ。[58]

平均への回帰の影響は、一般的な投資家にはほとんど理解されていない。だが、少なくともウォール街ではヤンキースタジアムと同じくらい強く感じられる。ジェームズ・オショーネシーも、「米国と他の先進国の株式市場を対象に、大量のデータを分析して発見した最大の鉄則は、平均値への回帰という考え方である」と述べている。[59]

何度も述べてきたように、ウォール街の不思議な世界では、世間の常識は通じない。観測結果が変わらないのを期待するのは、人間の性だ。私たちは今日、親切で思いやりのある人に出会ったら、1年後もその人は親切で思いやりがあるだろうと期待する。同様に今日、ある企業の経営が順調で利益を上げているのなら、それは当面続くだろうと考える。だが市況が極端に楽観的または悲観的になっているとき、実際には平均に向かう力が働くにもかかわらず、その状況が続くと期待すると、投資判断を間違えることになる。人はアスリートにも株価にも一貫性を期待するが、極端なものはすぐに収まっていくのだ。

ジム・コリンズとジェリー・ポラスの共著『ビジョナリーカンパニー』（日経BP社）は、広く読まれ、高い評価を得ているビジネス書だ。この本は、極めて先見性の高い企業（ビジョナリーカンパニー）に共通する特徴を明らかにし、その知見をビジネス界に伝えることを目的にして6年かけて実施された調査に基づいている。コリンズとポラスは、優れた企業を分析して、その企業を偉大なものにしている根本的な原因を特定したいと考えていた。

同書に取り上げられたビジョナリーカンパニーは、刊行前の10年間でS&P500を大きくアウトパフォームし、リターンは同指数の17・5%を超える21%であった。[60] このアウトパフォームは、これらの企業の業績がビジネスエクセレンスをテーマにした書籍で紹介されるほど優れていたことを考えれば、理にかなっている。しかし、平均への回帰の影響ははっきりと忍び寄っていた。この調査後の5年間、同書に取り上げられた企業のうち、S&P500をアウトパフォームした企業は半数のみであった。さらに時間軸を広げて（1991年から2007年まで）検証してみると、ビジョナリーカンパニーは全体としてS&P500をアンダーパフォームしていた（同期間のリターンは、同指数の年率14％に対して13％）。優れた企業にも、「これもまた過ぎ去る」は当てはまるのだ。

『ビジョナリーカンパニー』で取り上げられた企業で観察されたことは、勝者企業と敗者企業の集合的な研究や、ファンド・マネージャーを対象とした研究にも見られる。ブランデス・インスティテュートが実施した調査によれば、際立って優秀な成績を収めた長期ファンドのマネージャーでさえ、長期にわたってアンダーパフォームに陥り、急激に平均に回帰することがあるのが一般的である。調査のある時点では、これらのトップマネージャーはベンチマークより平均で20％近く劣っていた。3年の期間で見ても、トップマネージャーの約40％が下位10分の1に位置していた。[61] 以前は支持されていなかった「ベストマネージャー」戦略は、その後7年間で年率17％のアウトパフォームを示す傾向にあったが、それを予見できなかった投資家はこれらのマネージャーを見放すケースが多かった。

1998年、ハーバード大学のラリー・サマーズとMITのジェームズ・ポーターバは、

『株価における平均への回帰：証拠と意味（Mean Reversion in Stock Prices: Evidence and Implications）』と題した独創的な論文を発表した。彼らは1926年から1985年までのNYSE株のリターンを調査し、価格の大幅な上昇や下落の影響を分析した。その結果（ここまで読み進めた読者には予想がつくかもしれないが）、例外的に高いリターンの期間の後に低いリターンの期間が続き、その逆もまた同様であることが明らかになった。同様に、リチャード・ターラーとウェルナー・デボンドは『株式市場は過剰反応しているのか？（Does the Stock Market Overreact?）』と題した論文で、今日の勝ち組銘柄が後に負け組銘柄となり、その逆も然りであることを明らかにした。過去5年間で最も業績の良かった35銘柄と最も業績の悪かった35銘柄を比較したところ、中期的（17か月）には負け組銘柄が指数を17％アウトパフォームしたのに対し、勝ち組銘柄は同指数を6％アンダーパフォームしていた。

黄金時代は続かない

先ほど、人間は変わらないものを求めるために、将来は現在と同じものになるという間違った考えを抱きやすいと述べた。人は、今日親切だった友人は1年後も親切であるはずだと思い込むのと同じように、今日のホットなセクターは将来もずっと成長を続けるという幻想を抱く。しかし、ケネス・ボールディングの有名な言葉にあるように、「安定した成長がいつまでも続

く と考えるのは、頭のおかしな人かエコノミストのどちらか」なのだ。

1980年代後半の日本の不動産バブルを引き起こしたのも、まさにこのような楽観的すぎる見立てだった。一時期には、東京の不動産市場は米国全体の不動産市場の実に4倍もの価値があった。[62] ロンドン証券取引所も異常な急騰時に、25年間で100倍の価値に成長し、欧州の全現金の5倍以上に達したことがある。[63] ジェームズ・オショーネシーも、米国のハイテクバブルについて「Constellation 3D、eNotes.com、simplayer.com などの企業は、売上がゼロであるにもかかわらず、株価が1000%以上上昇した」[64]と述べている。

こうした極端な状況は永遠には続かないと理解できなければ、バブルが膨らみ、やがては本物の資産が長期にわたって大打撃を被ることになる。投資をする者は、賢明な東方の君主のように、絶望の時には慰め、豊かな時には謙虚さを与えてくれる指輪を身に着けなければならない。

残念ながら、経済の繁栄期には、必ず次の暴落の種が蒔かれている。一般的には、弱気相場にはリスクがあり、強気市場にはリスクがないと考えられている。だが行動ファイナンスの実践者は、リスクは実際には市場に多幸感があふれる時期に生み出され、下落市場で現実化するのを知っている。

市場心理が高揚している時期には、その根底には正しい考えがあるが、過剰な反応を引き起こしているケースが多いことも、極端さを評価するのを難しくしている。世紀の変わり目に起こったITバブルも、インターネットが従来のビジネス手法を変えるという仮定に基づいていた。この考えは、当時想像されていた以上に今日正しいことが裏付けられている。とはいえその変化とは、たとえば「収益性」といったビジネスの現実が、「マインドシェア」や「ページの訪問者数」といった突拍子もない尺度に取って代わられるという意味ではなかった。

空の旅が現代社会に革命をもたらしながら、航空会社の株が期待外れに終わってきたように、今日の株式市場には、人々の日常を変えるイノベーションはもたらすが、株価としては投資家の非現実的な期待に応えられない企業がある。ベン・グレアムが言うように、「事業が成長するという明白な見通しがあっても、投資家にとって明白な利益につながるとは限らない」〔65〕のである。ファイナンスの世界では、極端な期間は真実の核から生まれる。この事実が、それを見極めるのを困難にしている。

マーク・トウェインは、「歴史は繰り返すのではなく、韻を踏む」と述べた。次の過度の恐怖や貪欲さのエピソードは、前回とまったく同じようには見えないが、「明日も今日とまったく同じだろう」という非現実的な期待や、「今回は違う」と思ってしまう点などの共通点があるだろう。金融史家のJ・K・ガルブレイスは、著書『バブルの物語』（ダイヤモンド社）でこう述べている。

「同じような、あるいは極めてよく似た状況が、再び（時にはわずか数年のうちに）起こると、若く、自信に満ちた新しい世代から、金融界や経済界全体における輝かしい革新的発見だとして歓迎される。金融界ほど、歴史が重視されない分野はない。過去の経験は、それが記憶の一部である限りにおいて、目の前にある驚異を理解できない人たちの原始的な避難所だと見なされてしまう〔66〕」

この過剰さを認識するには、あまのじゃく的な視点が必要になる。世界が悲観的になっているときは頑なな楽観主義者であり、シャンパンとバラの浮かれた時期には慎重な歴史家になるべきなのだ。楽しくはないが、資産運用という面ではメリットが得られる。

ウォーレン・バフェットは２００８年に、今では有名になった「米国の株を買おう」という論説を新聞に寄稿したが、具体的な銘柄を指しているのではなく、短期的に市場がどうなるかまったくわからないとも認めている。バフェットは広い視野を持ち続け、「これもまた過ぎ去る」という決して時代遅れにならないフレーズを繰り返していただけだったのだ。

次のステップ

考えよう――「これもまた過ぎ去る」

自問しよう――「未来は現在と同じようになると考えることは、優良企業の株を低価格で買えるチャンスを広げるだろうか？」

実行しよう――宴のときは飢饉に備え、飢饉のときは宴に備えるつもりで資産運用に取り組むこと。

ルール9
分散投資は、不確実性に対する唯一の論理的な対応

「私の法則は、夢を抱き、多様な方法で挑戦し、常に正しい視点を失わないことだ」
――ウォルト・ディズニー（米国のアニメーション映画製作者）

とてつもなく貧しい人間になったような気分を味わいたいのなら、フォーブス誌の「米国で最も裕福な４００人」のリストを眺めてみればいい。嫉妬が収まったら、このリストに名を連ねている人の共通点は何かを考えてみよう。

一見すると、共通点はないように思える。オプラ・ウィンフリーのように貧しい家庭に生まれた者もいれば、ドナルド・トランプのように若くして財産を相続した者もいる。黒人もいれば白人もいるし、男も女も、若者も高齢者もいる。だが、しばらくリストを見続けていると、あることに気づくはずだ。富豪たちの大部分は、１つの企業に集中投資したことで裕福になっ

ているのだ。ビル・ゲイツならマイクロソフト、ウォーレン・バフェットならバークシャー・ハサウェイ、マーク・ザッカーバーグならフェイスブックと、分散投資はしていない。では、もし集中投資が巨万の富を手にするための必須条件なのだとしたら、私（や他のファイナンスの専門家）は、どうして分散投資を推奨するのか？　それは、集中投資は莫大な富を得るための最速の方法である一方で、資産を失うための最速の方法でもあるからだ。短期間で金持ちになるのと、短期間で貧乏になるのは表裏一体なのだ。

経済学者のハリー・マーコウィッツは、様々な資産クラスをまたぐ分散投資を広めたことで知られている。だが、分散投資を優れた投資行動の手段と見なすことの歴史は古い。聖書でも、紀元前935年頃に書かれたとされる『コヘレトの言葉』（11：2）のなかで、リスク管理の手法として分散投資の利点が挙げられている。そこには「この先にどのような危険が待ち受けているかわからないので、資産はいくつかの場所に分けて管理すること」と書かれている。

ユダヤ教の聖典『タルムード』にも、資産は事業、通貨、不動産の3つに分けて管理すべきだという、資産の分散化に関する記述がある。分散投資に関する古い言葉のなかで、最も有名で、おそらく最も雄弁なのは、シェイクスピアの『ヴェニスの商人』に登場する次の一節だろう。

幸い私は、一隻の船にすべての財産を託してもいないし、一社の取引先とだけ取引をしているの

でもない。この一年の運に、全財産を賭けているわけでもない。だから、積荷のことで憂鬱にな
ったりはしない。

興味深いのは、分散投資についてのこうした初期の言及が、その経済的メリットと同じくらい心理的メリットに焦点を当てていることだ。投資先を広げることには、利益を増やすのと同じくらい、恐怖や不確実性に対処するという意味合いがある。分散投資の本質は、不確実な未来に対して謙虚になることだ。これは、保険の仕組みと基本的な考え方は同じだ。保険の全加入者のうち、毎年、一部が支払いの対象となる事故を起こすが、大多数は事故を起こさない。保険会社が利益を得られるのは、被保険者全体にリスク分散をしているからだ。同様に、資産クラスの内外で分散投資をしていると、ある投資先が失敗しても、資産運用が長期的に成功する可能性が劇的に低下するわけではない。

この保険の喩えにピンとこなかった読者は、資産運用ディレクターのベン・カールソンによる「分散投資を後悔を減らすための方法にする」という提案について考えてみてほしい。彼は著書『A Wealth of Common Sense』（未訳）で、「巨額の利益を逃したことを後悔する投資家もいれば、巨額の損失を被ったことを後悔する投資家もいる。どちらの後悔があなたの感情を悪化させるだろうか？」[67]と述べている。

実は研究によって、人は莫大な利益を逃したことを後悔するより、損失を被ったことのほう

が大きな後悔を味わう傾向があることがわかっている。ダニエル・カーネマンとエイモス・トベルスキーは、利益と損失の効用曲線を分析し、人は勝つことよりも失うことをはるかに嫌っていることを発見した。テニスのスター選手アンドレ・アガシも、このことをうまく表現している。

「グランドスラム〔テニスの4大大会で優勝すること〕を達成した今、僕は地球上でごくわずかな人しか知らないことを知っている。勝つことの喜びは負けることの悔しさほど大きくはないということ、そして良い感情は悪い感情ほど長くは続かないということさ。比較にもならない」

もしかしたら、あなたは損失を被った痛みより、逃した利益の痛みを強く感じるタイプの珍しい人かもしれない。その場合は、超集中型の投資をして、スリル満点の資産運用をすればいい。だが、あなたがほとんどの人と同じなのであれば、分散投資は長期的な経済的目標を達成するうえでボラティリティを低下させるのに大いに役立つものになるだろう。

謙虚さの実践

たとえば、80年代初頭の「失われた10年」と呼ばれる10年間、米国の大型株（例：S&P500）に投資していた人は年1％の損失を出している。だが5つの資産クラスに均等に分散投資していた場合は、この10年間でも年率7・2％というかなりのリターンが得られた。ただし、それ以外の期間は立場が逆転する。たとえばグレート・リセッション後の7年間、株価は爆発的に上昇したが、分散投資していた場合の伸びは鈍かった。実際、分散投資では、毎年アンダーパフォームするものが出てくるものだ。ブライアン・ポートノイ博士も、「分散投資とは、常に『残念だ』と言わなければならないこと」と述べている。

とはいえ、将来どの資産クラスが大きなリターンをもたらすかは誰にもわからず、分散投資がこうした不確実性に対する唯一の論理的な対応であるというのは疑いようのない事実である。たとえば1928年以降、株式と債券が同じ年に下落したのは3度しかない(1931年、1941年、1969年)。つまり、株式と債券に分散投資することは、苦しい時期に緩衝材の役割を果たしてくれるのだ。[68] エアバッグが事故に遭うまで無駄な出費であるように、債券にも効果を発揮するときまではパフォーマンスの足かせになる側面があるのは事実だ。

だが、不確実性に対処することは、必ずしもリターンを妥協することにならない。実際、広範な分散投資とリバランスは、パフォーマンスを年間0・5%ポイント上げることが示されている。小さな数字だと思うかもしれないが、投資人生全体に及ぶ複利効果を考えれば、それがいかに莫大な差をもたらし得るかがわかるだろう。[69] たとえば、前述したベン・カールソンの『A Wealth of Common Sense』(未訳)に引用されている、欧州、太平洋、米国の株式のケースを考えてみよう。1970年から2014年までの年率リターンは以下の通りである。

・欧州株――10・5%
・太平洋株――9・5%
・米国株――10・4%

似たようなリターンだが、3つの市場を組み合わせ、毎年末に均等にリバランスして一貫したポートフォリオ構成を維持した場合にどうなるかを見てみよう。分散投資の奇跡としか言いようがないが、この期間のポートフォリオの平均リターンは年率10・8%となり、なんと個々のパーツのどれよりも大きくなる。どの市場にも良い年と悪い年があるため、自動的なリバランスには勝者を売り、敗者を買うという効果がある。そう、安く買って高く売るのは投資の鉄則だ。安値で買い、高値で売ることで、分散投資の相乗効果が発揮される。

これまで述べてきた分散投資の利点に加えて、複数の資産クラスに資産を分散させることは、ボラティリティを抑制する効果がある。その結果、「バリアンス・ドレイン」を減少させられる。難しそうな専門用語だと思うかもしれないが、簡単に言えば、ボラティリティの高い方法で、少ない資産を複利で増やそうとして投資するときに生じる弊害のことだ。算術的にはリターンの平均が同じでも、富の総額に与える影響は極めて大きくなる。

まだ説明が難しいという人もいるだろう。では、例を挙げて説明しよう。たとえば、2つの銘柄にそれぞれ10万ドルを投資し、どちらも年平均10%のリターンで2年間運用したとしよう。

一方はボラティリティが大きく、もう一方はボラティリティを抑える運用をしている。ボラティリティを抑えている場合、資産は年間10％ずつ増え、最終的に12万1000ドルになる。ボラティリティが大きい場合、1年目にはマイナス20％、2年目にはプラス40％となり、同様に年平均10％の増加となる。年間40％のリターンを達成すれば、「私は投資の天才だ！」とゴルフ仲間に自慢できるだろう。だが、2年後の最終的な資産総額は11万2000ドルになり、ボラティリティを抑えた場合よりも9000ドル少なくなる。50％の損失を取り戻すには100％の利益が必要であることを理解している投資家はほとんどいない。分散投資の価値は、このようにリターンの分散を抑えることで、結果的に複利効果を大きくし、投資家の悪い行動の影響を受けにくくすることにもあるのだ。

本章の冒頭では、様々なジャンルの超富裕層に共通するのは、多くの場合は1銘柄の株式を対象にした、集中型のポートフォリオであると述べた。ならば1つの銘柄を選んで、マセラティに乗り、水代わりにシャンパンを飲み、召使を雇えるような身分になりたいと思うかもしれない。だがその前に、ロングボード・アセットマネジメント社が実施した調査の結果を見てみることをお勧めする。同調査によれば、株式の40％近くが生涯にわたって損失を出し、64％が市場指数をアンダーパフォームし、長期的な市場の上昇分を支えているのは全体の25％程度の銘柄にすぎない。この結果をチャート2に示す。

「もし1銘柄（あなたのお気に入りの、大成長した銘柄を当てはめてみよう）に全資産を賭け

チャート2　米国の個別銘柄の生涯リターン

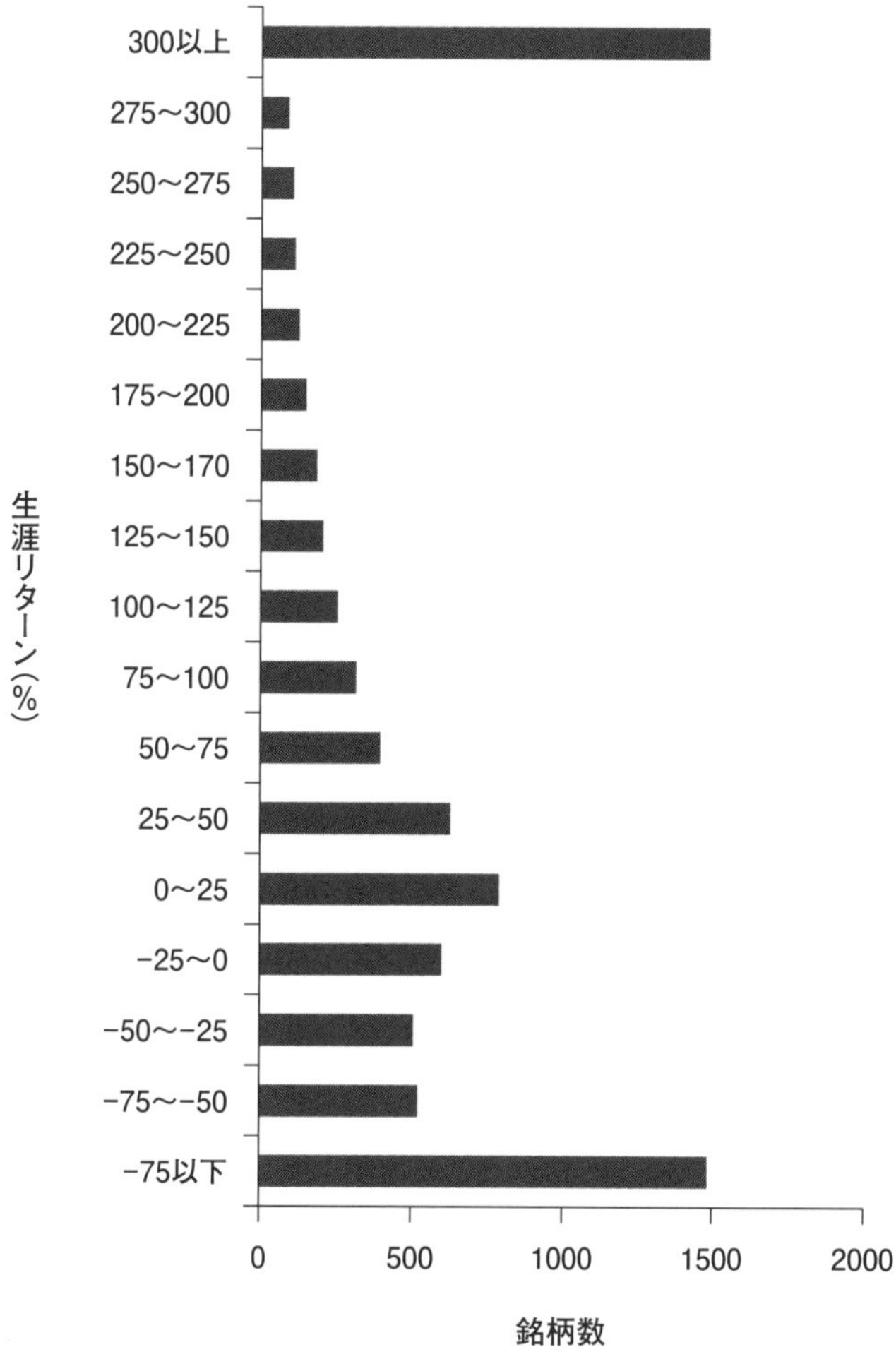

ていたら?」と考えるのは誘惑的だ。だが歴史によれば、1つの銘柄に全資産を集中させていた場合、破産する確率は、大当たりする確率の倍になる。大衆車を運転し、水を飲み、自分で料理をしながら、分散投資するのがまっとうな方法だと言えるだろう。

イッツ・ア・スモールワールド

これで、分散投資がいかに重要かを理解してもらえたのではないかと思う。だが、ここで少しばかり悪いニュースを伝えておきたい。それは、分散投資を実施するのが、年々難しくなっていることだ。何でもそうであるように、グローバリゼーションにも長所(伝統的な文化の融合、共感の向上)と短所(ナショナリズム、地域固有の文化の破壊)があるが、分散投資への影響があるのは否定できない。つながりが深まっていく世界では、相関関係のない資産に分散投資することが難しくなっているのだ。1971年から1999年にかけて、S&P500とMSCI EAFE指数(米国を除く世界株式の指数)の12か月間の相関は0・42だった。これは21世紀に入って以来、0・83へと上がっている。[70] タンとションによれば、コモディティも同様に独自性を失っている。[71] 1990年から2000年初頭にかけて、指数化されたコモディティ間の年平均相関は約0・10であったが、2009年には5倍の0・50になっている。そのうえ、コモディティと株式の相関関係は2008年の金融危機の際に0・80まで急上昇し、最も必要とされていた分散化の力を失った[72]。

世界が縮小し、相互依存が高まるにつれ、あらゆる種類の資産クラスが互いに似てくるのは当然のことだとも言える。資産クラスの内外で分散投資をするという基本的な考えは時代を超越したものであり、今後も投資家の役に立ち続けるだろう。しかし、この大きな枠組みの中で、投資家は相関のない新たなリターンの源を探す必要がある。

企業における民族的、心理的に多様な（すなわち、多様なキャラクターのメンバーがいる）チームに関する研究は、興味深い結果をもたらした。多様性のあるチームは、多様性の低いチームよりも、意思決定に時間がかかり、議論が多くなり、業績が上がるまでに回り道をする。だが、最終的にはより良い意思決定をして、幅広い可能性を検討し、そして収益性の高いビジネスを生み出しやすい。

同様に、資産や株式を多様化する分散投資のアプローチは、視野が狭いと失望を招きやすい。常にいずれかの資産のパフォーマンスが低い可能性が高く、「もし他の資産に投資していたら」と想像してしまいやすくなる。しかし、ポートフォリオ全体を長期的にとらえると、分散投資がもたらすメリットは極めて大きい。ヘッジファンド界の大物クリフ・アスネスが、分散投資を「投資の世界における唯一のフリーランチ」と呼んでいるほどだ。分散投資をすれば、常に「残念だ」と言わなければならなくなるかもしれない。だが、それは分散投資しない場合に言わなければならない言葉よりもはるかにマシなのだ。

次のステップ

考えよう――「早く富を手に入れることと、早く富を失うことは、同じコインの裏表である」

自問しよう――「個人的、職業的なリスクを分散するために、どんなスキルを学び、新しい人間関係を築けばいいだろうか？」

実行しよう――複数の資産クラス（国内株式、外国株式、債券、不動産を含む）に分散投資する。

ルール10 リスクは曲がりくねった道ではない

「10月。この月は株式投資を行ううえで特に危険な月の一つである。他は、7月、1月、9月、4月、11月、5月、3月、6月、12月、8月、2月だ」

――マーク・トウェイン（米国の作家、『まぬけのウィルソン』の一節）

私は金融の世界に行動原理を適用することにすべてのキャリアを費やしてきたが、博士号は臨床心理学で取得している。博士課程のプログラムでは、心理的な不安を抱えたクライアントと合計何千時間もかけてカウンセリングをする必要があった。このスキルは、パニックに陥った投資家と話をするうえでも非常に役立つことが証明されている。

初めてのクライアント（ここでは仮名のブルックと呼ぶ）は、記憶に残る人だった。彼女の物語は、リスクの概念を考えるための貴重な素材になる。ブルックは6枚の封筒を持って私のオフィスに入ってくると、すぐにそれらを机のうえに置き、「困っています」と言った。彼女は身なりが良く、聡明で、ファイルからも推測できたが、極めて優秀な学生だった。これほどまともな人物が悩みを抱えているなんて、想像できなかった。セッションが進むにつれ、ブルックは問題を説明し始めた。私は、自分がおどおどした新人に見えないように最善を尽くした。ブルックは科学者志望で、名門大学数校の博士課程に応募していた。すべての大学から郵送で返信が届いていた。それが、机に置かれた6通の封書だった。彼女は幼い頃から科学者になることを夢見ており、高校時代のほとんどを良い大学に合格するための準備に捧げ、大学時代も真面目に勉強に打ち込んだ。今までしてきたすべてのことは、この瞬間のためのものだった。

封書は届いていたが、開封できなかった。この瞬間のために膨大な時間と努力を注ぎ込んできたので、自分が大学に受け入れられたかどうかを確認するのが怖かったのだ。入学の締め切りは迫っていた。不安と向き合い、封書を開けて中身を確認しなければならなかった。だが、どうしてもできない。これほど苦労してきた何かから拒絶されることを想像すると、耐えられなかった。

セッションを通して、私はうまく立ち回れなかった。ブルックが訴えている類の不安は私の教科書には載っていなかったし、一見するととてもまともそうに見える人が、これほど常軌を逸した行動を取ることがあるのかという驚きを禁じ得なかった。私は何度も言葉に詰まった。ファイルをデスクの下に落としたりもした。授業では、「臨床家は直接アドバイスをするのではなく、クライアントが自分で解決策に辿り着くのに役立つような質問をするように」と教えられていた。だが、言うは易く、行うは難しだった。

彼女を良い方向に導けない自分に苛立ちを感じ、私は思わずこう口走った。「私には、あなたはリスクを取るのを恐れることで、恐れそのものを引き起こしているように思えます」。うまい言い方ではなかったが、効果はあった。ブルックと私はその日、不確実性に対処するための最善の努力が、ある種の失望をもたらす場合があると気づいた——これは人生と同様、投資にも当てはまる。結局、彼女は6校すべてに合格していて、好きな学校を選べた。ブルックの問題は、リスクの定義が、彼女が実際に経験したものとはかけ離れていたことから生じていた。ブルックは、リスクを不合格通知と定義し、封書を開封するのを避けることで、リスクを避けていると勘違いしていたのだ。

リスクの定義

定義は重要である。リスクを懸念することが重要な任務である投資マネージャーは、リスクを測る尺度として資産のボラティリティを利用してきた。ボラティリティをリスクの尺度にする利点は、主に効率面にある。測定が容易で、事実に基づいて報告でき、エレガントな（ほとんど役に立たないとしても）数理モデルの構築に適しているのだ。ボラティリティをリスクの代用にすることの最大の欠点は、それが本当に測定すべきものに意味のある形で適合していないことだ。

伝説的なバリュー投資家のハワード・マークス〔編集部注／米国の投資家。ウォーレン・バフェットが信頼を寄せる数少ない投資家の一人〕は、この問題についてこう述べている。

「学者たちは、リスクの代用として便宜的にボラティリティを使っている。客観的で、歴史的に確認でき、将来の推定にも用いられる数値が必要だからだ。ボラティリティは他のタイプのリスクとは違い、その条件にかなっている。だが、大きな問題がある。私は、ボラティリティは大半の投資家が懸念しているリスクではないと思う。人が投資を断念するのは、ボラティリティではなく、資本の損失や許容できないほど低いリターンを心配するからではないだろうか。私にとっては、『価格が変動するのが怖いから、もっとアップサイドの可能性がほしい』というよりも、『損をしたくないから、もっとアップサイドの可能性がほしい』という考えのほうが、はるかに理にかなっている。『リスク』とは何よりもまず、損をする可能性のことのはずだ[73]」

「絶対に損をしない」を投資の第一のルール、「第一のルールを忘れない」を第二のルールとするウォーレン・バフェットについて再度考えてみよう。彼の率いるバークシャー・ハサウェイの株価は変動が激しく、1980年以降だけでも4度も約50％下落している。ある意味で非常にリスクが高いが、バフェットは一度もこのリスクを現実化したことはない。なぜなら、同社の株を一度も売却していないからだ。

ボラティリティを重視する投資家なら、この35年間で何度もバークシャーの株を売っていただろう。幸い、投資の神様と呼ばれるバフェットは、師であるベンジャミン・グレアムの「真の投資家は、保有株式の価格が下落したからといって損失を被ることはない。つまり、下落が起こるかもしれないという事実は、彼が真の損失リスクを負っているということを意味しない」という言葉を理解している。(74)

メリアムウェブスター英語辞典によれば、リスクは「損失または損害の可能性」と定義されている。ゆえに、投資リスクを「資本の永久的な損失の可能性」と定義するのは妥当だろう。身近な言葉で言えば、個人の投資リスクは「自分が望むような経済的生活ができなくなる可能性」と定義できる。リスクをボラティリティと同義とする定義にはこうした生活者の視点が抜け落ちている。それでも私たちは、リスクは文脈的なものであると直感的に理解している。お金に関する目標や不安、義務が人それぞれであるように、リスクも人それぞれだ。このことを念頭に置いて、リスクの新たな定義(「資本の永久的な損失の可能性」、「自分が望むような経済的生活ができなくなる可能性」)に基づいて、株式のリスクについて考えてみよう。

リスクの他の名前

前章では分散投資のリスク抑制効果について述べたが、単一銘柄のみでの資産運用のリスクがどれほど高いのかについても明確にしておかなければならない。ＪＰモルガンの調査によれば、１９８０年以降、40％の銘柄が「壊滅的な損失」、すなわち70％以上の下落を被っている。

では、これらの高リスクの個別銘柄を分散型のポートフォリオに組み込むとどうなるのだろうか？　金融学者のジェレミー・シーゲルは著書『株式投資』（日経ＢＰ）で、19世紀後半から１９９２年におけるあらゆる任意の30年間で、株式が債券と現金の両方を上回っていることを明らかにした。任意の10年間だと株式は80％以上の確率で現金を上回り、任意の20年間だと株式が損失を出したことは一度もなかった。ボラティリティに基づくリスク指標では安全とされる債券と現金は、実際にはほとんどの期間でインフレに対応できなかった。

シーゲルはこのねじれた論理について、こう述べている。

「20年間単位で投資をすれば、株で損をすることはないが、債券で資産を保有していると、インフレによってポートフォリオの半分は消えてしまう。どちらがリスク資産なのか[75]」。

過去30年間では、株式はインフレ調整後で平均７・４％のリターンを上げているが、債券の実質リターンはわずか１・４％にとどまっている。[76]年平均で年間５００％アウトパフォームし、一貫性のある資産クラスを何と呼ぶべきかはわからないが、私はこれをリスク資産とは呼ばないだろう。

リスクをボラティリティと同義だと見なすことには、長期的な視点を見失い、市場の日々の変動に煽られ続けやすくなるというデメリットもある。繰り返すが、株価を毎日見ていると、株式は非常に恐ろしいものに見えてくる。グレッグ・デイヴィスによれば、毎日証券口座をチェックしていると、41％強の確率で損失を目にすることになる。人間には得をしたときの喜びよりも損をしたときの苦しみを2倍強く感じる特性があることを考えると、これはかなり恐ろしい。確率上、証券口座を確認するのを5年に一度にすると損失を目にする確率は12％程度になり、12年に一度にするとまったく損失を目にしないことになる。[77] 12年は長いと思うかもしれないが、一般的な投資人生の長さは40年から60年であることを忘れてはならない。

ボラティリティをリスクの代用にすると、長期的な複利運用の可能性を忘れ、日々のトレンドという不可知で無意味な値動きに心を奪われやすくなる。ファンド・マネージャーのトム・ハワードはこの誤謬について「皮肉なことに、長期的なポートフォリオを構築する際に短期的なボラティリティに注目すると、確実に投資リスクは増大する」と述べている。[78]

長期投資には、長期的なリスクの尺度が必要だ。適切な時間軸で考えれば、株式を主な推進力とするポートフォリオは、真の意味でのリスクをほとんど伴わずに大きな報酬を得られるものになる。

魅惑的ではないが、重要なもの

投資家はリスク管理が重要であるのを直感的に理解しているものだが、アップサイドの追求よりダウンサイドの管理が重要であることはめったに理解していない。投資家のハワード・マークスは、「生涯を通した投資家の成績は、どれだけ大きく儲けたかよりも、どれくらいの回数、どれくらいの規模で損失を出したかによって決まる。優れた投資家ほどリスクコントロールがうまいものだ」と述べている[79]。

投資のリスクは重要だが、管理を難しくしているいくつかの特徴がある。まず、投資のリスクは将来に存在するものであること。これまで説明してきたように、人間は将来何が起こるかを予測するのがあまり得意ではない。

第二の難点は、リスク管理の取り組みがどれだけ成功したかについて、直接的なフィードバックが得られるとは限らないことである。「明日は80％の確率で雨が降ります。外出するときは傘を持つように」とアドバイスする気象予報士がいたとしよう。普通はこのようには考えないが、もし明日雨が降らなくても、この気象予報士の予報は当たったと見なすことはできる。5回に4回雨が降ると言っていたのだから、その日はそれ以外の1回だったかもしれないからだ。つまり、「それは絶対に起こらない」「これは必ず起こる」といった考えをしない限り、リスク管理の取り組みが適切に行われているかどうかを把握するのは難しいのだ。

リスクを考えることが大きなリターンを確保するうえで重要だが、それが目に見えないものであるなら、私たちはどうすればいいのか？

この問いへの答えのヒントを与えてくれるのが、おそらくこれまでに書かれた金融リスクに関する最も包括的な考察である、ピーター・バーンスタインの著書『リスク：神々への反逆』（日経BPマーケティング）だ。バーンスタインは「リスク管理の本質は、結果をある程度コントロールできる領域を最大化する一方で、結果をまったくコントロールできず、結果と原因の関連性が見えない領域を最小化することにある」と述べている。[80]

リスク管理は、コントロール可能なものをコントロールすることから始まる。このバーンスタインの賢明な忠告も、ボラティリティをリスクの代用とすることの不適切さを示している。ベータ値、すなわち株式市場の指数をベンチマークとして比較したときの株価のボラティリティは、時間の経過とともに大きく変動し、価値ある情報をほとんど提供してくれない。一方、よりファンダメンタルな要素は、株式を画面上で上下動する点ではなく、企業の株式の一部として見ることだ。これにより、論理的かつ実証的な裏付けを基に、リスク管理へのステップを踏めるようになる。このような形で投資の概念を理解できれば、潜在的なリスクを予測しやすくなる。

こうした基本的な考慮事項とすべきものに、その企業の株に支払う価格がある。株式に価値以上の金を払うことほど大きなリスクはない。ある企業に投資することのリスクは、その企業に支払う価格から切り離すことはできず、また切り離すべきでもない。適切な評価はリスク管理の中核だ。1950年から2007年にかけて、バリュー株〔訳注／割安な銘柄〕はグラマー株〔訳注／将来有望な銘柄〕と市場指数の両方をアウトパフォームし、ボラティリティも低かった。従来型または行動科学的なリスクの尺度では、価値以上の価格で買わないことが最も安全な行動である。


リスク評価において注目すべき他の基本的領域を探るために、最も身近で価値あるビジネス――近所のレモネードスタンド――への投資判断をするケースを想像してみよう。あるレモネードスタンドに投資するかどうかを尋ねられたら、あなたはどこに着目するだろう？　商品のおいしさ、スペシャルメニューの独自性、利益率、経営の質、レモンの仕入れ値などではないだろうか。真っ先に、「この会社の評価の長期的な変動性はどれくらいだったか？」と考えたりはしないはずだ。

同じく、ある株式を購入することのリスクを評価する際には、部外者の気まぐれな感情ではなく、その事業の基礎に目を向けるべきだ。その際、次のような定性的なチェックリストを用いると良い。

・この会社の業績の履歴（通常5年以上）は？
・カタリスト〔訳注／株価を動かすきっかけとなる要因〕はあるか？
・経営者は信頼できるか？
・もし可能なら、この会社を買収したいか？
・ライバル社が提供するよく似た製品やサービスはあるか？
・厳しい状況でも価格決定力を維持しているか？
・安全域のある価格設定になっているか？
・なぜ他の投資家はこの銘柄に注目していないのか？
・労働組合や規制条件の影響を受けているか？
・このブランドは顧客の忠誠心を刺激しているか？

これらの質問はすべて、起こり得る落とし穴を考慮しながら、ある銘柄の購入を検討する際に役立つものだ。だが典型的なウォール街の人間は、リスク管理を考える際に真っ先にこれらの質問を思い浮かべたりはしないだろう。ウォール街は、リスクを単なる数学的な問題としてとらえる近視眼的なパラダイムに陥っている。こうした状況は、リスクの真の定義を理解し長期的に行動しようとする投資家にとっては、大きなチャンスになる。

私が本書でボラティリティをリスクの代用にするという考えを強く批判してきたのは、この考えが一般の投資家や貯蓄者に損害を与えているのを目の当たりにしてきたからだ。ボラティリティは短期的には恐ろしいものだが、その位置づけを正しく理解すればその痛みは和らげられる。１８７1年以降、市場は5年に1度の割合で20％以上変動している。つまり、ボラティリティは例外ではなく、標準的なものなのだ。私たちはそれを前提としたうえで計画し、分散投資をすべきなのであり、決して不安にかられて逃げ出すべきではない。投資家は、生涯のうちに10度から15度の弱気相場を経験する。その事実を受け入れるのが早いほど、最も恐れるべきもの――望み通りの生活をするための資金が不足すること――をコントロールするための投資ができるようになる。

作家のナシム・タレブは、ボラティリティを受け入れるためのヒントとして、毎日勤務先から午後6時ぴったりに帰宅する人の例を挙げている。この人がこのパターンをしばらく続けていると、たとえ5分遅れただけでも、家族は安否を心配するようになる。一方、毎日午後5時半や6時半など、6時前後に帰宅している人の場合、よほど遅くならない限り、家族は心配しないだろう。

このように、一貫性にこだわりすぎると、逆に不安定になってしまう。一方、「折れない程度に曲げられる」余白のあるアプローチは、時間の経過とともに強化されていく。タレブは、免疫をつくるために少量の病原体をワクチンとして身体に注入するのと同じように、真の安心を得るためにはある程度のボラティリティが必要だと述べている。「人生では、不安定性の要素がなければ安定は得られない」のである。[81]

長期投資をすることで、株式のリターンは、仕事を終えて帰宅する家族のように一定の範囲内で一貫して「帰ってくる」ようになる。確実性にこだわる人にとっては、株式投資よりもはるかにボラティリティの低い選択肢はある。だが、確実性を優先させると、資産の購買力を維持できず、将来の基本的な経済ニーズが満たせなくなるリスクを負うことになる。ボラティリティはリスクと同義ではない。それは行動的な投資家がわずかな勇気と忍耐を持つだけで大きな報酬を得るための、有効な手段なのである。

次のステップ

考えよう――「長期的な富を生み出す最大のリスクは、自分自身である」

自問しよう――「私は、コントロール可能なものをコントロールしているだろうか？」

実行しよう――投資対象の企業の安定性を調べ、過度な支払いをしないことで、真のリスクを管理する。

行動科学的な自己管理のルールを適用する

私はいつも仕事を終えると、車で曲がりくねった坂道の多い丘陵地を通って帰宅する。オフィスでの長い1日を過ごした後でほっと一息つくには最適なルートだ。多くの通勤者がそうであるように、私も普段はほとんど無意識に同じ道を走っている。だが最近、タンクローリーが流出事故を起こして4車線すべてが使えなくなり、この通勤ルートが使えなくなってしまった。新しいルートを探していたところ、ある病院の前を通りかかった。地域最大の規模を誇り、評判もいい病院だ。

病院の2つの主要な建物とそれらを結ぶ連絡通路の間を通り過ぎたとき、意外な光景が目に入ってきた。近くの敷地で、白衣を着た医療関係者が喫煙していたのだ。そう、医師と看護師だ。数えてみたら、13人もいた。彼らはタバコを消すとすぐに建物に戻り、患者に禁煙を勧めるのだろう。この13人の専門家は、タバコは健康に悪いと誰よりもよく知っていたにもかかわらず、自分では実践できていなかったのだ。これは専門用語では「知識と行動のギャップ」と呼ばれている。名称が何であれ、とても残念なことだ。

本書ではここまで、ファイナンシャル・プランを立てる際に参考にできる研究結果や逸話、アイデアを共有することで、読者の悪い投資行動を防ごうと試みてきた。だが、私も他の人と同じように、知識と行動のギャップに陥りやすい人間だ（運動をした直後に、つい甘いフルーツキャンディを食べてしまう）。これまでに紹介してきたルールを頭で理解するだけでは、決して十分ではないことを知っている。もし、知識と意志力さえあれば望み通りのことを実現できるのなら、世の中に肥満の人は誰もおらず、タバコメーカーは廃業しているだろう。

そう、知識だけでは十分ではない。特に重要なのは、最も重要なことを自分の力でコントロールすることと、専門家の助けを借りることだ。重要なことを自分でコントロールすること（本書のルール1）ができれば、ギリシャの経済全体はコントロールできなくても、毎月の貯蓄や支出を管理する力、長期的な視点を持つ力はコントロールできることに気づくだろう。また、専門家の助けを借りる（ルール2）のは、本書で紹介してきた他のすべてのルールを実行するのに役立つ。投資関連の書籍をどれだけ読んでも、専門家の適切なサポートがなければひどい失敗をする可能性がある。ウォール街の不思議な世界の力は、それだけ強いものなのだ。

少ないことが多いことであり、少数派が多数派を出し抜き、現在よりも未来が確実であることの不思議な世界で資産運用をするのは決して簡単なことではない。だが、だからといって必ずしもリターンが低くなるわけではない。本書で紹介してきたルールは、世間の常識が通じない投資の世界で、正気を保つためのガイドなのだ。

これで第1部は終了だ。続く第2部では、第1部で説明した、人間の非合理的な思考や行動の癖を活用してうまく投資をしていくための、具体的な方法を詳しく見ていこう。

第2部

行動科学的な投資手法

「歴史は繰り返すのではなく、韻を踏む」
――マーク・トウェイン

繰り返すが、第1部で述べたルールに従って行動することほど、投資の成功を高めるものはない。本書をこれ以上読まなくても、これらの10個のルールを忠実に実行できれば、市場の動きに一喜一憂するその他大勢の投資家を上回れるのはもちろん、投資の専門家の90％を打ち負かすこともできるだろう。

だが、賢明な投資家がリターンを増やす方法は、行動のコントロールだけではない。心理学も、ポートフォリオのリターンを改善するための鍵を握っている。これを第1部で紹介した良識ある行動のプログラムと組み合わせれば、強力なワンツーパンチになる。

第2部では、行動リスクを管理するためのモデルと、株式選択の際の考慮事項について説明する。これは、第1部で紹介したルールが行動のガイドとなるのと同様、あなたの資産を守るガードレールになるだろう。私はこの行動リスクを制約するモデルを、ルールに基づいた行動科学的投資（Rule-based Behavioural Investing）、略して「ＲＢＩ」と呼んでいる（そう、野球で打点を意味する「ＲＢＩ」と同じだ。私が野球ファンで、簡潔な表現が好きなために、この用語をつくった）。

最初は、こうした用語や概念は馴染みのないものに感じられるだろう。まずは、その実践がどれだけ大変で、退屈で、常識的なものであるかを説明するところから始めよう。これから紹介するマーケティング界の興味深いエピソードは、私たちが複雑だと思い込んでいる物事に魔法がないことに気づくのが、いかに厄介であるかを示している。

消費財メーカーのユニリーバがアジアでシャンプーの新製品の発売準備をしていたとき、いたずら好きのマーケティング担当者がラベルに「X9ファクターを含む」という文言を加えた。この架空の要素は幹部の目をすり抜け、この驚異の成分が入っているという（事実ではない）主張が記載されたボトルは何百万本も製造された。事態に気づいた幹部は多額の費用のかかるリコールは出さず、虚偽の記述を削除するのを次の生産ロットまで待った。だがX9ファクターの記述が削除された次のロットが販売され始めると、意外にも、「髪のツヤがなくなった」「シャンプーの効果がなくなった」と憤慨した顧客から苦情が殺到した。

ウォール街は太古の昔から、単純な（だが簡単ではない）プロセスを複雑にすることで、架空のX9ファクターのボトルを投資家に販売してきた。第2部を読み進めていくと、あなたは前提が単純すぎると感じて、疑問を覚えるかもしれない。『オズの魔法使い』のドロシーが、黄色のレンガ道の終点に到着したときのように、ウォール街には魔法使いがおらず、煙と鏡を使うずんぐりとした老人がいるだけだと知って動揺するかもしれない。しかし、ドロシーと同じように偽りの希望を捨てることで、私たちは自分への信頼を深め、最も重要なことに集中できるようになるかもしれないのだ。

以降の章では、投資に効果的なことを一貫して行うためのシンプルなアプローチを学んでいく。簡単そうに思えるだろうか？　実際にはそうでもない。ウォール街では「正しいこと」をしても短期的にはマイナスの結果が生じたり、「間違っていること」をしているのに短期的には大きな利益が得られたりすることがあるからだ。ベストセラーとなった書籍『マネーボール』（早川書房）で有名になった野球界の重鎮ポール・デポデスタが、自身のブログ『It Might Be Dangerous』（これは危険かもしれない）に投稿した次のエピソードを例にして考えてみよう。

「何年も前の土曜の夜、ラスベガスの満員のカジノで、ブラックジャックをしたときのことだ。私はサードベースに座っていた。ファーストベースにいたプレーヤーは、ひどいプレーぶりだった。フリードリンクをしこたま飲んで酔っ払っていて、20分ごとにポケットから現金を取り出しているように見えた。

あるハンドで、このプレーヤーは最初に配られた2枚のカードの合計が17になった〔訳注／ブラックジャックは、ディーラーとプレーヤーが合計の数字をできる限り21に近づけようとするゲーム。この場合、もう1枚カードを要求すると21を超えてしまう可能性が高く、通常は次のカードを要求する「ヒット」ではなく、カードを見送る「スタンド」を選択するのが定石である〕。ディーラーの女性が、次のカードを配り始めた。ファーストベースのプレーヤーを飛ばそうとすると、そのプレーヤーは、「ヒット！」と言った。彼女は気の毒な目で彼を見て、「本当にいいですか？」と言った。彼はイエスと答え、ディーラーはカードを配った。果たして、カードの数字は「4」だった。そう、合計で21になる。

周りで見ていた客は大騒ぎし、ハイタッチをして歓声を上げた。ディーラーは何と言ったか？　彼女はプレーヤーを見て、本当に心からそう思っているというふうに、「ナイスヒットです」と言ったのだ。私は思った。〈ナイスヒットだって？　これはカジノにとってはいいヒットだったかもしれないが、プレーヤーにとってはひどいヒットだ！　たまたま成功したからといって、無謀な判断を正当化すべきじゃない〉」〔82〕

デポデスタのこの記事に描かれたコンセプトを私なりの言葉でまとめれば、それは「正しくても、愚かな場合はあり得る」だ。あなたの周りには、1銘柄に大きな賭けをして巨額のリターンを得た友人がいるかもしれない。結果はどうあれ、あなたの友人は愚かだ。あるいは、あなたは直感的に株を売り、その直後に市場が急落したかもしれない。運はいいが、あなたは愚かだ。

なぜなら、生涯にわたって優れた投資をするためには、幸運であることを前提にはできないからだ。それは、良い時にも悪い時にも実践する体系的なアプローチに基づいていなければならない。その時々の流行と合致していないからといって、長期的なベストプラクティスを破棄

表3　小さな有利さを積み重ねる

ゲーム	運営側にとって有利な確率
ルーレット（ダブルゼロ）	5.3%
クラップス（パス／カム）	1.4%
ブラックジャック―平均的なプレーヤー	2.0%
ブラックジャック―基本的な戦略に従ってプレーした場合	0.5%
スリーカードポーカー	3.4%
スロット	5％～10%
ビデオ・ポーカー	0.5%～3％

してはいけないのだ。

カジノの運営側のように、どんなときでも規律を守り、わずかでも確率が自らに有利なほうに働くようにしていると、最終的には大きな報酬が得られる。ウェスリー・グレイ博士は著書『Quantitative Value（定量的な価値）』（未訳）のなかで「量的投資の力は、有利な確率をひたすら利用することにある[83]」と述べている。表3が示すように、カジノのオッズは常に運営側にわずかな利益が入るような仕組みになっている〔訳注／カジノ用語で「ハウスエッジ」と呼ばれる〕。この小さな利益が積み重なることで、莫大な利益を生み出せる。カジノは圧倒的な優位さによって勝つのではない。一貫した行動と小さな優位を徹底的に活用することで勝利するのだ。これが、ＲＢＩの大前提になる。

経済学者のリチャード・ブレアリーは、ある戦略が統計的に有意に優れているかどうかを95%の精度で判断するには、その戦略の実践を25年間積み重ねる必要があると述べている。〔84〕25年という時間は、ほとんどの個人投資家にとって投資人生の後半に当たるほど長い。だが、ほとんどの投資家は、一貫した投資管理システムに基づいて投資するのではなく、リターンを追い求め、直近で最も効果があった方法を繰り返そうとする（後知恵バイアスの作用）。こうした投資家がいるのはある意味でやむを得ないだろう。ダニエル・カーネマンは、人は後知恵バイアスによって「意思決定の質を、そのプロセスが正当であったかどうかよりも、結果の良し悪しで判断するようになる〔85〕」と述べている。

これから25年を費やして経験を積む時間はない投資家は、ある戦略が直感的にも経験的にも魅力があるかどうかを判断しなければならない。これからこの第2部で述べていくことは、哲学的に論理的であり、かつ経験的に堅牢であるプロセスだ。このプロセスに従っても、常にアウトパフォームにつながるわけではない。だが実際には、アンダーパフォーマンスの時期や、それに伴う心理的な辛さを経験することが、長期的にはこの方法を魅力的なものにする。もし毎回成功し、実践者に何も要求しないようなプロセスがあれば、すぐに大勢が殺到し、結果としてその有効性は失われてしまうだろう。長期的に見れば機能するが、短期的には精神的苦痛やアンダーパフォーマンスを経験するシステムは、逆説的にその不完全さによって、その効果が維持されるのである。数字が18のときにヒットを見送るブラックジャックのプレーヤーのように、正しい行動を取ることは、たとえディーラーが隣のプレーヤーに、自分がヒットしていれば21になったはずの「3」のカードを配るのを見て苦痛を感じることになったとしても、長期的には報われる。

このプロセスを紹介する前に、資産運用の現状を把握するために、簡単な「一般教書演説」を行っておこう。具体的には、アクティブ運用とパッシブ運用の強みと弱みを検証し、両者の弱みを抑えながら強みを活かすモデルを提案する。

資産運用の現状

パッシブ運用――安全に運用することのリスク

パッシブ運用とは、簡単に言うと、ファンドのポートフォリオが市場インデックス（例：S&P500）を反映するか、あるいは少なくともインデックスのパフォーマンスを反映させようとするアプローチのことだ。パッシブ運用の根本的な考え方は、効率的市場仮説（EMH）に通じるものがある。EMHでは、金融市場ではすべての関連情報が迅速かつ効率的に価格に組み込まれるため、実質的に銘柄の選択は無駄な努力になると主張する。〔86〕価格が常に適正であるなら、さらなる調査を行う必要はないというわけだ。

しかし行動ファイナンスの実践者は、歴史が価格の変動についてこれとは別の物語を伝えていることを認識している。それは小さな違いだが、大きな意味のあるものである。ウォーレン・バフェットは、効率的市場理論（EMT）について次のように述べている。

「この学説（EMT）は非常に流行した。1970年代の学界では、聖典のように見なされていた。これは基本的に、株式に関するあらゆる公開情報は株価に適切に反映されているので、株式の分析は役に立たないという主張だ。つまり、市場は常にすべてを知っているということだ。当然ながら、大学でEMTを教えていた教授たちは、株式市場に適当にダーツを投げれば、最高に聡明で勤勉な株式アナリストが選んだのと同じくらい良い見通しを持つ株式ポートフォリオをつくれると主張した。驚くべきは、EMTが学者だけでなく、投資の専門家や企業経営者にも受け入れられたことだ。ただし彼らは、〝市場が効率的である場合が多い〟ということを観察したところまでは良かったが、そこから〝市場は常に効率的である〟という誤った結論を導いてしまった。この2つに、夜と昼ほどの違いがあるにもかかわらず〔87〕」

パッシブ運用は、コストのかかるリサーチやスター・ファンドマネージャーを避けているため、アクティブ運用よりもはるかに低コストで実施しやすい。これは投資において極めて大きなメリットになる。他の条件が同じであれば、投資家はできる限り手数料が安いファンドを選ぶべきだ。なぜなら、手数料はパフォーマンスを直撃し、生涯を通した複利効果を大幅に減らしてしまうからだ。

チャート3に、手数料の深刻な悪影響を示す。ここでは、投資家は毎月500ドル、年間6000ドルを投資し、年利6%で35年間運用したと仮定している。手数料なし（非現実的な状況かもしれないが、比較のために示す）の場合、資産は35年間で67万ドルに増える。年間手数

チャート3　35年間の運用期間で手数料が複利効果に及ぼす影響（年利6％、年間投資額6000ドル）

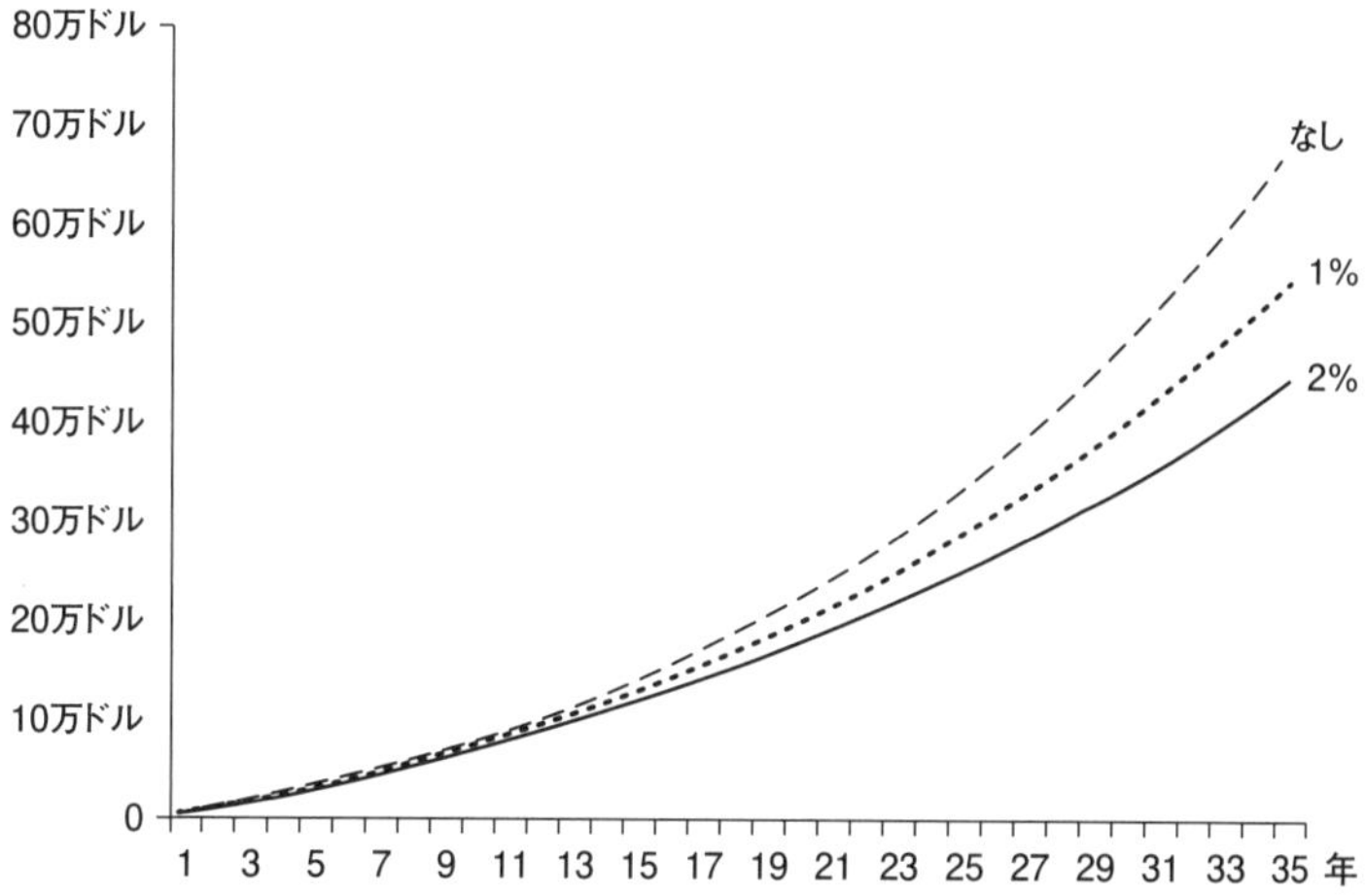

料が1％の場合は54万ドル、2％の場合は44万ドルに減る。2％の手数料を支払うことで、35年間で23万ドルという驚異的な差につながるのだ。手数料が低ければ低いほどいいということが、よくわかる。

パッシブファンドの利点は手数料が安いだけではない。どのような時間枠で見ても、アクティブファンドに運用成績で勝っているのだ。アクティブ運用とパッシブ運用の結果を比較したＳＰＩＶＡスコアカードを見ると、そのことがはっきりとわかる。大型株のアクティブ運用は比較期間が5年間の場合は89％、10年間の場合は82％の割合でパッシブ運用（しかも、これは手数料を差し引く前だ）に負けている。価格設定が効率的でないためアクティブ運用に有利だと考えられている小型株の場合も、結果は同じだ。小型株のアクテイブ運用の88%が、過去10年間でパッシブ運用に負けている〔88〕。少量の手数料でリターンも目覚ましいのだから、ウォーレン・バフェットをはじめとする多くの投資家が、個人投資家の最良の選択肢としてパッシブ運用を推奨しているのも無理はない。だが、この賢明なアプローチに弱点はあるのだろうか？　実は、弱点はある。

欠陥のあるフレームワーク

建築構造の安定性にとって基礎が非常に重要であるように、投資へのアプローチでもその土台となる考え方が何よりも重要だ。効率的市場仮説（ＥＭＨ）の場合、その基礎は不安定だ。ＥＭＨの中心的な考えである「株価は常に正しい」という概念が滑稽なほど誤っていることは、金融史が証明している。今から４００年以上前、金融史上初めて記録されたバブル期のひとつで、ある1個の品が熟練労働者の年収の10倍で取引されていたことがあった。当時の記録によれば、この商品は12エーカーもの一等地の農地や、戸建て住宅一棟と交換されたこともあった。この貴重な品とはいったい何だったのか？　それは、チューリップの球根1個だ。この出来事は、今では「チューリップ・バブル」と呼ばれている。当時のオランダ人は、チューリップは極めて貴重なものであり、価格が下がることはないと信じ込み、法外な高値で取引していた。「価格は常に適正だ」と主張する鈍感な経済学者がいたら、チューリップの球根1個と自宅を交換してくれないかと交渉してみたらいいかもしれない。

しかし、価格が本来の価値から著しく乖離していくのは、過去の時代だけの出来事ではない。1998年、インターネットのスタートアップ企業であるイートイズ（eToys.com）は、売上高3000万ドル、利益は140万ドルにすぎなかったが、時価総額80億ドルを誇っていた。最大の競合相手である「堅物」の老舗トイザらスは、イートイズに比べて売上が40倍以上あり、利益率も高かったが、時価総額は4分の3しかなかった〔89〕。

この大きな差の原因は、当時登場したばかりのインターネットに対する投資家の熱意にあった。もちろん、トイザらスも玩具を販売するウェブサイトも持っていたが、熱狂的な投資家たちは、新しいインターネット・ベンチャー企業が約束した無限の利益を見逃すことができなかった。熱狂的な状況のなかで、漠然とした希望のために、売上や収益性といった従来の指標は無視された。そしてその希望は、冷徹な経済的現実に打ち砕かれた。イートイズはITバブルの末期に倒産した。2009年に同社を買収したのは――そう、他でもない、トイザらスだった。

EMHの基本的な前提が明らかな誤りである以上、この前提に基づいて構築された投資手法に改善の余地があるのは当然である。ジム・グラントは興味深い言葉を残している。「株価が純粋に収益によって決まると考えるのは、人類史において魔女狩りが行われていた時代があったことを忘れるようなものだ」。

パッシブとは名ばかり

パッシブ運用の熱心な信奉者たちの話を聞くと、彼らがとても大切にしているこのインデックスは、不可侵なプロセスによってつくられたものだと思うかもしれない。だが、S&P500のようなパッシブインデックスには、実際にはパッシブではないという隠れた事実がある。同指数を算出している、スタンダード・アンド・プアーズ社の規程では、「主要産業における主要企業」を指数に含めることで、広範な米国経済を反映した銘柄のリストを選択すると定められている。ロバート・アーノットは著書『ファンダメンタル・インデックス』（東洋経済新報社）のなかで、同社の手法について次のように説明している。

「このプロセスは主観的であり、ルールに完全に基づいているわけではなく、定型的でもない。S&P500はインデックスではないと主張する人も多い。なぜなら、それは委員会のメンバー――メンバーが誰かは厳重に守られた秘密になっている！――によって選ばれたアクティブ運用のポートフォリオであり、近年に見られたような追加と削除の歴史を通じて、著しい成長バイアスを示してきたからである。（中略）その結果、S&P500には、最近の業績低迷を改善する可能性のある銘柄よりも、〝人気のある〟銘柄や最近好調な銘柄が追加される傾向があるのだ[90]」

つまり、市場指数とは人間のアクティブな介入の産物であり、それゆえ、一般投資家を悩ませるのと同じ様々なバイアスに陥りやすいのである。この主観性の有害さを説明するために、アーノットは同指数の構成銘柄が近年どう変更されてきたかについて論じている。たとえば1995年には、S&P500に33銘柄が追加されたが、そのうちハイテク株の多いNASDAQ指数から追加されたのはわずか4銘柄だった。だがハイテクブームが最高潮に達した2000年には、S&P500に追加された58銘柄のうち24銘柄がNASDAQのハイテク銘柄だった。さらに同委員会は、AOLのような人気があるが収益性の低い企業を追加できるように、数少ない規則を無視した。自らの良識ある規則を無視してまで、「パッシブ」な指数にアクティブに銘柄を追加したのだ。その直後、これらのハイテク株は壊滅的に下落した。

委員会の思い上がりは、一般投資家に深刻なダメージを与えた。2000年3月から2002年3月にかけて、株価は平均して20%上昇したが、ハイテク株中心の構成になったS&P500は20%下落した。秘密裏に任命された委員会が、厳密なルールを定めずにポートフォリオに銘柄を加えていくことは、投資信託のファンド・マネージャーが緩い論理に基づいてファンドに銘柄を加えるのと大差がないように思われる。そう考えると、パッシブ運用は私たちが思っているほどパッシブではなく、アクティブ運用と同様、リターンを追い求めるなかで経験するあらゆるリスクにさらされる可能性があると言える。

投資行動の問題

道行く人に、投資について知っていることを1つだけ教えてほしいと尋ねてみれば、「安く買って高く売る」という素っ気ない答えが返ってくるのではないだろうか。パッシブ投資の最大の問題は、この投資の第一のルールに体系的に反していることである。なぜなら、パッシブ投資が追跡する指数は、たいてい時価総額加重平均型の株価指数であるためだ。これは、企業の株式価値の総額が大きいほど、指数に占める割合が大きくなることを意味している。ロバート・アーノットは、「時価総額加重平均の考え方をインデックス・ファンドに適用するのは欠陥がある。どの企業への投資額も株価と連動するため、割高な銘柄が過大評価され、割安な銘柄が過小評価されるからだ」と述べている。

株価が割高になると、結果として買う魅力が低下するのと同じように、時価総額加重平均型インデックス・ファンド内での力が大きくなる。同時に、割安になり、良い買い場を提供する可能性のある株は、インデックス・ファンド内で力を失うことになる。つまり、インデックス投資は私たちがすべきこととは正反対の作用を生み出し、「高く買って安く売る」原因をつくってしまうのだ。

個人投資家にとって賢明なアプローチであると考えられているインデックス投資は、その根底に行動上のがんを抱えている。S&P500のような時価総額加重平均型インデックスを買うと、2000年にはそのうち50%近くをハイテク株で、2008年には40%近くを金融株で保有することになる。インデックス投資では、過度の集中や過剰な支払いといった行動傾向を抑えられるといったメリットがあるが、同時に他の作用も働くことを忘れてはならない。行動科学的な投資アプローチには、インデックス投資の長所を取り入れるべきだ。しかし、歴史的にも特にパフォーマンスの悪い大型で割高な銘柄が構成に入りやすいといった、インデックス投資の弱点は改善しなければならない。

誰もがボートの同じ側に乗っている状況は危険である

私が本書を執筆しているのは2019年末。米国のパッシブファンドに投資された資産が、初めてアクティブファンドに投資された資産を上回った年だ〔91〕。パッシブ投資が、勝者になったかのように思えるような状況だ。

しかし金融史は、誰もが同じ方向を向いたときは、悪いことが起きる前触れだという教訓を示している。アーロン・タスクは「驕りの後には失敗が来る：インデックス投資版」と題したブログ記事で、次のように鋭い考察をしている。「〝誰もが〟何かについて知るようになったときは、逆方向に向かうべきタイミングだ。そして今、誰もが知っている最も優れた賢い投資方法は、インデックス・ファンドだ[92]」。

ジェシー・フェルダーも、インデックス投資の危険性を見事に警告している。

「パッシブ投資は、最終的には自らの成功の犠牲者になるだろう。過去15年ほどでインデックス・ファンドへの大規模な移行が行われたことで、主なインデックス構成銘柄のバリュエーションは、将来的にリターンが低下することが確実と言えるほどの水準にまで上昇した。リターンが悪いと流入が流出に転じ、好循環が悪循環に陥ることになる[93]」。

ナシム・タレブもこう述べている。

「私たちは、ランダム性やボラティリティを抑制することによって、経済や健康、政治、教育など、様々なものを崩壊させてきた。（中略）これは現代の悲劇である。神経質で過保護な親と同じように、よかれと思って手助けしようとすることが、結果的に人々を最も傷つけることになってしまうのだ[94]」。

資本市場では、誰もが正しいことをするようになると、正しいことも、正しいことではなくなる。

インデックス・ファンドは、適切に分散され、低コストであることでパフォーマンスを発揮する。けれども同時に、「何が有効か」について私たちが知っているいくつかのことを活用できていないために、価値あるリターンを逃している。ウォーレン・バフェットは、インデックス投資のようなＥＭＨの投資アプローチについて、「チェスやブリッジ、銘柄選択のような知的競争に参加する者にとって、〝考えることは労力の無駄〟と教えられた相手と競うことほど有利な条件はあるだろうか」と述べている。

ほんの少し考え、うまく応用すれば、一般の投資家は過去の教訓を活かしてリターンを向上させることができ、同時にインデックス投資が持つ、肥大化した割高な銘柄を過大評価する傾向も避けられる。パッシブなインデックス投資が優れた投資手法であるのは間違いない。だが、この手法の構造に潜む行動のバイアスを取り除ければ、さらに良い結果を手に入れられるのである。

アクティブ投資の果たされない約束

インデックス投資が市場のベンチマークを反映するように設計されているとすれば、アクティブ運用は代表的な市場のベンチマークよりも優れたパフォーマンスを追求する投資スタイルだと言えるだろう。アクティブ運用の表向きの利点は、アウトパフォームとリスク管理の両方ができる可能性があることである。だが一部のアクティブ・マネージャーはこの2つの使命を果たしているが、多くはそうではない。この25年間、アクティブ運用はタバコを吸ったり加工肉を食べたりすることのように、社会的な評価を低下させてきた。なかにはやや的外れな意見もあるが（高頻度で取引をするのが大変）、アクティブ運用は悪評を得るに相応しいことをしてきた。

よくあるアクティブ運用への批判は、それが基本的にゼロサム・ゲームで、さらにそこから手数料を引かれるというものだ。つまり、アクティブな努力は、平均すれば減少するというのだ。メジャーリーグの全チームの平均勝率が常に5割であるように、アクティブファンドのマネージャーの平均的なパフォーマンスも、常に平均的なものにすぎない――しかも、そこから手数料が引かれることになる。この論法は、アクティブ運用を批判する人々からよく聞かれる。彼らはきまって、それは「計算すれば簡単にわかること」だと言う。

だがロバート・アーノットはこう述べている。「アクティブ・マネージャーがベンチマークを上回るパフォーマンスを得るために価格設定誤差を利用できないという事実は、これらのエラーが小さいことを示す証拠にはならない。平均的なアクティブ・マネージャーが平均的な成績であることは、当然の結論だからだ」[95]。つまり、野球チーム全体の成績を平均すれば凡庸になることが、野球を見る楽しみを損なわないのと同様（結局、毎年いずれかのチームがワールドシリーズで優勝する活躍を見せる）、ファンド・マネージャーの集団的な凡庸さに注目することだけを、私たちが投資の方法を選択する理由にしてはならない。指数のアウトパフォームが構造的に難しいという事実は、全体に関しては多くを物語っているが、個々のマネージャーについては何も語っていない。私たちはこのことを、今度誰かから「計算すれば簡単にわかること」と言われたときに心に留めておくべきだ。

指数をアウトパフォームしようとするアクティブ・マネージャーは、取引手数料や運用コストという大きなハンディを背負ってスタートする。結局のところ、ハーバード大学で金融工学の博士号を取得した専門家の知見は、タダでは使えないのだ。前述したアーノットの著書『ファンダメンタル・インデックス』（東洋経済新報社）で言及されているように、この2つの障壁がもたらす影響は大きく、アクティブ・マネージャーのパフォーマンスは年間0・5％から2％低下する。2％というのは大した数字ではないように聞こえるかもしれないが、10万ドルを年率リターン10％で30年間複利投資した場合に資産が174万ドルに増えるのに対し、年率リターンを2％下げると同じ期間で資産は100万ドルにしかならないことを考えれば、どれだけ大きな差であるかがわかるだろう。

もうひとつの混乱の原因は、多くのアクティブ・マネージャーが毎年ファンドを終了させるため、それらがパフォーマンス数値に反映されない可能性があることである。アーノット、バーキン、イェの研究によれば、失敗したファンドをパフォーマンス数値に含めると、アクティブファンドのパフォーマンスは年間2％から4％も低下する可能性がある。[96] 先ほどの運用例に当てはめれば、年間リターンは6％（10％から年間4％のアンダーパフォームを差し引いたもの）となり、30年後の資産は57万4000ドルにしかならない。行動ファイナンスの実践者は手数料と取引コストの悪影響をよく理解し、できる限りこれらを抑えるよう努めなければならない。

規律やスキルの証拠を見せれば、アクティブ・マネージャーへの料金の支払いを惜しむ投資家はほとんどいないだろう。けれども研究によれば、プロもあなたや私と同じように、単純な投資の失敗をすることがわかっている。チャールズ・エリスも共著書『投資の大原則』(日経BPマーケティング)で、「プロが運営するファンドは、市場の頂点で最低のキャッシュ・ポジションをとり、市場の底で最高のキャッシュ・ポジションを取る傾向がある」と指摘している。[97]プロも私たちと同じように、株価が高いときに貪欲に金を積み、株価が値ごろになったときにパニックになって売ってしまうのだ。

さらにこの調査では、どのマネー・マネージャーが成功するかを選ぶのが難しいことすら示唆されている。ブライアン・ポートノイ博士は、プロのファンドを運営するファンド・マネージャー全体のうち、他と区別できるほど際立ったスキルを示しているのは5%だけだという調査結果を引用している。[98]もし、そのために高額の報酬を得ている専門家ですら成功するマネー・マネージャーを選ぶのが至難の業なのだとしたら、一般の投資家にどれだけそのチャンスがあるというのだろうか? 行動ファイナンスの実践者がここで学ぶべき教訓ははっきりしている。それは、可能な限りプロセスを自動化し、人やプロセスの選択におけるバイアスを避けなければならないということだ。そうしなければ、証拠に反して、プロのマネー・マネージャーは人間的なバイアスに左右されないと信じるのと同じことになる。

アクティブ・マネージャーは最近、成果を上げられないことを、様々な外部的要因のせいにしてきた。たとえば、ＦＲＢの緩和的な政策や、深刻な景気後退から回復しつつある状況などだ。しかし実際のところ、これらの傾向は広範かつ長期的なものである。ウォールストリート・ジャーナル紙のジェイソン・ツヴァイクは次のように述べている。

「あなたが何を聞き、何を熱心に信じているかは別にして、パフォーマンスの低下はこの数年の市場の弱さによる一時的な副産物ではない。１９７４年半ばまでの10年間で、全マネー・マネージャーの89％がＳ＆Ｐ５００をアンダーパフォームしていた。１９６４年までの20年間では、平均的なファンドは約１１０ベーシスポイント〔訳注／1ベーシスポイントは0・01％〕アンダーパフォームしている。１９２９年から１９５０年の間でさえ、主要な投資信託でＳ＆Ｐ５００を上回るものは一つもない。どの期間であれ、結果は常に落胆させられるものになる[99]」

私は、著名なアクティブ・マネー・マネージャーの多くが、行動ファイナンスの知見を自社のプロセスに組み込んでいることに勇気づけられている。ブリンカー・キャピタル、ＵＢＳ、ブラックロック、バークレイズ、メリルリンチ、アリアンツ、ＪＰモルガンをはじめとする多くの証券会社や資産運用会社が、自らの取引やアドバイスの提供を改善するために行動科学の専門家チームを立ち上げている。その一方で、近年、アクティブ・マネー・マネージャーの多くが十分な仕事をしてこなかったのも事実だ。その失敗の原因は、自らもまた行動に欠陥のある人間であるという認識が不足していたことが大きい。彼らは過剰な取引を行い、過剰な手数料を請求し、感情の罠の餌食になり、後述するようにパッシブなアプローチとの意味のある形の差別化をしていない。

私は、アクティブ運用が持つ、行動上の誤りを修正し、投資家を壊滅的な損失から守る可能性を信じている。だがこの可能性を実現するには、投資心理を深く理解することが必要だ。アクティブ運用を成功させるには、偽りの約束ではなく、リスク管理、パフォーマンス、行動バイアスの考慮など、潜在的なメリットに基づいて実施しなければならないのだ。

ここまで説明してきた傾向の結果として、投資業界では、従来の意味でのアクティブ投資派とパッシブ投資派でますます意見が対立するようになっている。だがこれまでに見てきたように、この2つのアプローチにはどちらにも長所と短所がある。アクティブ運用には卓越したパフォーマンスやリスクの管理が期待できるし、パッシブ運用も手数料が安く、ターンオーバー〔訳注／銘柄の入替割合〕が低いという利点がある。インデックス投資を含め、あらゆる投資がアクティブであるとするならば（真のグローバルな時価総額加重は別として）、どちらの投資手法がいいかという言葉上の議論をするよりも、何が機能し、何が機能しないかを議論し、利用できる利点はすべて利用しようと考えるほうがはるかに合理的だ。

パフォーマンスを発揮する投資手法には、分散投資、低ターンオーバー、低手数料、行動バイアスへの考慮、といった特徴が見られる。逆に、パフォーマンスが出ない投資は、高価で、

表4　ルールベースの行動科学的投資手法

	低手数料	分散投資	アウトパフォームのポテンシャル	低ターンオーバー	バイアスの管理
RBI	✓	✓	✓	✓	✓
パッシブ運用	✓	✓		✓	
アクティブ運用		✓	✓		

分散化されておらず、頻繁に取引され、悪い行動を考慮できない。この2つの投資手法の最良の部分を融合させ、最悪の部分を取り除けば、投資家の行動を考慮し、取引コストを最小限に抑え、広範な市場をアウトパフォームすることを目指す、適度な価格のオプションを実現できる。それが、前述したRBIのアプローチなのだ。

表4は、このRBIのアプローチがアクティブ運用とパッシブ運用の望ましい部分をいかに組み合わせているかをまとめたものである。

行動リスクの管理

これまで見てきたように、資産管理に関する議論は、歴史的にアクティブかパッシブかという誤った二項対立を含んでいた。これはウォール街の営業担当者にとっては意味のある会話だが、投資家にとってはほとんど役に立たない。

パッシブ投資で用いられる指数が、厳密な客観的基準ではなく、委員会によって恣意的に選ばれた銘柄で構成されていることを理解すれば、最も適切な問題は、「私はアクティブ投資をしているのだろうか?」(実質的に、誰もがアクティブ投資をしている)ではなく、「私はどうすれば最適なアクティブ投資ができるのだろうか?」になる。どのみちアクティブ運用することになるのなら、うまくやったほうがいいに決まっている。しかし、「うまくアクティブ投資をするにはどうすればいいのか?」という問いに答える前に、まず、あまり魅力的ではないが、より重要な「アクティブ投資で失敗しないためにはどうすればいいか?」という問いについて考えなければならない。

アメリカン・フットボールで優勝をするにはディフェンスの活躍が欠かせないが、女の子の注目を集めるのは花形の攻撃的ポジションであるクォーターバックの選手だ。同じように、投資でパフォーマンスを向上させるにはリスク管理が欠かせないが、メディアが注目するのは大きなリターンだ。これを事実として受け入れ、リスク管理の教科書を手に取れば、投資リスクには大きく分けて2つのタイプ、システマティック・リスクとアンシステマティック・リスク(非システマティック・リスク)があることがわかるだろう。

システマティック・リスクは「市場リスク」とも呼ばれ、特定企業ではなく、市場全体の動きの結果として損失を被る可能性のことである。分散投資もシステマティック・リスクをすべてカバーはできない。潮が引けばあらゆる船の位置が下がるのと同じように、このリスクには自然災害のような「不可抗力」的な事象も含まれているからだ。アンシステマティック・リスクは「ビジネスリスク」とも呼ばれ、個々の株式銘柄への投資が価値を下落させる可能性である。このリスクは分散投資によってヘッジできるし、そうすべきである。この点については、後ほど詳述する。

リスク管理の教科書におそらく載っていないのは、よく知られた前述の2つのリスクと同じくらい重要な第3のタイプのリスク、「行動リスク」である。行動リスクとは、自分の行動によって資産に恒久的な損失が生じる可能性のことである。つまり、システマティック・リスクは市場の失敗、アンシステマティック・リスクは個別銘柄の失敗、行動リスクは自分自身の失敗である。

従来の投資教育を受けた投資家のほとんどは、行動リスクを主要な投資リスク要因の1つとして明確に挙げることはめったにないが（彼らはシステマティックかアンシステマティックかという従来型のリスクの二元論的な考えを学んでいるため）、問題を提起すれば、行動リスクを主なリスクに含めることに同意するはずだ。誰でも、誤った思考が悲惨な結果をもたらした例を簡単に思い浮かべられるからだ（「なぜあのとき、プールカバーに弓矢を射るのがいいと思ったのだろう？」）。

しかし、このリスクの重要性を受け入れることと、その漠然とした概念を明確に定義することとは別の話だ。行動リスクの定義は必要だ。なぜなら、それがこのリスクを管理するための前提条件になるからだ。目に見えない怪物とは戦えない。この定義ができれば、行動リスクのモデルから、誤った意思決定に左右されにくい投資哲学を構築し、具体的な個別銘柄について議論できるようになる。次頁のフロー図に示すように、すべてはリスクから始まるのである。

誤った論理でポートフォリオを台無しにする可能性のある様々な方法を理解するために、まず心理学で「破滅化（catastrophizing）」と呼ばれるものについて考えることから始めてみよう。破滅化とは、考えられるあらゆる否定的な結果を頭のなかで思い浮かべることである。典型例を見てみよう。

まず、代数のテストでひどい成績を取るかもしれないという心配から始まる。単純だが、すぐにネガティブな考えが広がっていく。

「もし代数のテストがうまくいかなかったら、スタンフォード大学には入れないだろう。スタンフォードに入学しなければ、親は私を恥じるだろう。スタンフォード大学に入学できず、親に嫌われたら、私は自宅の地下室に籠もり、滑り止めで入った大学に通い、毎晩家族との気まずい夕食に耐えなければならないだろう。ストレスで食べ過ぎてニキビができ、二度とデートもできない。結局、性体験もしないまま55歳で亡くなるだろう。病的な肥満のため、遺体はフォークリフトを使って地下室から運ばなければならないはずだ」。

この想像はすべて、代数のテストの成績が悪いかもしれないという不安から生じたものだ。

図2　行動リスクのフロー図

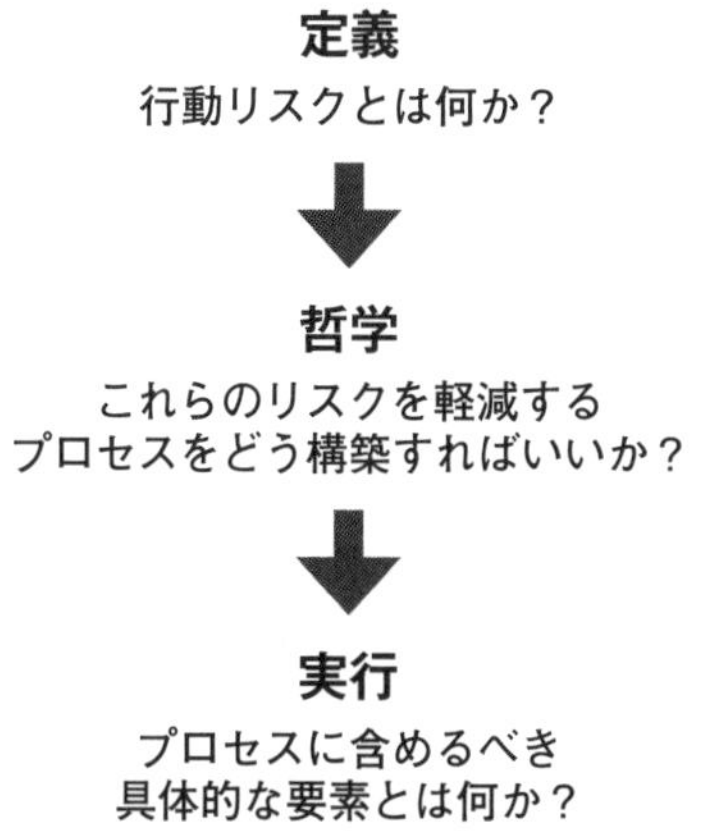
定義
行動リスクとは何か？
哲学
これらのリスクを軽減する
プロセスをどう構築すればいいか？
実行
プロセスに含めるべき
具体的な要素とは何か？

まさに、お手本のような破滅化だ。通常、こうした思考は医学的に不適応な行為である。ネガティブな出来事が実際に起こる可能性が高まり、本当は取れるはずの数々のポジティブな行動を見逃しやすくなる。ただし、行動リスクの世界をストレステストする場合は、効果が得られることがある。

リチャード・セイラーは、行動経済学の分野の驚くべき起源を探る著書『行動科学の逆襲』（早川書房）で、彼がこの分野を築き上げるのに用いた、単純だが効果的な方法を説明している。大学で「市場の効率性」という概念について学ぶなかで疑問を感じたセイラーは、身近な人たちが、経済学の理論で学んだ「エコン」（常に合理的なファイナンスの意思決定をする架空の人間）とは異なる行動を取っていることについてブレインストーミングを始めた。セイラーがこの単純な思考実験に基づいて異常行動のリストを作成したことは、後に1000件もの研究プロジェクトを立ち上げ、人間がどのようにファイナンスの意思決定を行うかについての理解を大きく深めることにつながった。

これらの行動異常の発見と記録は重要な第一歩であったが、体系的にまとめられていないので、投資家にとっての有用性に乏しい。私たちは今、不完全な行動の例をいくつも知っているが、それを土台にした実用的な次のステップはほとんどない。前述した、囚人を恩赦で解放したことで性病が広がってしまったタイの逸話からもわかるように、具体的な解決策がない悪い知らせは、問題を悪化させる可能性がある。

私はセイラーのアプローチのシンプルな優雅さに触発され、破滅的な思考を用いて、投資判断に悪影響を与え得るあらゆる人間行動についてブレインストーミングをし、約40通りの方法をリストアップした。そこから、様々な失敗を引き起こす状態に共通する心理的特徴を探し、いくつかに分類して、それぞれに対策を講じることにした。この作業は、情報がどのような形にまとまるかという先入観を持たずに行った。その結果、行動リスクは以下の5タイプに分類されることになった。

1. エゴ
2. 情報

3. 感情
4. 注意
5. 保護

私たちが下し得る悪い意思決定の数は、無限にある（リアリティTVを見たことがある人なら、そのことがよくわかるはずだ）。だが、あらゆる行動リスクは、この5つのリスク因子のうちの1つ以上を核としている。この分類は本書独自のもので、行動科学の知見に基づく投資管理プロセスを構築するための重要な出発点になる。これらの行動リスクを理解し、対処しながら投資をすることで、行動リスクをうまく取り除けるようになるだろう。

図3は行動リスクの5つの側面を示している。これから、5つのタイプのそれぞれについて細かく見ていこう。

▼1. エゴリスク

エゴリスクは、自分の能力に対する欲求を優先させるために、明晰な意思決定を犠牲にする行動だと言える。具体例としては、過信や、自分の意見に反論されたときに過剰に防衛的な反応を示す傾向（バックファイア効果）、自分がプロジェクトに参加しただけで成功する可能性

図3　行動リスクの５つの側面

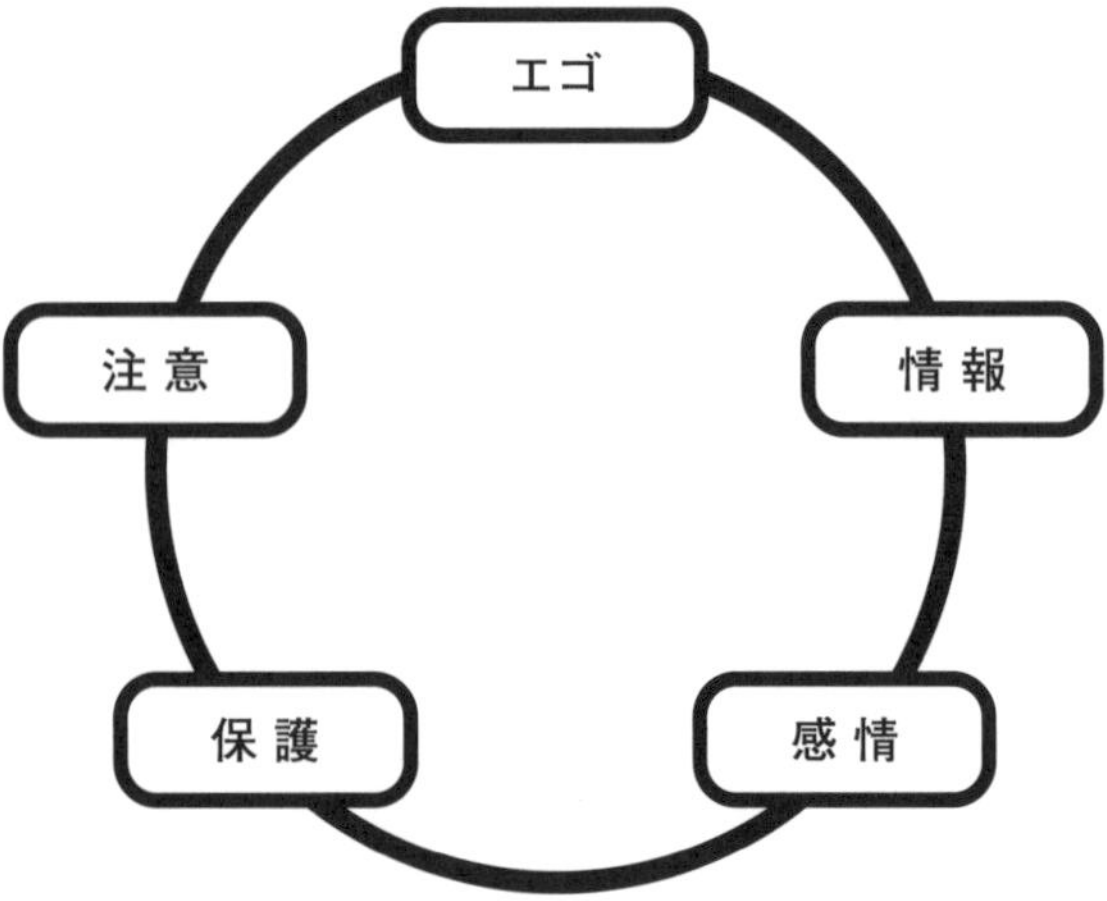

が高くなるという思い込み（人は自分がつくったものを高く評価する傾向があることから、「イケア効果」という面白い名前がついている）などがある。

エゴリスクは、過度に集中したポジションや、過剰売買、過剰なレバレッジの使用といった形で表面化する。ただし形が何であれ、その原因は常に同じだ――つまりこのリスクは、適切な意思決定よりも、自分自身のプライドを満たすことを優先させようとするために生じるのだ。

エゴリスクの例

・**選択支持バイアス**――過去の投資判断を肯定的に評価し、選択しなかったことを低く評価する傾向のこと。

・**過信**――自分には実際以上の能力や知識があると感じること。
・**確証バイアス**――自分の投資判断の正しさを裏付ける情報を探し出そうとし、不都合な情報を無視しようとする傾向のこと。
・**授かり効果**――自分が所有しているという理由だけで、株式に実際以上の価値があると感じる傾向のこと。
・**センメルヴェイス反射**――自分の大切な考えや意見に反する情報を反射的に拒否すること。
・**コントロール幻想バイアス**――実際以上に市場の結果をコントロールできると思い込むこと。
・**フォールス・コンセンサス**――自分の投資アイデアに他人が同意する程度を過大評価すること。

▼2．情報リスク

情報リスクは、不完全なデータや欠陥のあるデータ、または誤った重み付けをされたデータによって、同じく欠陥のある意思決定が行われる場合に発生する。たしかに、意思決定の基礎となる情報には事実誤認があり得るが、本書では人間の心はクリーンなデータさえも歪めることがあるという点に注目する。データそれ自体は、抽象化すれば単なる数字である。つまり私たちが持つ情報が歪められるかどうかは、それを検討するプロセスによって左右されるのだ。

情報リスクは、確率に対する無知（事前確率の無視）、情報は多いほど優れているという誤った認識、そして最も致命的なのは、自分自身のバイアスに無自覚であることといった形で現れる。ポートフォリオ・マネジメントでは、ポジションの複雑さや流動性を誤解したり、プロセスより結果に注目したり、投資テーマの様々な側面を考慮する際にシグナルとノイズを区別しなかったりしてしまう。ウォール街では毎年、情報の伝達速度の向上や独自のシグナルの確保に莫大な資金が費やされている。これは良いことだが、行動ファイナンスの実践者は、情報の価値は、それを読み取る人次第であるということを忘れてはならない。

情報リスクの例

・**事前確率の無視**――目を引く情報を優先し、確率を無視する傾向のこと。
・**盲点バイアス**――他人の思考の欠陥は認識できるが、自分の思考の欠陥は認識しにくいこと。米国の政治家ドナルド・ラムズフェルドは、これを「未知の未知（知らないことに気づいていないこと）」と呼んだ。
・**情報バイアス**――投資判断をする際に、どんなに些細なものでも、情報が多ければ多いほど良いという誤った思い込みのこと。
・**曖昧さ回避**――未知のリスクよりも既知のリスクを好むこと。

・**保守性バイアス**――「未来は最近の過去によく似ている」という誤った考えに基づき、新しい情報を積極的に取り入れようとしないこと。
・**凡俗法則**――些細な情報を重要視する傾向のこと。
・**正常性バイアス**――市場の暴落とその潜在的影響を過小評価すること。

▼3. 感情リスク

感情リスクは、私たちのリスクに対する認識が、一時的な感情状態や、ポジティブまたはネガティブに傾く個人的傾向に影響を受けているという事実から生じている。人は感情によって、自分に悪いことが起こる可能性を過小評価し（楽観主義バイアス）、何かが間違っているかもしれないという可能性について考えることさえ避け（ダチョウ効果）、意思決定において感情が果たしている重要な役割を無視する（共感ギャップ）。また、恐怖心にかられると、苦しみを避けようとして動けなくなることもある（ネガティビティ・バイアス）。

投資家が意思決定における感情バイアスの例を探すには、まず市場の混乱期に目を向けるといいだろう。センチメントが高まっている時期には、リスクテイクや安全さを求める取引に注目する。また、歴史的な相場の天井や底で、群集心理（他人が恐れているときに自分も恐怖を感じる）と適切な逆張り（他人が恐れているときに自分は貪欲になる）を比較してみよう。

研究によって、感情は選択を促すのに重要な役割を果たしていることがわかっている。感情を処理する脳の部位が損傷した人は、何を着るかといった日常的な意思決定さえできなくなるという。大切なのは、感情から完全に自由になることではなく、ストレスやパニック、何かを逃すことへの恐怖に対する個人の感受性を理解することだ。

感情リスクの例

・**感情ヒューリスティック**――現在の感情の状態にリスク認識が影響を受ける傾向のこと。
・**共感ギャップ**――意思決定時に、感情の影響を過小評価し、論理的思考を過大評価すること。
・**ネガティビティ・バイアス**――ポジティブな出来事よりもはるかに強力にリスク認識に影響を与える、ネガティブな出来事や思考に意識を向けてしまう傾向のこと。
・**楽観主義バイアス**――「自分は他人よりネガティブな出来事を経験しにくいはずだ」という誤った思い込み。
・**ダチョウ効果**――リスクが存在しないふりをして、リスクを回避しようとすること。
・**リスク補償行動**――リスクの主観的な経験に応じて、リスク行動を調整しようとする傾向（たとえば、シートベルトを着用しているドライバーは、スピードを上げやすくなる）。
・**自制バイアス**――激しい感情を体験していても、衝動をコントロールできるという誤った信念のこと。

▼4．注意リスク

注意リスクは、投資判断をする際、情報を相対的に評価し、確率より顕著性を優先させることから生じる。「顕著性」とは、心理学用語で目立つことを意味する。注意リスクは、「サメに襲われる」といった起こる確率は低いが危険度が高いものに注意を奪われ、「ファストフードチェーンでの食事」のような起こる確率は高いが危険度が低いものが無視されやすい傾向を意味している。また、私たちは見慣れないものは高リスクだと見なしやすく、財務状況や経営状況といった基本的情報とは関係なく、国内株式（ホームバイアス）や馴染みのある銘柄（単純接触効果）を好む傾向がある。

投資における注意リスクの具体例を探すには、混雑した取引（クラウディッド・トレード）や、国内株式への過度の依存、過度の相関、集団的なパニックの瞬間（たとえばエボラ出血熱の恐怖）に基づく、高ノイズ低確率の投資に注意すると良い。ボブ・ネーズ博士によれば、人間の脳が毎秒処理している1000万ビットの情報のうち、意識的な思考に割り当てられているのはわずか50ビットしかない。思考や行動に影響を及ぼすものの多くが水面下で起きているため、私たちは自分でコントロールできるわずかな注意をどう使うかについて、意図的でなければならない。

注意リスクの例

・**アンカリング**――投資判断を行う際に、最初に目にした情報（たとえば、株式に支払った価格）に過度に依存する傾向があること。

・**可用性バイアス**――情報の思い出しやすさと、その影響や確率を混同してしまうこと。

・**注意バイアス**――あるテーマについてよく考えていると、それを過度に重要だと見なしてしまう傾向のこと。

・**ホームバイアス**――国内銘柄を、外国銘柄よりも安全でわかりやすいと見なしてしまうようなバイアスのこと。

・**フレーミング効果**――利益と見るか損失と見るかで、リスク認識が変わる傾向のこと。

・**単純接触効果**――ある企業のことをよく知っていると、その企業の株式のリスクが実際以上に低いと感じられる傾向のこと。

▼5．保護リスク

保護リスクは、損失と利益、変化と現状維持についての私たちの非対称的な選好によって生じる。人は負けるよりも勝つことを好み、新しい方法より古い方法のほうを好む。そのせいで、現実を正しくとらえる能力が歪められている。この保護効果は、新しいあり方に対する抵抗（現状維持バイアス）、リスクの大幅な減少よりもリスクがまったくないことを好む傾向（ゼロリスク・バイアス）、未来のニーズより現在のニーズを優先する傾向（双曲割引）などに見られる。

保護リスクの餌食になると、勝ち株を早く売りすぎたり、負け株を保有しすぎたり、「上昇時」に適切なリスクレベルを維持できなかったり、「下降時」に過剰なリスクを取ったりする。変化や喪失に対する人間の嫌悪感は、原始的な本能に根ざしている。このリスクに対処するには、こうした行動の傾向が自らにあることを認識し、克服しようとする意図的なプロセスを実施するしかない。

保護リスクの例

・**損失回避バイアス**――利益と損失の非対称的な関係。利益で得られる喜びより、損失で生じる痛みのほうがはるかに大きいと感じる。
・**現状維持バイアス**――人間には現状維持を好む傾向があること。
・**サンクコストの誤謬**――過去の損失を取り戻すために、さらなるリスクを負わなければならないと考えてしまうこと。
・**正常性バイアス**――過去にあったものはこれからもずっとあると思い込むこと。
・**ゼロリスク・バイアス**――リスクを大幅に低下させ得る他の選択肢がある場合でも、対象となるリスクを完全に取り除こうとする傾向のこと。
・**ディスポジション効果（気分効果）**――値上がりした銘柄を早く売り、値下がりした銘柄を長く保有しようとする投資家の傾向のこと。
・**双曲割引**――将来発生する報酬を、現在発生する報酬よりも大幅に割り引く傾向のこと。

シンプルなプロセスで問題を解決する

ここまで説明してきた価値ある知識は、どう活用すればいいのだろう？　まずは、簡単におさらいしてみよう。私たちは、「アクティブ投資かパッシブ投資か」という議論は時代遅れであり、投資では何が有効で、何が有効ではないかについて考察すべきだということを学んだ。また、有効な投資戦略には「分散投資」「低手数料」「低ターンオーバー」「行動バイアスへの考慮」といった特性があることや、従来のリスクだけではなく、私たち自身の行動も、ビジネスリスクや市場リスクと同じくらい大きなリスクになり得ることも理解した。そのため私たちは、「感情」「エゴ」「誤情報」「見当違いの注意」「人間の生得的な損失回避傾向」に対抗するためのプロセスを構築しなければならない。簡単なことではないが、私たちは「ヨルダン川問題」を通して、複雑な問題にはシンプルだがエレガントな解決策があり得ることも学んでいる。

行動リスクの悪影響に対抗する方法のひとつは、この5種類のリスクそれぞれへの対処策を講じることだ。エゴリスクに対しては、自分の成功や失敗を細かく記録して、自分の長所と短所を深く理解しようとするのが効果的かもしれない。また、感情リスクには適切な運動を行ったり、カフェインの摂りすぎに注意したりすることで、対処しやすくなるだろう。ただし、このような自己裁量に基づく努力は賞賛に値するし、常識的に考えても好ましいと言えるが、結局は十分ではない。自制バイアスは人は恐怖に直面しても強くなれることを示しているが、経験や研究によって、意志の力や個人的な献身だけで行動上の問題がすべて解決できるわけではないことがわかっている。行動リスクに対処するためのはるかに信頼できる方法は、5つの側面のそれぞれを考慮するシンプルなプロセスを構築し、そのプロセスを確実に実行することだ。

RBIというシンプルだがエレガントなプロセスによって、私たちが陥りやすい行動上の罠の大部分は避けられるようになる。このプロセスは次に示す「4つのC」によって簡単に覚えられる。

1. **一貫性(Consistency)**——エゴや感情、喪失回避から解放されて、首尾一貫した方法での実行に注力できるようになる。
2. **明確さ(Clarity)**——確かな裏付けのある情報を優先し、恐ろしいがありそうもないことを心配したり、刺激的だが役に立たないことを心配したりする誘惑にかられないようにする。
3. **勇気(Courageousness)**——逆張りのプロセスを自動化する。すなわち、頭では最善とわかっているが、心臓や胃の反応によって躊躇しているものを実行する。
4. **確信(Conviction)**——謙虚になるために十分に分散化され、長期的なアウトパフォームを実現するために十分に集中したポートフォリオを作成することで、思い上がりと恐怖の境界線をうまく歩けるようにする。

次章では、RBIによる行動リスクの管理方法についての理解を深めるために、4つのCについてそれぞれを詳しく見ていこう。

ルールベースの行動科学的投資手法における４つのC

もう一度確認しよう。行動リスクを打ち破るのに役立つ、ルールベース（ルールに基づいた）の行動科学的投資手法における４つのCは次の通りだ。

1. 一貫性（Consistency）
2. 明確さ（Clarity）
3. 勇気（Courageousness）
4. 確信（Conviction）

これから、それぞれについて詳しく見ていこう。

▼1. 一貫性（Consistency）

「一貫性は想像力を欠く者の最後の避難所である」
――オスカー・ワイルド（アイルランドの作家）

これから、あなたにとって受け入れがたい知らせを伝えよう。準備はいいだろうか？　それは、「単純な公式に基づいたほうが、良い投資先を選択できる」というものだ。あなたが名門大学の出身者だろうが、証券アナリストの資格を持っていようが、それは変わらない。

私たちは、人間の才能がないがしろにされたり、機械によって打ち負かされたりするのを見るのが嫌いだ。チェスの世界チャンピオンであるカスパロフがＩＢＭのスーパーコンピューター「ディープ・ブルー」と対戦したとき、映画『ロッキー4』でロッキーが精密機械のようなロシア人ボクサー、イワン・ドラゴと対戦したとき、人々がどちらを応援したかは明らかだ。プロセスが人を打ち負かすという話は、人類の崇高さについての私たちが抱くロマンチックな想いとはまったく矛盾している。だが残念ながら、投資の世界では、それは明らかに事実なのである。

人類が偉大であるという考えは十分に理解できるものであり、人間の卓越性や自由意志への信念に根ざしている。しかし、マーケティングの世界の証拠は、私たちの行動が実際には文脈に大きく依存していることを示している。たとえばマーティン・リンドストロームは、「ロンドンの地下鉄構内のラウドスピーカーでクラシック音楽を流したところ、強盗が33％、職員への暴行が25％、列車や駅への破壊行為が37％減少した」と報告している。[100]

さらにリンドストロームは、ワインの銘柄選びで、フランスのシャルドネにするかドイツのリースリングにするかは、環境に左右されると述べている。

「レスター大学の研究者2人が2週間にわたって大型スーパーマーケット内のワイン売り場のスピーカーから、アコーディオンを多用したフランス音楽またはドイツのビアホール風のブラスバンドの音楽のどちらかを流したところ、フランスの音楽を流した日には消費者の77％がフランスワインを、ドイツの音楽を流した日には大多数の消費者がドイツワインを購入した」。

音楽のような単純なものが破壊行為からワインに至る様々なものに影響を与えるのだとすれば、私たちの投資行動が、金融危機の最中に見聞きする金融関連のニュースや意見によって、いかに大きく影響され得るかは容易に想像できる。投資家は心のなかで、「他人が恐れているときは貪欲であるべき」といったセオリーを知っているかもしれない。だが、CNBCのコメンテーターの口から「空が落ちてくる」といった物騒な表現を聞いたり、自分のポートフォリオの四半期の運用成績を確認するときに恐怖を感じたりしたときに、強力な文脈的メッセージを受け取っている。厳格なプロセスに基づく意思決定をしていなければ、間違った投資判断をしてしまうのも無理はない。

常識の限界

「プロセスは直感より優れている」ということを私たちが認めたくないのは、直感がうまく働く場合が多いからでもある。コンロから調理したての熱い皿を取り出すときは、手に鍋つかみをはめるべきだということは直感的に理解できる。これは即時的なフィードバックがあり（「熱い!!$%#@＊!」）、頻繁に実行される単純なプロセスの例だ。

だが、投資はその正反対のプロセスだ。頻度が少なく、フィードバックが返ってくるのが遅く、圧倒的に複雑な多数の変数がある。ノーベル賞受賞者のダニエル・カーネマンは、最適ではない意思決定につながる変数を5つ挙げている。これは、銘柄選択をこれ以上ないほど完璧に説明するものであった。それらは次の通りだ。

1. 問題が複雑である
2. 情報が不完全で、変化している
3. 目標が変化し、競合している
4. ストレスが高く、大きなものがかかっている

5. 意思決定のために他者と関わる必要がある

常識でうまく対処できるようなありふれた意思決定とは異なり、投資は、関連変数の多さや、複雑さ、ダイナミズムのために、直感に従うよりもプロセスを用いる処理のほうが向いている。私たちのあらゆる意思決定は何かに影響されている。意思決定は、自然界と同じように真空を嫌うのだ。ルールベースの意思決定を実践することで、本筋から注意をそらす周辺的な変数ではなく、最も重要な変数に集中できるようになる。キャセロールをオーブンから取り出すためにチェックリストは必要ない。しかし、航空機のパイロットがチェックリストを使っているのは乗客としては非常に喜ばしいことであり、あなたは自分のお金を管理している人（それがあなた自身であろうとプロであろうと）に対しても同じことを期待すべきなのだ。

思想家のエマーソンに「愚かな一貫性は、狭い心が化けたもの」という言葉がある。だがあらゆる分野の偉人たちは、一貫性に従うことで逆説的に得られる自由を享受してきた。バラク・オバマ元大統領は、政治家としての重要な任務に集中できるように、身に着ける服装の選択肢を減らして無駄な労力を省いていた。大学フットボール史上最高のコーチという呼び声も高いニック・セイバンは、指導に集中するために、毎日朝食（リトルデビーのオートミールクリームパイ2個！）と昼食（サラダ）のメニューを同じものにして、気が散るのを最小限に抑えている。ふたりとも、「決断疲れ」に関する研究が示していることを暗黙的または明示的に理解している――つまり、ある決断をするためにエネルギーを節約すると次の決断のための余力が残り、エネルギーを消費すると次の決断のための余力が奪われるのだ。

スーパーで、ある食品の1オンス当たりの値段がいくらになるかを1時間もあれこれ悩んでいる人は、疲れ果ててチェックアウト時に衝動買いをしてしまい、節約した分を使い果たしてしまうかもしれない。ダイエットを始めた人は、1週間我慢に我慢を重ねた結果、とんでもない暴飲暴食をしてしまうかもしれない。私たちの集中力や抑制力には限界がある。意思決定のプロセスを完全に自動化しない限り、今日無理をして我慢すると、明日その反動で爆発することにつながるのだ。

これが投資に応用できるのは明白である。市場が熱狂しているときに我慢を重ねたり、パニックの渦中で目を血眼にしてお得な銘柄を奪い合ったりするのは強いストレスを伴う。明確なルールを決めてそれに従っていない限り、毎日こうした意思決定を繰り返すのは、どれだけタフな投資家にとっても相当にきついことである。このプロセスについて、ジム・シモンズは「モデルに従ってトレードをするのなら、徹底的にそれに従うべきだ。今、自分にどれだけいいアイデアがあろうがなかろうが、とにかくひたすらモデルに従えばいい」と述べている。

医師よ、汝自身を癒せ

ここまでは、ルールベースの意思決定の根本的な概念について説明してきた。それでも、プロセスを自動化するよりも、人間の創意工夫のほうが勝っていると信じたい人もいるだろう（あなたは責められない！）。そんな人のために、私の主張を裏付ける、説得力のある研究結果を紹介しよう。

億万長者のヘッジファンド・マネージャーであり、バリュー投資に関する最もわかりやすい著作の著者であるジョエル・グリーンブラットは、人気を博した著書『株デビューする前に知っておくべき「魔法の公式」』で、彼が「マジック・フォーミュラ」（魔法の公式）と呼ぶ、割安性と資本効率性（収益性）を組み合わせてポートフォリオを作成するシステムを紹介している。グリーンブラットはマジック・フォーミュラの人気（と優れた実績）に乗じて、投資家に2つの選択肢を提示した。すなわち、マネージド・アカウント〔訳注／金融のプロが顧客の代わりに運用する証券口座〕を通じて彼の会社に投資するか、裁量権を行使して魅力的でないと判断したマジック・フォーミュラ株を削除するかだ。マネージド・アカウントのオプションはマジック・フォーミュラに忠実に従い、バリューとリターンを組み合わせて最も高いスコアを得た銘柄を自動的に購入するというものだった。もう一方の自由裁量のある選択肢は、投資家が自分の判断で投資対象として相応しくないと思われる銘柄を選別し、ファンダメンタルズ調査を行うことを可能にしたものだった。

2年間に及ぶ研究の結果、自動化されたマジック・フォーミュラの証券口座のリターンは84・1％で、同期間のインデックス（S&P500）のリターンである62・7％を大きく上回った。一方、自由裁量の証券口座はベンチマークを下回り、59・4％のリターンにとどまった。投資家は自らの判断で、最もパフォーマンスの高い銘柄を体系的かつ確実にポートフォリオから外していた。おそらく、購入時にリスクがありそうに思えたからだろう。強力なモデルをアウトパフォームしようとする人間の努力は、何もしないよりも悪い結果をもたらしたのだ。

ルールベースの枠組みを無視して損をするのは個人投資家だけではない。この極めて人間的な傾向は、ウォール街の最も優秀で聡明な人々にも及んでいる。2004年9月16日付のウォールストリート・ジャーナル紙に、調査レポートにおいて優れた銘柄を選んできたことでは右に出るものがいないことで知られる調査会社、バリューライン社の暴露記事が掲載された。バリューラインは投資信託も保有していた。有名なリサーチ会社が保有していることで、そのメリットを活かして、この投資信託もうまく運用されているものだと考えられていた。

調査対象となった5年間で、バリューラインの投資信託のリターンは累積でマイナス19％であったが、バリューラインの調査レポートのアドバイスに従った投資家は驚異的な76％のリターンを得ていた。なぜこのような差が生じたのか？　バリューライン・ファンドの運用者たちは、おそらく自分たちのほうがよくわかっているいると思い込んでいたために、自社の調査に基づいた意思決定をせずに投資信託を運用していた。行動主義の投資家ジェームス・モンティアはこう述べている。

「誰もが、定量モデルの出力にさらなる価値を加えられると思いたがるが、実際には定量モデルは、（私たちが何かを加えられる）底ではなく、（私たちが何かを加えれば価値を下げてしまう）パフォーマンスの天井を表しているのだ」[101]。

ルイス・ゴールドバーグは１９６８年、精神疾患を評価するモデルベースのアプローチと、訓練を受けた臨床家の臨床判断のパフォーマンスを比較分析する研究を行った。この単純なモデルのパフォーマンスは、臨床家より優れていただけでなく、モデルへのアクセスを与えられた臨床家よりも優れていた[102]。

またモデルは、最高裁判決[103]、大統領選挙[104]、映画の好み[105]、刑務所での再犯率、ワインの品質、結婚生活の満足度、軍事的成功などをはじめとする45以上の領域における結果の予測において人間を上回っていることが示されている[106]。ウィリアム・グローブ、デイビッド・ザルド、ボイド・ルボー、ベス・スニッツ、チャド・ネルソンが実施したメタ分析では、モデルは94・12％の確率で専門家の意思決定と同等以上の成績を上げている。つまり人間の裁量による判断に5・88％しか負けていない[107]。

予測研究の第一人者であるフィリップ・テトロックは、このメタ分析が統計的に示唆していることをこう強調している。

「粗雑な外挿アルゴリズムや洗練度の低い統計的アルゴリズムを人間が明らかに上回っていた領域は見つけられなかった[108]」。

この研究結果は、プロセスではなく人間の意思決定で投資判断をするのは、悪い結果のために多くの労力を投じているのと同じだということをはっきりと示している。

モデルとどう付き合うか

上記のような研究結果は、私たちを不安にさせる。それは、人間であることの核心を根底から覆すものだからだ。この種の認知的不協和に対する一般的な反応は「人間の判断力とモデルの力を組み合わせて、両方の長所を活かせないだろうか？」か「人間の判断力を高める教育がもっと必要だ！」のいずれかである。

だが残念ながら、どちらのアプローチにも欠陥がある。人間の判断力とモデルの力を組み合わせた例はいくつもある。この「クオンタメンタル」（クオンティテイティブ〔訳注／定量的〕＋ファンダメンタル）アプローチには直感的な魅力があるが、結果は判断だけよりは良いが、モデルだけよりは悪いといった傾向がある。人間のパフォーマンスがモデルに劣っている大きな理由は、ある変数と別の変数の重要性を誤って評価する傾向にある。ナシム・タレブは、この組み合わせのアプローチについて次のように述べている。

「人間には欠陥があり、わざわざそれを修正しようとする必要はない。人間は非常に欠陥が多く、環境にミスマッチした存在であり、これらの欠陥を克服できない。私は大人になってからも職業人になってからも、ずっと脳と感情との激しい戦いのなかで過ごしてきた。唯一うまくいったのは、感情について論理的に理解することではなく、それを回避することだった。おそらく、人間から人間らしさを取り除くことはできないということなのだろう。私たちに必要なのは、大げさに道徳心を説くことではなく、感情に振り回されないようにするための仕組みなのだ。私は経験主義者（実際には懐疑的な経験主義者）として、誰よりも道徳主義者を軽蔑している。なぜ彼らは効果のない方法を疑いもせずに信じているのだろうか。道徳的なアドバイスをするということは、私たちの行動に影響を及ぼしているのが感情的メカニズムではなく認知的装置だということを前提としているようなものだ。（中略）現代の行動科学は、それが完全に間違っていることを示している〔109〕」

教育的な観点、すなわち学習を通して人間の判断力を向上させようとする試みは、直感的には訴えるものがある。私たちは教育の価値を認め、それが有効であることを日常生活の様々な場面で見ているからだ。しかし、ストレスのある状態下での意思決定に関しては、残念ながら教育はまったく足りていない。研究によれば、人はストレスを受けると認知能力の約13％が失われる。つまり、すべきことを教えられていたとしても、感情がそれを上書きしてしまうのだ。タレブはこの点に関しても鋭い考察をしている。

「自分のバイアスに気づいたとしても、知識と行動はイコールではないことを認識しなければならない。解決策は、行動上の意思決定の誤りに対して、少なくとも部分的に堅牢な投資プロセスを設計し、実践することにある」。

ディンケルマン、レビンソン、マジェラントルらによる研究も、このことを裏付けている。同研究によれば、ボツワナの男性の91％が、コンドームの使用がエイズ／ＨＩＶの予防に役立つと知っていたが、着用率は70％であった。女性の場合は92％がコンドームの効果を知っていたが、着用率は63％にすぎなかった[110]。もう少し身近な例では、私たちが食べ過ぎたり、子どもに怒鳴ったり、運動をしなかったりするのは知識が不足しているからではなく、その瞬間に感情が理性よりも優先されるからだ。教育は、私たちを悪い行動から保護するガードレールの代わりにはならない。もし毎年1月1日に「何を食べ、食べないか」について年始の決意をして、それを簡単に守れるのなら、私たちはどれだけ健康になれるだろう。これはダイエットや運動の世界では夢物語だとされるが、投資の世界では十分に可能だと思われているのだ。

私は、バリー・シュワルツの「もし〝自由〟がある種の奴隷化につながり、〝制約〟がある種の解放をもたらすのなら、適度な制約を模索することが賢明だ[111]」という意見に同意する。エゴは、その鋭い思考力と観察力によって、私たちに賭けに集中するよう促す。感情は、その瞬間に感じていることが、安全や危険の真の尺度であることを語りかけてくる。テレビの討論番組では、毎日のように新たな危機がつくり出され、人々の目を恐ろしいがありそうもないことに集中させる。私たちは損失や変化を恐れ、身動きが取れなくなったり、逆に過剰な行動を取ったりする。行動リスクが蔓延する投資環境では、一貫性のある投資手法に従うことで安心感が得られる。

元ゴールドマン・サックスのモデル・メーカー、エマニュエル・ダーマンも、「物理学と金融界の類似性は、セマンティックスよりもシンタックスにある。物理学では神を相手にしているが、神はその法則を頻繁には変えない。一方金融界では、神の創造物を相手にしている――つまり、刹那的な意見に基づいて資産を評価するエージェントだ[112]」と述べている。

私が提案したいのは、一貫した方法で、一貫していないものに賭けるということだ。それは、人間の理性に欠陥があるという事実を認め、そのことに徹底した方法で賭けることだ。これは確実な賭けである。「望ましい投資家になるためには教育や知性、意志力だけでは不十分である」と認めるのは辛いことだ。だが、損をするほど苦痛ではない。

次のステップ

考えよう――「プロセスはほぼ間違いなく人間を打ち負かす」

自問しよう――「意思決定の一部（何を食べるか、何を着るか、など）を自動化できるのだとしたら、他の分野にこれを当てはめたときに成果をどう改善できるだろう？」

実行しよう――ファンドの売買、保有、再投資に関する体系的なパラメータを設定し、それに忠実に従う。

▼2．明確さ（Clarity）

「シンプルさは究極の洗練である」

――レオナルド・ダ・ヴィンチ（ルネサンスの時代に活動した芸術家）

ナシム・タレブは、私たちがイノベーションについてどのように考えているか、また、創造的であろうと最善の努力をすることが、物事を過度に複雑にしようとする人間の傾向によってどのように妨げられるかを面白おかしく語っている。タレブが指摘するように、車輪は6000年以上前につくられたが、キャスター（車輪）付きのスーツケースが発明されたのは197

0年になってからだ。なんと、キャスター付きのスーツケースが発明される前に、人類は有人宇宙飛行（1961年5月5日）を実現していた！

長年、旅行者は時間に追われながら空港内で重い荷物を自力で運ばなければならなかった。相当に体力を消耗するし、出発時刻に間に合わなくなることもあった。初期の頃は、キャスターのついたスケルトンの台車のようなものに、かばんを紐で固定する形で使われていた。以前と比べれば大きな改善ではあるが、面倒だった。スーツケース自体にキャスターが取り付けられるようになったのはここ数十年のことで、一見すると直感的なアプローチだが、実現までに6000年もかかっている。

タレブはこの概念について、「政府も大学も、イノベーションや発見のためにほとんど何もしてこなかった。徹底した合理主義に加えて、複雑で、センセーショナルで、ニュース価値があり、ストーリーがあり、科学的で、壮大なものばかりと求めてきたために、スーツケースにキャスターをつけるということに目が向かなかったのだ[113]」と述べている。私たちは、ある発明やアイデアを見て、「どうして今まで誰も思いつかなかったんだろう?!」と驚くことがある。その理由は、大きな何かを求めすぎたことにあるのかもしれない。

地獄への道

ウォール街がファイナンシャル・プランニングや投資のプロセスを複雑にしがちな理由は、悪意のあるものからそうでないものを含めて、いくつもある。ブライアン・ポートノイ博士が言うように、ウォール街の「複雑化フェチ」の原因には、手数料の正当化や、複雑なシステムを理解しようとする試み、「複雑化＝高度」という誤った思い込みなどが混在している。ジャーナリストのH・L・メンケンが述べているように、「真実を苦しめているものとは、実は真実がたいてい不快で、退屈であるという事実である。人間の心はもっと楽しいこと、愛おしいものを求めているのだ」。動機が何であれ、地獄への道に善意が敷き詰められているのと同じように、貧しいリターンへの道も複雑さが敷き詰められている。そして複雑さは死をもたらす。

『なぜ選ぶたびに後悔するのか：「選択の自由」の落とし穴』（ランダムハウス講談社）の著者バリー・シュワルツは、複雑さが増すことが、人間が良い意思決定をすることや、一貫したテーマを3つ思い浮かべる能力にどう影響するかを実験した[114]。その結果、被験者は複雑な意思決定に直面すると、時間と労力を多く費やし、間違いが増え、間違いの度合いも深刻になることが明らかになった。これらの研究結果をふまえ、現在の投資信託の選択肢が50年前の45倍であるという現実を鑑みると、投資家が投資判断において厳しい状況に置かれていることがよくわ

かる。〔115〕

複雑さが恩恵をもたらしてきた世界では、投資管理をシンプルにするという考え方を受け入れるのは簡単ではない。私の幼い息子の世代の３分の１は１００歳以上まで生きると言われているが、この長寿化は医療とテクノロジーの複雑な進歩によってもたらされたものである。ＩＢＭは最近、人類全体で毎日２５０京バイトを超えるデータが作成されていることを明らかにした。つまり、現在の人類は、西暦元年から２０００年までにつくられたよりも多いコンテンツを、３日ごとに作成していることになる！　たしかに、そのコンテンツの一部は飼い猫の動画のようなたわいもないものだが、この豊富なデータには、恵まれない人々に教育の機会を提供したり、政府や企業の責任を追及したりするといった有意義な情報も含まれている。テクノロジーや医療が複雑さを増すことで、人類全体に大きなプラスの影響が生じているのは間違いない。

このように複雑さが有益であるのなら、投資の世界でもそれは同じだと考えるのはもっともらしく感じられる――透明性の向上や知識の蓄積は、ほぼすべての状況で社会に良い価値をもたらしてきたのだから。だが、ウォール街の不思議な世界はこのルールが当てはまらない稀な場所かもしれない。ジェイソン・ツヴァイクは、現代の情報過多が、株式投資を「事業の部分的所有」という本来の姿から乖離させていると指摘し、次のように述べている。

「今ではバーや理髪店、キッチンやカフェ、タクシーの車内やサービスエリアなど、あらゆる場所で株式情報にアクセスできるようになった。金融のウェブサイトやテレビ番組は、株式市場をノンストップの国民的なビデオゲームに変えてしまった。大衆は、自分たちはかつてないほど株式市場に精通していると感じている。だが残念ながら、人々はデータに溺れているが、知識はどこにも存在していない。株式は、それを発行した企業から完全に切り離され、テレビやコンピューターの画面上を移動する単なる点になった。関心の対象になるのは、その点が上に動くことだけだ」[116]。

この過剰な情報は、それを批判的に検証する教育を受けていない投資好きの一般市民に向けて放たれ、知恵を授けるよりも、ただ感情を煽っている。

テクノロジーが進歩するたびに、無数の意図せぬ影響が生じる。そのなかには、そのテクノロジーの存在理由そのものを覆すようなものもある。警察や兵士を守るための高度な武器が、学童の虐殺に使われることがある。連休中に親戚のもとを訪問することを可能にする飛行機は、頻繁に出張をするビジネスパーソンを家族から引き離してしまう。同様に、金融技術の進歩は、投資家の知識を増やし、手数料を減らす一方で、人間心理の欠陥に対処できない短期主義的で独善的な考えの蔓延をもたらした。

チャート4を見ると、株式の保有期間が過去60年間で10年ごとに約半分になっているのがわかる。取引が容易かつ安価になり、金融ニュースが豊富になるにつれて、保有期間は大幅に短くなった。大した問題ではないと思うかもしれないが、保有期間とリターンに直接的な関係が

チャート4　10年ごとの株式保有期間

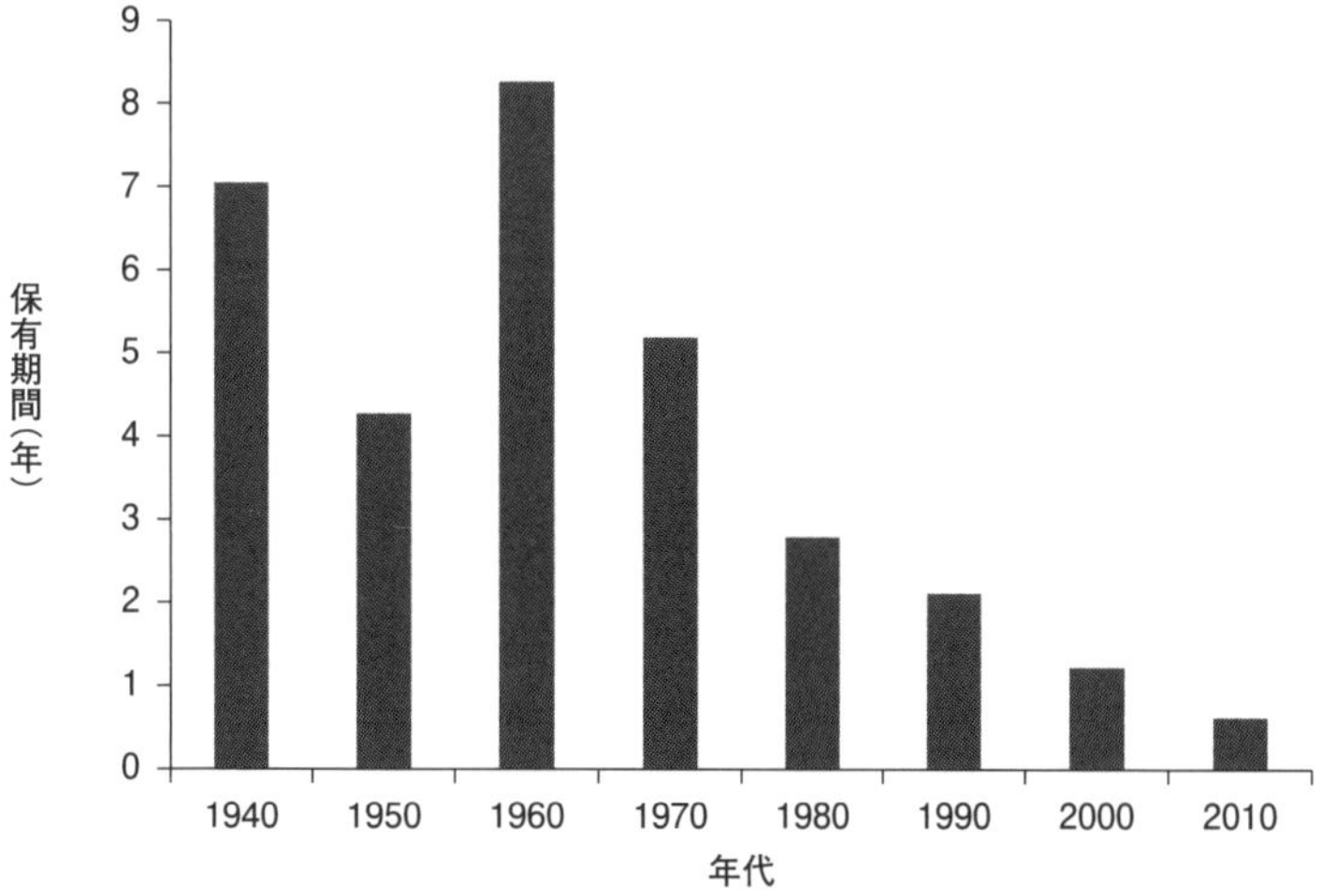

あり、忍耐強く保有し続ける人ほど大きなリターンが得られることは歴史が証明している。ネイト・シルバーは、この問題について次のように述べている。

「情報が、それを処理する方法への理解を上回るペースで増加するとき、大きな危険に直面する。人類の過去40年の歴史は、情報を有用な知識に変えるにはまだ長い時間がかかる可能性があることを示唆している。注意を怠れば、人類は一歩後退してしまうかもしれない」。

進歩は私たちの友となり得るし、そうあるべきだが、そのためにはテクノロジーが人間の心理を追い越さないようにしなければならないのだ。

レス・イズ・モア

金融情報が過多だと、変数間の偽の相関関係を引き出すこともある。ネイト・シルバーが報告しているように、政府は毎年4万5000種類もの経済変数データを作成している。だが実際のところ、劇的な経済イベントはそれほど多くない（たとえば、米国では第二次世界大戦後、景気後退は11回しかない）。その結果、シルバーが言うところの「データをミキサーに入れてかき混ぜ、その結果を高級料理と呼ぶ[117]」といった状況になっている。

ビッグデータの世界では、難解なデータポイントである〝木〟に注目が集まり、「これは良い企業だろうか？」という〝森〟を見損ねることが多い。大学教授や評論家が将来どんなエキゾチックな経済対策を編み出そうとも、株式リターンとの相関関係は多少なりとも見られても、「この企業の部分的な所有者になるかどうかを決定する際に、この指標は重要か？」という嗅覚テストには合格できないものが出てくるだろう。

情報が多いほど良いとは限らないことの強力な例を示しているのが、ダニエル・カーネマンとエイモス・トベルスキーの「銀行員のリンダ」研究だ。2人は、自分たちが経験的に観察していた、「人は感情に影響されると、確率的にはあり得ない判断をすることがある」という現象を実験で確認しようとした。この認知バイアスは、現在では「基準率の無視（誤謬）」と呼ばれている。カーネマンとトベルスキーは、被験者に次のように問いかけた。

リンダは31歳で独身、率直で聡明な女性です。大学では哲学を専攻し、差別や社会正義の問題に深く関心を持ち、反核デモにも参加しました。現在の彼女を描写する文言として、どちらのほうがより当てはまると思いますか？

1．リンダは銀行の窓口係である。
2．リンダは銀行の窓口係で、フェミニスト運動に積極的に関わっている。

この問題を合理的かつ確率的に考えれば、フェミニストとして活動する銀行の窓口係の数は、銀行の窓口係全体のなかでごく少数であることがわかる。だがほとんどの被験者は、２のほうが当てはまると答えた。ノイズとなる情報に惑わされて、真の確率を見誤ってしまったのだ。私たちの頭のなかには、フェミニスト運動に関わる人々のタイプについての強い先入観があり、リンダもその条件をかなり満たしていた。

リンダについての情報が増えるほど、被験者の本当に重要なことを判断する能力は低下した。同じように、投資のアドバイスと見なされているものの多くは、マーケティング情報やクリックベイト〔訳注／虚偽的情報を用いてネットユーザーを誘導する行為〕に薄い専門知識を付け足した程度のものにすぎない。株式の銘柄選択における賢明なアプローチは、最も重要なものが何かを見極め、周りの雑音を排してそれらの変数に注目することである。すべてを重要だと見なすのは、何も重要ではないと見なすのと同じことだ。

イングランド銀行の金融分析統計局長アンドリュー・ホールデンは、「犬とフリスビー」と題した講演で、シンプルさの価値を示す説得力のある学術的主張をしている。ホールデンは、フリスビーをキャッチすることは、「風速やフリスビーの回転など、複雑な物理的、気象的な要因を測定することが必要なプロセス」であると説明したうえで、なぜ人間はこのような複雑な芸当ができ、犬はそれをさらに見事にやってのけるのかと問いかける。答えは、「ディスクがほぼ目の高さになるようなスピードで走る」という単純な経験則に従うことだ。ホールデンは、問題が複雑であればあるほど、統計学で「過剰適合」と呼ばれる問題を回避するために解決策はシンプルでなければならないと主張する。

ホールデンは、過去の成績を分析する複雑なスポーツベッティングのアルゴリズムは、よく耳にする選手やチームの名前を基準に対象を選ぶ認識ヒューリスティックより賭けの成績が良くないといった過剰適合の例を列挙し、「実証的研究は、幅広い領域で同様の結果を示している。医師による心臓発作の診断では単純な決定木〔訳注／意思決定や分類などのために用いるツリー構造のデータや図〕のほうが複雑なモデルよりも優れているし、刑事による連続犯の捜索では単純な位置特定ルールが複雑な心理的プロファイリングに勝っている。（中略）リピート購入データを理解する小売店は、複雑なモデルよりも優れた予測ができる」と述べている。複雑な問題は、大局的で単純化された枠組みを用いないと理解できないノイズの多い結果をもたらすのだ。

ホールデンは、既知のリスクを管理するためのルールと、株式投資のような不確実性に満ちた状況で運用されるルールの違いを比較し、「リスク下では、ルールのポリシーはあらゆるリスクに対応すべきであり、微調整が必要になる。しかし不確実性の下では、この論理は逆転する。複雑な環境下では、単純な意思決定ルールが求められることが多い。なぜなら、これらのルールは無知に対してより堅牢だからである。不確実性の下では、ポリシーはあらゆるリスクには対応できないかもしれない。つまり、粗い調整になる」と述べている。市場に影響を及ぼす変数が非常に多様で複雑であるからこそ、それに対処できる単純なルールが必要になる。キャッチしようとして、速度や回転数、風速、軌道などを計算しようとすれば、そのあいだにフリスビーは落下してしまうだろう。同じように、市場の些末な情報にいちいち反応している投資家は、絶えず頭を悩ませ、パフォーマンスを低下させることになってしまう。

ビッグデータ＝ビッグマネー？

複雑さには、大きなリターンの可能性と混同されるという危険性もある。この傾向は、株式市場のような複雑なシステムは、同じくらい複雑な解決策を必要とするという誤った考えによってもたらされる。しかし、これはまったく逆である。

アルベルト・アインシュタインは、「問題は、それが生み出されたのと同じレベルの思考では解決できない」と言っている。

市場は、すべてに対処するのが不可能なほど多数のインプットがある、複雑でダイナミックなシステムである。市場とその参加者が織りなすダイナミズムは絶えざる変化を生み出していて、同じ状況は二度とない。市場の細部にまで目を向け続けていると、正気を保つのが難しくなり、フラストレーションを抱え、時間を無駄にすることになる（当然、手数料もかかる）。

また、2007年から2009年にかけての金融危機（グレート・リセッション）で証明されたように、不要な複雑さは、目に見えない複雑さを生み出す。金融商品は何度もパッケージ化を繰り返し、ウォーレン・バフェットが「金融の大量破壊兵器」と呼ぶようなものに変わり果てた。こうした金融商品を開発、販売する側の人間さえ、自分たちが何をつくり出しているか、それが大きな金融システムとどのように関わっているのかを理解していなかった。

ナシム・タレブは、不必要な複雑さがもたらす「脆弱化」の影響について、説得力のある主張をしている。

「複雑なシステムは、人々が信じていることとは反対に、煩雑なシステムや規制、ポリシーを必要としない。必要なのは、できる限りのシンプルさなのだ。複雑さは、何重にも連鎖する予期せぬ効果をもたらす。（中略）しかし、現代社会にシンプルさを導入するのは難しい。自分の職業の専門性を正当化するために、物事を必要以上に難しくしようとする人たちが少なからずいるからだ」。

複雑さは様々な影響をもたらす。それはウォール街の金融の専門家に、利用者にもっと料金を請求する口実を与えたり、本当は価値のないものに価値があるように見せかけている人の仕事を正当化したりする。だが、これらは投資家にメリットをもたらさない。ベン・カールソンが言うように、「単純さは複雑さに勝る。エキゾチックなものより、コンベンショナルな考えに従ったほうが、はるかに勝算がある。短期的な成果より、長期的なプロセスのほうが重要である。展望があれば、戦術よりもはるかに遠くに進める[118]」のだ。投資における大きなパラドックスとは、市場の巨大な複雑さに対する唯一の合理的な対応は、最も重要なごく少数のことを一貫して行うということである。

投資運用を複雑にすることは、高度で難しいものに憧れる人間心理にとっては魅力的だが、投資家にとってはほとんど役に立たず、むしろ害になるのである。

次のステップ

考えよう――「〝ある〟は〝ない〟よりマシだが、〝多い〟より〝少し〟のほうがいい」

自問しよう──「この意思決定において、最も重要な3～7つの要素は何か？」
実行しよう──上記の3～7つの最重要の要素以外の、あらゆるノイズを無視する。

1分間、考えてみよう

少し時間を取り、パートナーや子ども、親など、自分にとって一番大切な人のことを考えてみよう。1分間かけて、これらの人たちがなぜ大切なのかを、声に出して説明してみよう。難しくはないはずだ。

では、次に同じく1分間かけて、あなたにとっての投資の価値について説明してみよう。自分にとって一番大切な人についてほど簡単には話せなかったという人は多いのではないだろうか。その概念をシンプルに説明できることほど、ある対象に本当の興味を持っていたり、熟達していたりすることを測る良いバロメーターになるものもない。恋愛であれ、野球であれ、惑星であれ、真にその対象に興味を持っていて、それを深く理解していれば、抽象的なものを単純化して話すことができるのだ。

たとえば、今ファイナンシャルアドバイザーに電話をかけて、「私の資産をどう運用しているか、1分間で説明してほしい」と尋ねてみるとする。1分かけて淀みなく説明できないアドバイザーは、スムーズかつシステマティックなアプローチを欠いている可能性が高い（これはあなたにとって悪いニュースだ）。さらには、複雑で的外れな説明をしたり、「あなたには理解できない話だ」といった口ぶりをしたりするのなら、新しいアドバイザーを探すべきだろう。ベン・カールソンは、「説明するのに時間がかかる投資アプローチほど、うまくいかないものだが、投資の無防備な消費者にとっては知的に聞こえる」と述べている。

次に進む前に、大切な人に電話をして、なぜあなたがその人を大切に思っているかを伝えておこう。

▼3．勇気（Courageousness）

「勇気とは、死ぬほどの怖さを抱えながら、とにかく馬に跨って前に進むことだ」
――ジョン・ウェイン（西部劇などで活躍した米国の映画俳優）

ジェイソン・ツヴァイクはユーモラスな著書『金融版悪魔の辞典』（パンローリング）で、ウォール街の文化を風刺している。この本には金融用語のウィットに富んだ定義がたくさん掲載されている。「デイトレーダー（名詞）『愚か者』の項を参照」「投資信託（名詞）投資家がすべてのリスクを負い、運用者がすべての手数料を独占する、不平等なファンド」などだ。

同書には「勇気（COURAGE）」の定義はないが、もしあったとしたら、「ウォール街で頻繁に話題になるが、めったに存在しない美徳」といったものになるのではないだろうか。株は安く買って高く売るべきだということは、私の幼い娘ですら知っている。だが実際には、個人投資家や機関投資家がタイミングを見誤り、逆のことをしているのは明らかだ。したがって、人間の基本的な衝動に左右されないことを目指すシステムでは、二つの具体的な勇気ある行動に投資家を導かなければならない。一つは、誰もと同じ行動は取らないこと。もう一つは、ほぼすべての期間で投資を続けることだ。

人と違うことをするのは報われる

前述の2つの勇気ある行動のうちの一番目、「誰もと同じ行動は取らないこと」をすべき理由は、「良い結果を得るには、他と違う思考が必要」という単純なものだ。バリュー投資の先駆者であるベンジャミン・グレアムは「今年の業績や、来年期待できるという周りの予想に基づいて銘柄を選択している投資家は、結局、他人と同じような投資しかしないことになる。だが、平均以上の結果を得るための合理的な機会を享受するには、投資家は、〝健全かつ有望で、かつ〝ウォール街で人気がない〟という条件を満たす銘柄を選ばなければならない」[119]と述べている。ハワード・マークスも同じ主張をしている。

「投資で優れた成果を得るには、周りの意見に流されず、独自かつ正確な視点で株の価値を見極めなければならない[120]」。

大衆に勝つ唯一の方法は、大衆とは異なる行動をすることである。だがこれは、集団との連帯感や他人の模倣によって（投資以外の分野では）多くの利益が得られる私たちに人間にとっては、言うは易く行うは難しである。優れた投資家は周りから馬鹿にされ、孤独を感じるとよく言われる。セス・クラーマンが述べているように、「バリュー投資家になるのは、大勢と歓喜の抱擁をするためではない[121]」のだ。

勇気の尺度には、クレマーズとペタジストがその独創的な論文『あなたのファンド・マネージャーはどのくらいアクティブか？　パフォーマンスを予測する新しい尺度[122]』で導入した「アクティブ・シェア」というものがある。アクティブ・シェアは直感的だが強力な尺度で、「あるポートフォリオが、ベンチマークとなるインデックスとは異なる銘柄をどれだけ保有しているか」を示す割合で表現される。基本的に、ファンド・マネージャーがどれだけ勇気があるかは、大勢の専門家の意見で形成されるコンセンサスとどれだけ異なる見解を持っているか、ベンチマークとポートフォリオの乖離を意味する「トラッキングエラー」に自らのファンドをどれだけさらせるかで測れる。イェール大学の研究者２人が23年間にわたって２６５０のファンドを調査した結果、最も勇気あるファンド（すなわち、アクティブ・シェアが80％以上のもの）のパフォーマンスは年間２％から２・７％程度ベンチマークを上回っていた。つまり、勇気は報われるのだ。

本書でここまで何度も繰り返してきたように、正しい行動が何かを知ることは、実際に行動することとはほとんど関係がない。だからこそ、勇気はこの章で紹介する「一貫性」や「確信」といった他の原則の支えが必要になる。たとえば、臆病風に吹かれて周りと同じような選択をしてしまうのを避けるには、銘柄選択プロセスの自動化（一貫性）が役に立つ。ベンチマークと同じようなポートフォリオになってしまう可能性を減らすには、集中度の高いポートフォリオ（確信）を維持することが役に立つ。

「何もしない」で成し遂げる

勇気とは、周りと反対の意見を持つことだけではない。それは、心理的なジェットコースターから降りて楽になりたい気持ちをこらえ、その不安定な乗り心地に長期間耐えることも意味する。

最適なタイミングで市場に参入・撤退することの魅力は強力だ。ニュースサイトのQuartzに掲載された2013年の完全な市場タイミングに関する記事にも、「年初に証券口座に1000ドル入れ、その資金を毎日、その日にS&P500で最もパフォーマンスの良かった銘柄に投資した場合、241営業日で資産は2640億ドルに増える[123]」と記されている。もちろん、このようなレベルで最もパフォーマンスの良い銘柄に日替わりで資産を移し替えていくのは実質的に不可能だ。だが、大きな下落や急上昇のタイミングに合わせて株を売買するというもっとおおまかなアプローチでさえ、理論上は非常に魅力的であるものの（後から考えれば簡単に見えることは言うまでもなく）、実際に完璧に実行するのは至難の業である。

システム化されていない方法でマーケット・タイミングを計ろうとするのは、有効な投資アプローチとは言えない。それを証明する研究結果もある。２００以上のマーケットタイミング・ニュースレターを対象とした研究によれば、こうしたニュースレターが呼びかける売買のタイミングが有効なのは全体の4分の1弱にすぎなかった[124]。デューク大学の研究者2人による同様の研究では、全マーケットタイミング・ニュースレターのうち上位10％のみの呼びかけに従って資産運用をした場合、１９９１年から１９９５年までに年率12・6％のリターンが得られることがわかった。だが、マーケット・タイミングを完全に無視して単純にインデックスを購入した人は、同期間に年率16・4％のリターンを得たことになった。つまり、最適なマーケット・タイミングで売買をしても、「怠け者の投資家」には及ばなかったのだ。H・ネガット・セイブン教授は、30年間の大きな市場利益の95％が、調査対象となった７５００営業日のうちわずか90営業日に得られていることを明らかにした。仮にマーケット・タイミングを読み間違えて、この全営業日のわずか1％強に相当する日数、市場を退場していたとしたら、30年を通じてごくわずかなリターンしか得られなかっただろう[125]。

また、かなり理にかなったルールに従っても効果がないことは、ブログ「FiveThirtyEight.

com」に掲載された、１９８０年から２０１５年までのリターンを対象にした優れたレポートでも示されている。[126]「１９８０年初頭にＳ＆Ｐ５００にそれぞれ１０００ドルを投資した２人の投資家がいるとしよう。ひとりはその後ずっと買い持ちを続け、もうひとりはそれよりもやや慎重で、１週間で５％下落した場合に売り、底から３％反発した時点で買い戻すというルールに従った。先週末の時点の保有資産は、前者が１万８６３５ドルだが、後者は１万０６１３ドルにしかならない」。問題は、市場はある程度の規則性を持って下落しているが（１日で３％以上の下落が約１００回、１日で５％以上の下落が24回）、同様の規則性で回復していることである。

「（中略）これらの下落の後には必ず反発が続く。反発が起こるのは直後である場合も、数週間から数か月後である場合もある。しかしいずれにしても、起こる場合は急速に反発する。そのため、ある程度反発が起きるのを確認してから買い戻しをすると、最大の利益を得るチャンスを逃すことになる」。

昔から、投資ではマーケット・タイミングよりも市場に居続けるほうが重要だと言われてきたが、この知恵は正しいようだ。バートン・マルキールは、長期的に見ると市場は下落する３倍以上の割合で上昇していることから、「株ではなく現金で資産を保有することでリターンを上回れる確率は約３分の１しかない」と述べている。[127] スター投資信託マネージャーであるピーター・リンチは、１９６５年から１９９５年までの30年間を対象とした研究で、タイミングは長期投資にほとんど影響しないことを明らかにした。リンチによれば、一年間のうち株価が最も低い日に毎年投資した場合、その期間のリターンは年率11・７％であったのに対し、一年間のうち株価が最も高い日に投資した場合は年率11％であった。これは、実際には毎年最悪の時期（株価が最も高い日）に計画的に投資する人がいる可能性が低いことを考えると、あまり劇的な結果ではないと言える。

だが、戦術的な投資が困難であるという証拠があるにもかかわらず、市場心理を学ぶ人は厄介な問題に直面することになる。それは、マーケット・タイミングが効果的でないことは理解できるが、歴史上、市場の水準がファンダメンタルズの価値尺度から大きく乖離する時期も明らかに存在するという問題だ。「狂騒の20年代」や１９６０～70年代にかけての「ニフティ・フィフティ」、その後のテックバブルや住宅危機まで、こうした異常な時期は比較的頻繁に起こってきた。これらは典型的な評価指標で容易に発見でき、また富を劇的に破壊してきた。

では、ルールが「マーケット・タイミングを計るな」なのだとしたら、そのルールに例外は存在するのだろうか？　私は、例外はあり、それは勇気を重視することと一致しているが頻繁ではなく、実行するのが苦痛であり、直感的には正しいと感じられないと考えている。最も感じにくいときに、顕在化する――それが、リスクの不思議なところなのである。

破滅的な損失を避ける

過去100年にわたり、世界経済が示してきた、富を創造し、それを複利の力で増やしていく力の強大さは、人々を驚嘆させ、悲観的な考えが起こるのを妨げてきた。しかし、世界経済の繁栄は、大地を焦土と化すような株価の変動なしには起こらなかった。メブ・ファーバーは、「G7諸国はすべて、株価が75%下落した時期が一度はあった。残念ながら、75%の株価が下落した場合、投資家がそれを挽回するには300%の上昇が必要になる[128]」と指摘し、さらにこう続けている。

「1920年代後半から1930年代前半の米国株、1910年代から1940年代のドイツの資産クラス、1927年のロシア株、1949年の中国株、1950年代半ばの米国不動産、1980年代の日本株、1990年代後半の新興市場とコモディティ、そして2008年のほぼすべての資産クラスに投資した人は、これらの資産を保有することは明らかに賢明ではなかったと考えるだろう。こうした大幅な下落から回復できるだけの時間枠を持っている投資家はほとんどいない」

チャート5　S&P500の1ドル当たりの実質リターン（インフレ調整後）

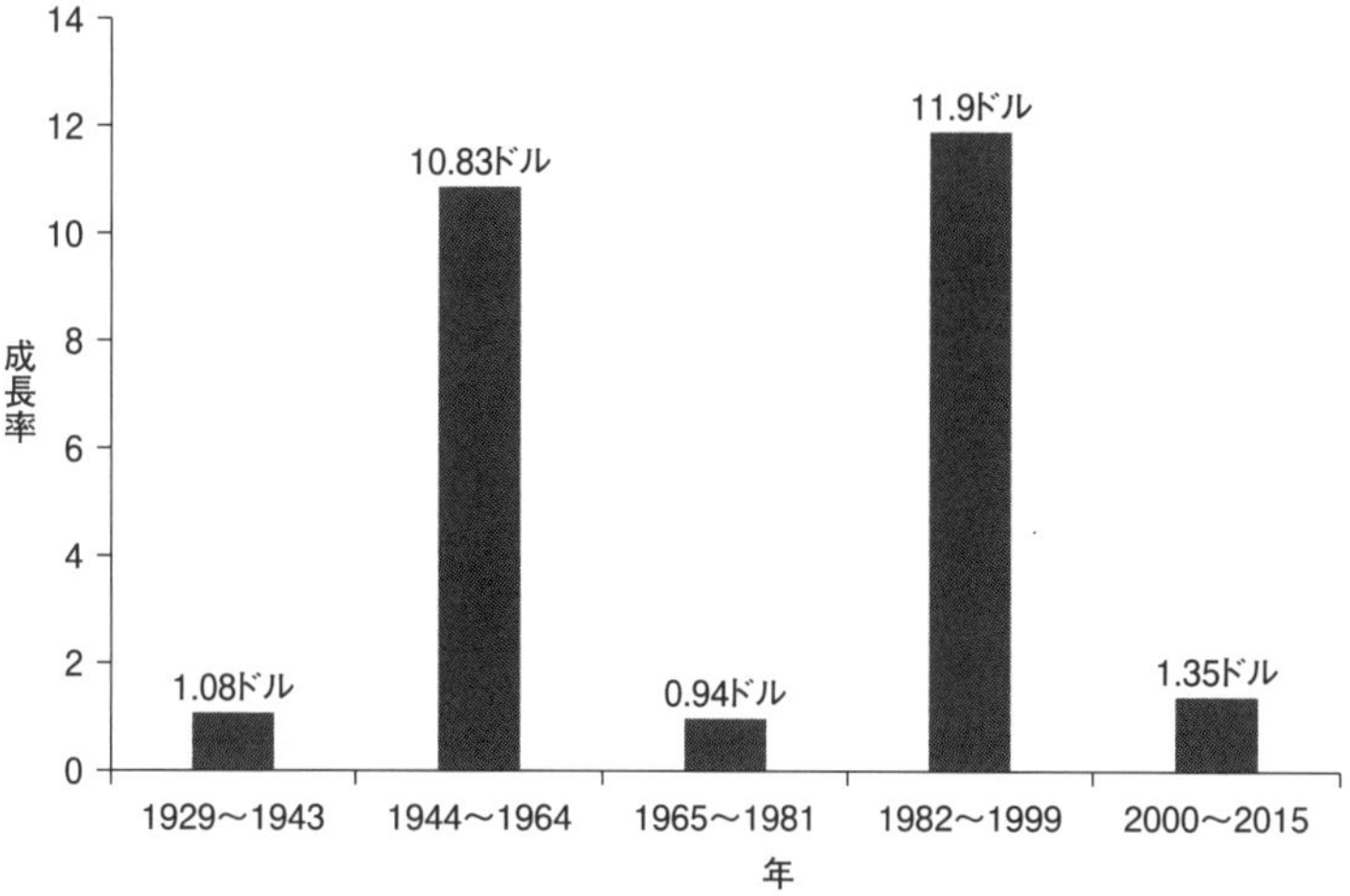

バイ・アンド・ホールド〔訳注／買い持ち45P参照〕はたいていの人にとって理にかなった投資戦略だが、投資期間や状況によってはそれが当てはまらない人もいる。チャート5が示すように、株式市場ではある一貫性を持って、15年間、実質的なリターンがほとんどない（あるいはマイナスになる）期間が起こることがある。これらの期間にバイ・アンド・ホールドをしても、良い戦略とは呼べない。

バイ・アンド・ホールドの伝統的な価値を信じて疑わない投資家に、「稀にではあるが、投資家はバイ・アンド・ホールドよりも安全で、保守的になるべき状況がある」と提案すれば、不快に感じるはずだ。あらゆる形のマーケット・タイミングを嫌う人物の例として、お気に入りの保有期間は「永遠」だと繰り返し述べているウォーレン・バフェットの名前を挙げる人も多いだろう。

しかし、バフェットの言葉は「私の言う通りではなく、私のしている通りのことをしなさい」という諺の典型例である。2019年後半、バークシャーは巨額の現金（120億ドル超）を保有していた。[129] 投資の神様と呼ばれるバフェットは、「常に資産を株で保有している」投資家ではなく、資産を分散させる思慮深い投資家なのだ。そして、端的に言ってマーケット・タイミングを計っている。デビッド・ロルフはバフェットについて、「彼は買い物をするために現金を持っているのではない。私が見たなかで最高のマーケットタイマーだ」[130]と述べている。

これほど簡潔ではないが、バフェットが1992年に同社の株主宛に書いた手紙には、こんな言葉がある。

「投資家が購入すべきは、割引キャッシュフローの計算で最も割安であることが示された投資対象である。（中略）さらに、価値方程式は通常、債券よりも株式が割安だと示しているが、必ずそうだとは限らない。債券のほうが魅力的な投資対象であると計算されたのなら、債券を購入すべきである」。

資産を壊滅させることを予感させるバブルを警戒し、それを回避するためにマーケット・タイミングを用いるべきなのだとしたら、具体的には何をすればいいのだろうか？

私が資産バブルを探す際に検討する変数は次の6つある。ただし、これらが同時に発生することは極めて稀である（そのため、投資家が守りを固めようとすることも極めて稀である）。

1．**バリュエーションが非常に高い**――米国史上、大暴落が起きるたびに、株価は平均値を大きく上回ってきた。

2．**レバレッジが過剰である**――消費者と企業が、金融緩和期に異常に大きな負債を抱えている。

3．**貸出基準が緩い**――市場が浮き足立ち、リスクの認識が薄れ、それに応じて貸出基準も緩くなりやすい。

4．**ほぼ全世界で上げ相場である**――ポジティブな心理は繁栄の原因であると同時に結果でもあり、自己増殖的である。

5．**ボラティリティが低い**――少ない労力で高いリターンを得ることに慣れてしまった投資家の自己満足を示している。

6．**リスク資産への参加率が高い**――価格高騰は当然ながら株式の保有比率を高めるが、投資家が悪いタイミングで株式にオーバーウェイト〔訳注／資産全体の構成のうち、対象資産への配分を基準よりも多くしてしまうこと〕してしまう傾向も強める。

これらの６つの変数がバブルの初期の兆候であるとするならば、これらが悪化することはバブル崩壊の始まりの兆候である。センチメントやモメンタム、バリュエーションがそれまでの天文学的な水準から崩れ始めたら、守りの姿勢を取ることを検討するのが賢明だろう。

少しだけ罪を犯す

ピーター・リンチは「投資家は、相場の下落そのものよりも、下落に備えたり下落を予期しようとしたりする行動によってはるかに多くの資産を失う[131]」と述べている。しかし、リンチの実績やアドバイスを評価する際には、彼が身を置いていた環境を考慮に入れる必要があると、投資の専門家であるジェシー・フェルダーは自身が発行する金融関連レポート『フェルダーレポート』で指摘している。1977年から1990年までのリンチの経歴には、株式が平均的なバリュエーション（GDPに対する時価総額で測定）を1標準偏差下回る状態で推移していた期間が含まれている。これと比べると、現在の株式は、同じ条件で平均より2以上標準偏差が高い状態にある。

実際、リンチのキャリアのなかで最もバリュエーションが高かった月（1987年9月）は、過去15年間の絶対的な低値（2009年3月）と同等である。リンチの時代の市場のようなバリュエーションの割安な期間はプラスのフォワード・リターンを生み、バイ・アンド・ホールドのアプローチを非常に魅力的なものにする。身長6フィートの男性が深さ平均3フィートの川で溺死することがあり得るように、投資家は長期にわたって年平均10％のリターンが得られる株式市場でも溺死することがある。

ルールベースの行動科学的アプローチは、何よりもまず、投資家に有利になるように確率を傾けようとする。そこでは、市場参加者に求められるデフォルトの行動とは、忍耐強く、冷静で、何もしないことである。同様に、市場参加率を下げることを目的としたルールも、行動の頻度を減らし、投資を続けるためのあらゆる口実を探すことにつながるはずだ。

ブログ『Philosophical Economics』は、マーケット・タイミングについての興味深い考察がなされている――それは、マーケット・タイミングを資産配分と同じように考えるというものである[132]。株式と現金に長期的に40：60の配分で投資している人は、安全を重視した配分をしているため、印象的なリターンをあまり期待していないだろう。同様に、投資期間のうち60％を市場に参加しないようなシステムは、投資家のパフォーマンスを著しく低下させるだろう。しかし、慎重な投資家が元本を守り、安心を保つために資産の一部を低リスク資産で保有しているように、行動科学的な投資家は、市場が最悪の状態を迎えようとしているときに、稀にリスクを取るための体系的なプロセスに従うことができるのである。

闇雲、直感的、頻繁な行動が罪であるのは間違いない。だが、経済学者の故ポール・サミュエルソンは、１９９０年後半にこう述べたと噂されている。

「マーケット・タイミングは投資の罪である。そして今回だけは、少し罪を犯すことをお勧めする[133]」。

次のステップ

考えよう――「最善策は、（常にではないが、ほとんどの場合）何もしないことである」
自問しよう――「私の恐怖（貪欲さ）は、他の大勢の投資家と一致しているのだろうか？　反対なのだろうか？」
実行しよう――株価が長期的なバリュエーションから2～3標準偏差離れていくにつれ、徐々に防御的になること。

▼4．確信（Conviction）

「広範な分散投資は、どう投資すべきかがわからない投資家のみに必要な方法だ」
――ウォーレン・バフェット

ＲＢＩポートフォリオの4番目の特性は、コンビクション（conviction）を持つことだ。「conviction」には「有罪判決」という意味もあり、金融界ではバーニー・マドフのような詐欺師のイメージが思い浮かぶかもしれないが、ここでは自分のポートフォリオに信念や確信を持つべきだということを指している。このコンビクションは、具体的には、1つ、2つの銘柄のみを保有するという大胆な方法と、すべての株を所有しようとする消極的な方法のあいだのどこかに存在する。トム・ハワード博士はこれを次のように説明している。

「市場のすべての銘柄を購入し、時価総額に応じて重み付けするという極端な方法がある。これはインデックス・ポートフォリオと呼ばれ、個々の銘柄のパフォーマンスではなく、株式市場全体のパフォーマンスによってパフォーマンスが決定される。その正反対の極端な方法は、全資産を１銘柄に投資し、その企業の業績に賭けることである。投資家は、この両極端のあいだにある正しいバランスを求めるべきだ(134)」

株式についての真実を完全に知り得るのであれば、１銘柄に全資産を投資するのは望ましい方法だと言える。最善の銘柄が何かをわかっているのなら、分散投資をする必要などないからだ。対照的に、株式についての真実がまったくわからないのなら、すべての株式（すなわち、インデックスファンド）に投資すべきである。ファンダメンタルズを分析したり、価格を評価したり、経営状態を探ったりしても、ある株が他の株より優れていると判断できないのであれば、すべての銘柄を買い、経済全体の大きな成長に賭けるべきである。

ベスト・プラクティスは、この２つの方法の中間のどこかにある。私たちが投資の質について判断できることはあるが、その判断は、投資判断は完璧ではないことや、市場参加者には不合理な行動を取る傾向があることを考慮したものでなければならない。これらを鑑みると、25から50銘柄をハイ・コンビクション（高い確信度）に基づいて保有するのが、アウトパフォームの可能性と同時に、インデックスとの真の差別化をもたらす方法だと言えるのである。

ゴルディロックス（適度）な分散投資とは

まず、分散投資は常に資産クラスの内外で行う必要があることに留意してほしい。ここでの議論は、資産運用全体のうちの、国内株式の部分のみに注目したものである。つまり、資産全てを株式25銘柄に集中させるべきではなく、外国株式や、国内株式、不動産投資信託などに分散させるべきである。これを前提としたうえで、国内株式に分散投資するのは、25銘柄程度で十分だとアドバイスできる。

少数の銘柄で大きな分散投資効果が得られるという事実をよく知らない人にとっては、ハイ・コンビクションのポートフォリオを組むのは恐ろしく感じられるかもしれない。しかし、世論調査で数百人に質問すれば有権者数千万人の代表的サンプルを得られるのと同じように、数十銘柄を保有すれば米国株式市場への分散投資効果の大部分をカバーできるのである。

この事実を示した初期の研究に、ワシントン大学のジョン・エバンスとスティーブン・アーチャーによるものがある。ふたりはポートフォリオが20銘柄以上で構成されると、分散投資効

図４　25銘柄で構成された適度な分散投資

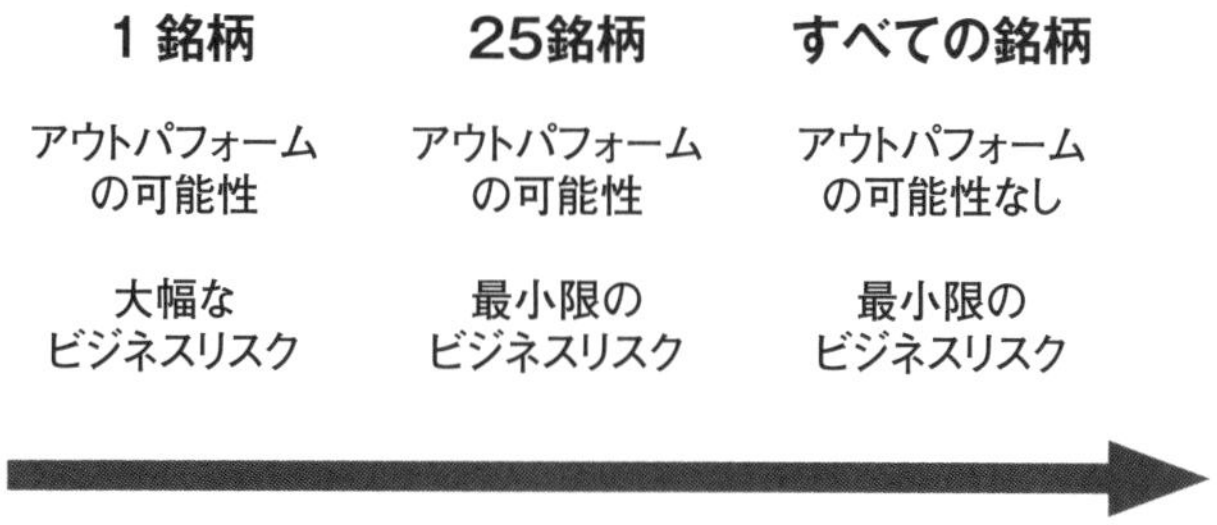

果が急激に低下することを発見した[135]。また、億万長者の投資家ジョエル・グリーンブラットは、その著書『グリーンブラット投資法』（パンローリング）で、ノンマーケット（すなわち、分散可能な）リスクは、株式を2銘柄保有することで46％、4銘柄で72％、8銘柄で81％、16銘柄で93％減少すると述べている[136]。グリーンブラットの研究は、分散投資のメリットの大部分がいかに素早く達成され、また約20銘柄に増えた時点でいかに急速に減っていくかを示している。このことをベン・グレアムは的確に表現している。「過度ではなく、十分な分散が必要だ。そのためにはポートフォリオを最小10銘柄、最大30銘柄で構成するのが望ましいだろう[137]」。

　図4は分散投資に関するこれらの考えを示している。ルールベースの行動科学的投資手法では、「過信」と「〝株価は常に正しい〟という誤った思

い込み」のあいだにある、適度な——投資用語で「ゴルディロックスな」——分散投資のポジションを取ることを推奨する。

パッシブ投資の皮を被ったアクティブ投資

適切な分散投資に失敗するのは、エゴを抑えられない投機家である。過度に分散投資するのは、リスクをわずかに減らすために貴重なリターンの可能性を放棄する投資家である。行動ファイナンスの実践者はリスク低減にもリターンにも最善を求める。それを実現する手段が、信念に基づいて分散投資されたポートフォリオを保有することである。

前述のように、パッシブ投資は適度なリスクを取ってそれなりのパフォーマンスを得ることを何よりも重視する投資家にとって賢明な方法である。だがジョン・テンプルトン卿が述べているように、「大勢と違うことをしない限り、優れたパフォーマンスは生み出せない」という単純な理由から、平均以上の大きなパフォーマンスを求める人にとっては、コンビクションに基づいたポートフォリオを組むことが最適な方法になる。

残念ながら、現在のアクティブ運用と称されるファンドの多くは実質的にはアクティブではない。パッシブ・イン・アクティブ・クロージングと呼ばれるクローゼット・インデックス〔訳注／多数のアクティブ・マネージャーが同じような方法を採用することで、アクティブ・ファンドがインデックス・ファンドのようになってしまうこと」は、手数料は高いのに差別化は得られないという投資家にとって最悪の事態をもたらす。この問題は人々の想像以上に広範囲に及んでいる。「AthenaInvest」のトム・ホワードは、クローゼット・インデックスに関する自身の調査を通じて、「典型的なファンドでは、ロー・コンビクションのポジションがハイ・コンビクションのポジションを数的に3対1で上回っている[138]」ことを明らかにしている。アルファ・アーキテクトのウェスリー・グレイ博士によれば、ベンチマークに対して意味のある違いをもたらすのはＥＴＦでは８％、投資信託では23％のみである。また、ファンドがアクティブであればあるほど手数料が高くなる傾向があり、真にアクティブ運用されているファンドの手数料は平均すると１２８ベーシスポイントに達している[139]。このグレイの調査は、アクティブ運用されているファンドの大多数はベンチマークと有意な差がなく、有意な差があるファンドは手数料が高いことを明らかにしている。

アクティブ・マネージャーの表向きの使命がベンチマークをアウトパフォームすることであるならば、なぜこれほど多くのアクティブ・ファンドがインデックス・ファンドの高価なバージョンのように見えるのだろうか？　その答えは、主にトラッキングエラーという馬鹿げた概念にある。トラッキングエラーとは、ポートフォリオが比較対象となるベンチマークからどの程度乖離しているかを示す尺度であり、理由は不明だが、投資リスクの一形態と見なされている。そう、アクティブ・ファンド・マネージャーは、ベンチマークから乖離しないことと同時に、それをアウトパフォームすることを期待されているのだ。

ジェームス・モンティアもこの愚かな状況についてこう述べている。

「アクティブ・マネージャーがトラッキングエラーなどの指標を用いるのは、〝相手に勝つことではなく、常に相手よりも1、2ポイント上回ることを目指して戦うように〟と指示してボクサーをリングに送り込むようなものである〔140〕」。

トラッキングエラーはより広い意味でリスクととらえられているが、真のリスクはファンド・マネージャーのキャリアである。クリストファー・H・ブラウンは2000年にコロンビア大学ビジネススクールで行った講演で、このことを次のようにうまく説明している。


「投資パフォーマンスは一般的にベンチマークに対して測定され、長期投資をしているという人を除けば、典型的な機関投資家の顧客はベンチマークに対する毎月や四半期ごとのパフォーマンスに注目する。ベンチマークから乖離したパフォーマンスは疑問視され、マネー・マネージャーの契約終了につながりかねない。特に、資産配分が銘柄選択より重要だという仮説が支配的な世界では、ベンチマークに対するリターンの一貫性は、絶対的なパフォーマンスより重視される。自分がどのような基準で評価されているかを知ったアドバイザーは、ポートフォリオをベンチマークに合わせるように調整すれば、アンダーパフォーマンスのリスクと、顧客を失うリスクを減らせることに気づく。だが残念ながらそれによって、ベンチマークを大きく上回る可能性も低下してしまうのだ[141]」

ベンチマークと同じようなリターンが欲しいのなら、大手ファンドのサービスを利用すれば、わずか3ベーシスポイントの手数料でその望みを叶えられる。だが、ベンチマークを大きく超えるリターンを求めるのなら、トラッキングエラーをリスクの一形態と見なす考えを捨てなければならない。私は『ゴールベース資産管理入門』（日本経済出版社）で、「ベンチマークを黄金基準と見なす限り、賢明なマネー・マネージャーは、どんなに大きなチャンスがあると感じても、規律に反した賭けに出るのをためらうだろう[142]」と指摘した。ジョン・メイナード・ケインズはこれを、「型破りに成功するより型通りに失敗するほうが、評判が良い」と表現しているが、この考えは、あり得ないほど矛盾した責務を担わされたファンド・マネージャーたちに受け入れられてきた。ルールベースの行動科学的投資家は、高い手数料を払って購入する価値があるのはハイ・コンビクションと差別化を実現できるファンドのみであり、インデックス投資で得られるリターンは、インデックス投資を通じて得るものと理解すべきだ。

アクティブ運用が有効な理由

研究結果は、ハイ・コンビクションがアウトパフォームを実現する優れた方法であることを示唆している。オルタナティブ投資業界の国際的に知られた研究者であるメレディス・ジョーンズは、優秀な女性アセット・マネージャーの共通点を詳細に分析した著書『Women of the Street』（未訳）のなかで、こう述べている。

「本書のためにインタビューした女性は、〝ハイ・コンビクション〟ポートフォリオと呼ばれる投資手法を用いている傾向がある。これは、ポートフォリオを多数のポジションに分散するが、あまり多くの投資先を選択しないことで、第2、第3、第4のアイデアを採用することでポートフォリオのリターンが希薄化しないようにすることを意味する[143]」

ジョーンズの見解は女性ファンド・マネージャーを対象にしたものだが、全般的にも当てはまる。コーヘン、ポルク、シリーの研究によれば、ファンドの最高のアイデア（ポジションの大きさによって判断）は、年平均6％のアウトパフォームを生み出していた。何より、ポジションサイズが小さくなるにつれて、パフォーマンスも段階的に低下していた[144]。歴史的にアクティブ・マネージャーのパフォーマンスが良くないという事実は、アクティブ・マネージャーは銘柄選択能力が低いという誤った結論を導き出してしまった。だが実際には、アクティブ・マネージャーに足りないのは、銘柄をうまく選ぶ能力ではなく、アウトパフォームを成功させるのに十分な量の銘柄を集中的に選ぶ勇気だと思われる。

資産クラスの内外で分散投資をする必要があるのは行動科学的投資手法の特徴であるが、それは平凡なリターンしか得られないことを意味するものではない。科学に基づき、繊細な手法を取り入れることで、分散投資とコンビクションは共存させられるのだ。ウォーレン・バフェットは、「投資家の目標は、今から10年ほど後に、できる限り高いリターンが得られるようなポートフォリオを構築することだ」と述べている。分散投資は過度になるとパフォーマンスの足を引っ張り、少なすぎるとリスクが高くなる。分散投資は投資の世界において「野菜を食べる」ようなものだ。ハイ・コンビクションの分散投資は、ちょっとしたスパイスになる。

次のステップ

考えよう――「十分に謙虚である程度に分散投資し、十分にリターンが期待できる程度にコンビクションを高める」

自問しよう――「パッシブ運用と同じような運用しかされていないアクティブ運用のために、手数料を払っていないか？」

実行しよう――ひとつのセクターに集中しすぎないように気をつけて、20～30銘柄で構成するポートフォリオをつくる。

行動科学的な資産管理プログラムを設計するための3ステップ

ＲＢＩアプローチの構築は、具体性に向けて機能する3ステップからなるファネルとして概念化できる。この章で見てきたように、行動科学的な資産管理プログラムを設計するための最初のステップは、行動リスクを列挙し、体系化することだった。これにより、行動リスクの5側面を最小化するためのプロセスの構築に着手した。このプロセスは、一貫性（Consistency）、明確さ（Clarity）、勇気（Courageousness）、確信（Conviction）という「4つのＣ」として覚えることができる。

一貫性とは、教育や意志の力に任せるのではなく、行動リスクの5側面すべてをシステマティックな方法で回避しようとすることだ。明確さとは、情報リスクや注意リスクに対処するために、自己裁量的アプローチで好まれやすい顕著だが可能性の低いデータではなく、単純だが可能性の高い変数に焦点を当てることだ。勇気とは、感情リスクと保護リスクによって生じた恐怖や感情に従うことでマーケット・タイミングを見誤るのではなく、データに基づいたＲＢＩアプローチを採用することだ。確信とは、少なすぎる分散投資という思い上がり（エゴリスク）と、市場全体を所有するという不合理で恐怖に基づくニーズ（感情リスク）を避け、ハイ・コンビクションの投資方針に従い、アウトパフォームを目指す（それがアクティブ投資の唯一の理由である）ことだ。

この章では、警戒すべき行動リスクとポートフォリオの構築プロセスを学んだ。次に生じるのは、どのような手法でポートフォリオの構成銘柄を選ぶかという重要な問題だ。次のセクションではこの問題について詳しく見ていこう。

投資の5つのP

「すべてのモデルは間違っているが、そのうちいくつかは有用である」

――ジョージ・E・P・ボックス（英国の統計学者）

自分の行動上の弱点と、それを克服するためのプロセスを理解したあなたにとって、対処すべきは銘柄選択の際に何に注目すべきかという小さな問題だけである。これ以降に記すのは、豊富な研究結果に基づき、ルールベースの行動フレームワークに「ウォール街でうまくいくもの」を落とし込むことの、私なりの最善の試みの結果である。ここでは、株式投資の「５つのＰ」という概念を軸に話を進めていく。

私はこの5つの要素が強力かつ永続的なものであると信じているが、これに従うことが銘柄選択における唯一の正しい方法であると主張するわけではない。銘柄選択の効果的な方法はいくつもある。そして、特定の要素をただ含めるよりも、一貫していて、確信度が高く、勇気があり、明確なアプローチに従うことのほうがはるかに重要である。良いレシピに従うことのほうが、特定の材料を選ぶことよりも重要なのだ。

RBIポートフォリオの構築において最も重要な5つの要素を理解する前に、その基礎となる以下の2つの重要な真実を知っておく必要がある。

1. 5つのPの目的は、銘柄選択で確率を自分に有利なほうに傾けることである。
2. 5つのPに従っているからといって、常にうまくいくとは限らない。

先ほど、優れた投資をカジノのギャンブルに喩えたが、それを繰り返そう。なぜなら、行動科学的な投資家として成功するのは、「カジノを訪れた酔っ払いのバカンス客」よりも、「カジノ側」のプレーの仕方だからだ。世間一般で思われているのとは違い、カジノ側は毎回勝つわけではない。対象のゲームにもよるが、その勝率は50%をわずかに上回る程度だ。だがカジノ側は、規律に従ったプロセスを一貫して繰り返すことで、強力な結果が得られることを知っているのだ。今度、ラスベガスのカジノ施設のとてつもない豪華さに驚嘆したときは、平均よりわずかに良いオッズでこれほどの富を手に入れられることを思い浮かべてほしい。

同様に、ルールベースの投資は、投資ポートフォリオにシンプルかつ体系的な調整を加えてさらに1、2ポイントを達成し、それによってリスク管理と資産の長期的な複利効果に大幅なプラスの影響を与えようとする試みである。ネイト・シルバーは次のように述べている。「腕利きのギャンブラーや、あらゆる分野の優れた予想家は、絶対に負けない賭け、非の打ち所がない理論、限りなく正確な測定という観点から未来を考えたりはしない。それは愚か者が陥る錯覚であり、過信の印である。成功するギャンブラーは未来を揺れ動く確率と見なしている。新たな情報が加わる度に上下動する、株式市場のティッカーのようなものと捉えているのだ[145]」。

率直に言えば、ＲＢＩモデルは完全なものではない。この原則に従っても、数年後の時点でパッシブな時価総額加重型インデックスに負けている場合もあるだろう。しかしこのモデルは、市場のライバルたちの心理的欠陥を一貫して突くことで、勝つ確率を自分に有利なほうにわずかに傾けられる。金融市場ではこれまで、何百ものアノマリー〔訳注／相場理論ではうまく説明しきれない異質な事象〕が発見され、それによってリターンが歪められてきた。アノマリーのなかには、一過的に消えていくものもあれば、少数の永続的なものもある。永続的なアノマリーには、人間行動が深く関わっている。５つのＰは、これらの永続的なアノマリーを利用できる。それは時代を超えるものであり、常識に根ざすものであり、古くから知られてきた人間の心理的傾向に基づいているからだ。

ＲＢＩが、リスクと安定の中間を目指す運用方法を提案することは、多くの投資家にとって魅力的ではないだろう。熱心なパッシブ運用主義者や効率的市場仮説支持者は、市場を出し抜こうとする試みは、結局は失敗に終わると考えるかもしれない。その一方で、（あらゆる反証があるにもかかわらず）「私は毎年のように、一握りの極めて優れた銘柄を選び続けられる」と主張する（つまり、単に「確率が自分に有利に傾くようにする」という程度の方法は退屈だと感じる）人もいるだろう。

それでも本書は、いくつかの重要なことをうまくやろうとする、セクシーではないかもしれないが有益なこのアプローチを推奨する。統計学者のネイト・シルバーも、（少なくともカードに関しては）「いくつかの基本を正しく理解するのは大いに役立つ。たとえばポーカーでは、最悪の手をたたみ、最善の手に賭け、相手がどんなカードを持っているかを考える努力をするだけで、大幅に損失を減らせる。そうすれば、80％程度の確率で最高のポーカープレーヤーと同じ判断ができるようになるだろう。たとえあなたが、相手と比べてポーカーの勉強に20％の時間しか費やしていないとしても」と述べている。人間行動に根ざした、歴史的にアウトパフォームの特徴を示す銘柄を一貫して購入することで、「非常に良いリターンが得られること」と、「アナリストのように株式の分析に大量の時間を費やさなければならない人生から解放されること」という二重のメリットが得られる。

このモデルを本格的に説明する前に、RBIアプローチに対するよくある反論への答えを示しておきたい。その反論とは、このアプローチは簡単すぎるというものだ。ビッグデータの海のなかで5つの単純な変数に注目するというのは単純すぎると感じる人もいるだろう（それを主張しているのがアラバマ州出身の人間であることも彼らの不信感を増すだけだろう）。だが、少数の単純な規則や変数に注目することの価値を訴えているのは私だけではない。金融アドバイザーのマーティン・ウィットマンも、「私自身の個人的な経験に基づけば――近年は投資家として、過去には専門家として――3、4つ以上の変数が本当に重要であることはほとんどない。それ以外はノイズだ[146]」と述べている。

大学院で学んだ少数の簡単なルールに従うことで投資家として世界屈指の実績を上げたウォーレン・バフェットも、こう述べている。

「健全な原則を持てば、あらゆることを乗り越えられる。私がグレアムとドッドから学んだ基本原則も、まさにそうだった。良い時期も悪い時期も、これらの原則が私を導いてくれる。最終的にうまくいくのはわかっているので、何も心配していない[147]」。

偉大なシェフと偉大な投資家には共通点がある。それは、幅広く応用できる一握りの基本的な技術を習得し、それを完璧に使いこなしていることだ。

では、前置きはこれくらいにして、いよいよこれから銘柄選択の5つのPを詳しく見ていこう。

お前はバカか？

「お前はバカか？」
「君は間違っている」
「私はあなたよりよく知っている」

株式投資にゼロサムゲームという側面がある以上、投資家は、株を売買するたびにこうした言葉を浴びせられがちだ。恐ろしいのは、売買の判断に関してあなたの知性を否定する人たちの7割以上は、スキルや情報に関してあなたに勝っているプロの投資家であるという点だ（彼らはポマードでなでつけた髪形や、ピンストライプのスーツといった、投資とは直接関連の薄い、投資家らしい見た目という点でもあなたの優位に立とうとする）。

このような強敵に対抗するための唯一の希望は、人間心理の側面で優位に立つことだ。スピードやアクセス、市場教育ではまず勝てないため、あなたは規律とメンタルタフネスで競争するしかない。ウォーレン・バフェットのメンターであるベン・グレアムは、こうした規律について「まず必要なのは、購入のための明確なルールである。これは基本的に、株式を割安で買うことを意味する。第2に、このアプローチを効果的にするために十分な量の株を運用する必要がある。最後に、株を売るための明確なガイドラインも必要だ」[148]と述べている。

ＲＢＩモデルはグレアムによるこの３つの基準すべてを満たしている。あなたがすべきことは、規律を持ってこれに従うことだ。これから５つの柱について説明するなかで、その有効性の実証的・哲学的証拠を述べていく。結局のところ私たちは、変数のランダムな整列ではなく、常識に根ざした永続的な要因を求めているのである。高学歴で競争的な株の専門家たちは、ことあるごとにあなたをバカにするだろう――だがそれは、彼らが間違っていることの証になる。

銘柄選択の５つのＰは以下の通りである。

1. 価格（Price）
2. プロパティ（Property）
3. 落とし穴（Pitfall）
4. 人（People）
5. プッシュ（Push）

▼1．価格（Price）――決して過払いしない

ある風の強い冬の日、ソルトレイクシティで、私はおそらくキャリアのなかで最も重要な教訓を学んだ。それは、「価格は、人が知覚するクオリティに影響を及ぼす」というものだ。そのとき私は、グランド・アメリカ・ホテルの会場で催された、行動ファイナンスの実践に興味を持つ金融アドバイザー向けのセミナーで講演を終えたところだった。講演の出来には満足していたし、参加者の反応も悪くなかった。会場の外でお祝いのダイエットコークを飲んでいると、セミナーの主催者が近づいてきた。

温かいねぎらいの言葉を期待していたところ、唐突に「みんな、君のことを最低だと思っているぞ」と伝えられた。

「何ですって？」と私は言った。自分としては、セッションは十分に成功したという手ごたえがあった。それなのに、なぜ――？

彼は続けた。「私は他のセミナーでも君を使いたいと思っている。だが、本社の人間は、君の料金が安すぎるから、君のセミナー講師としての技量も値段相応だと決めつけているんだ。君に会ったこともないので、ただ料金だけで判断してるのさ」

私たちはホテルのラウンジまで歩いた。彼から、プレゼンの内容は一切変えずに、講演料を

３～４倍にするように勧められた。もし私がその料金に見合った能力があるという信念を示せば、聴衆も説得されるはずだという。私は大きな不安を覚えながら、それ以降、講演料を３倍にし、さらにその後で５倍以上にした。それから長い年月が過ぎた。私のプレゼンテーションスタイルが変化し、改善されたことは願っているが、基本的に現在の私は、今よりもはるかに少ない料金を請求していた頃とほとんど変わっていない。しかし、人間社会の重要な真実——すなわち、人々が知覚する価格が価値を決定する——を知ったことで、素晴らしいキャリアを築けた。願わくは、私を最低だと思う人が減っているといいのだが。

私が実体験を通じて知り得たことを実験によって見事に証明したのが、スタンフォード大学のババ・シヴ教授が行った「水平方向のワインテイスティング」研究だ[149]。

シヴは、ｆＭＲＩ装置〔編集部注／磁気共鳴機能画像法。ＭＲＩ装置を使って、人体に害を与えずに脳活動を調べる方法〕に仰向けに寝かせた被験者に、値札を見せながら慎重に少量のワインを飲ませ、その脳活動を測定して、ワインの価格と脳の活動の関係を調べた。

シヴは、快感を司る脳の部位である前頭前野腹内側部を調べた。予想通り、90ドルの値札のついたワインを飲んでいるときのほうが、10ドルのワインのときよりも、被験者の脳の快楽中枢が活性化していた。だが、実はこのワインの本当の値段はどちらも10ドルだった。被験者はそれぞれの条件で同じワインを与えられていた。つまり、脳の快感活動の違いは、ワインそのものの品質ではなく、知覚された価格の違いに起因していたのだ。人は、他の条件が同じであれば、品質を左右するのは価格だと考えるのだ。

このように価格と品質を混同する傾向は、服や車、コーヒーへの割高な支払いにつながるかもしれないが、小売店での買い物という点に限れば基本的にそれほど甚大な害はないだろう。しかし、投資では悲惨である。世論調査会社のギャラップは、米国の投資家を対象に、「今が投資に適した時期かどうか」を尋ねる調査を定期的に実施している。ギャラップは、この調査への回答と株式市場のリターンのあいだに強い相関関係があることを明らかにしたが、それは期待されていたものとは正反対であった。

米国人が「今が買い時」と考えているときは、株価は最高値に向かっている傾向があったのだ。そのため、中期的なパフォーマンスはあまり芳しくない。ネイト・シルバーはこう述べている。

「ギャラップの調査で記録された過去最高の数字は２０００年1月で、米国人の67％が今は投資するのに良い時期だと考えていた。そのわずか2か月後、ＮＡＳＤＡＱをはじめとする株価指数は暴落を始めた。逆に、１９９０年2月に今は株を買うのに良い時期だと考えていた米国人はわずか26％だったが、Ｓ＆Ｐ５００はその後の10年間で約4倍になった[150]」。

私たちはワインや講演者と同じように、株式市場のバリュエーションに対しても、豊かであればあるほどうまくいくと考える。だがワインや講演者とは異なり、実際には株式の価格とパフォーマンスのあいだには逆の相関がある。つまり、支払う額が多いほど、得られるリターンは少なくなるのだ。

安く売られているものを買いたくなるのは普遍的な人間心理である（値段が安いと、質に対してはネガティブな印象を抱きやすくなるかもしれないが）。あなたのクローゼットにも、私と同様、気に入ったからとか、必要だったからという理由ではなく、安かったからという理由で買った服があふれているのではないだろうか。しかし株式市場は、明らかにこの規則の例外的存在だ。これは、投資家にとって大きな不利益となる真実である。

ウォーレン・バフェットは、このことをハンバーガーという庶民的な例を使ってうまく説明している。

「あなたが、死ぬまでハンバーガーを食べ続けたいと思っていて、牛の生産者ではないのなら、牛肉の値段が高くなってほしいと思うだろうか、それとも安くなってほしいと思うだろうか？」。

答えは明らかだ。ハンバーガーの消費者は、できる限り牛肉の価格が安くなることを望む。

バフェットは次のように続ける。

「では、ここで最終問題だ。もしあなたが今後5年間、ひたすら投資に励むとしたら、その期間に期待すべきは株式市場の上昇だろうか、それとも下落だろうか？　投資家の多くはこの点を誤解している。これから何年も株を買い続けることになるにもかかわらず、株価が上がれば喜び、下がると落ち込むのだ。これは、これから買い続けることになるハンバーガーの価格が上がるのを喜んでいるのと同じだ。株価の上昇を喜ぶべきなのは、近い将来に株の売り手になる人だけだ。株を買うことを検討している人は、株価の下落を喜ぶべきなのだ〔151〕」

バフェットと同じバリュー投資家であるハワード・マークスは、高値で買うことのリスクをこう表現している。

「投資とは人気投票である。そして、何よりも危険なのは人気の絶頂期に買うことである。その時点で有利な事実や意見はすべて価格に織り込まれており、新たな買い手は出てこないからだ。最も安全で利益を生む可能性があるのは、誰もその対象を好んでいないときに買うことである。時間の経過とともに、人気や価格は上がるしかない〔152〕」。

私は強く断言する。適切な価格を支払うことは、一般にバリュー投資と呼ばれる、適切なリターンを確保し、リスクを管理するための最善策である。

バリュー投資はリスク管理の一形態である

私は最近、新しいアイデアを探している機関投資家向けに、ＲＢＩについてレクチャーするよう依頼された。彼らは思慮深く私の考えに耳を傾け、良い質問をした。そして最後に、あらゆる投資家が心に抱いているであろうことを尋ねてきた。

「あなた自身は、リスク管理のために何をしているのですか?」

私は最終的に、実践しているリスク管理手法をいくつも説明したのだが、まずは「最善策は、価格の十分な検討を体系的に実践することです」とシンプルに答えた。その質問をした男性は、「しかし、リスクは価格ではなくボラティリティではないのでしょうか」と言っていぶかしげに私を見た。この反応は、ウォール街が論理よりモデルにこだわっていることの象徴だ。だからこそ、一般の投資家は機関投資家に対して有利な立場を得られるのだ。

この点でもハワード・マークスは賢明な発言をしている。

「ハイリスクは、主に高い価格を伴う。（中略）理論家はリターンとリスクは、相関関係はあるが別物だと考えているが、バリュー投資家はハイリスクと低い期待リターンは表裏一体であり、どちらも主に高い価格から生じると考える[153]」。

株価の変動から利益を得る方法は2つしかない。

ひとつはマーケット・タイミングを計ることだが、それは前述のようにとても難しい。もうひとつはプライシングによるもので、心理的な負担は大きいものの、答えを導くのははるかに簡単だ。資産のリスクは、それに支払う価格から決して切り離せない。適正な価格を支払うことは、投資家にとって最良のリスク回避手段になる。

適正な価格を支払うとリスクが減るという考えは直感的には理解できるが、ボラティリティはリスクに等しいという〝彼らの〟ルールに従っている場合でも、実証的な裏付けが得られる。

表5　株価キャッシュフロー倍率(PCFR)別に配置された株式の、株式市場の最悪期／最良期における1か月平均投資収益率(%)(1968年4月～1990年4月[154])

	最高 PCFR									最低 PCFR
PCF デシル	1	2	3	4	5	6	7	8	9	10
株式市場の最悪期25か月のリターン（%）	−11.8	−11.1	−10.6	−10.3	−9.7	−9.5	−9.0	−8.7	−8.8	−9.8
株式市場の次の最悪期88か月のリターン（%）	−3.0	−2.8	−2.7	−2.4	−2.3	−2.1	−2.0	−1.9	−1.6	−2.0
株式市場の最良期25か月のリターン（%）	12.1	12.5	12.2	11.9	11.6	10.9	11.2	11.5	11.9	13.6
株式市場の次の最良期122か月のリターン（%）	3.7	3.9	4.0	3.8	3.9	3.8	3.8	3.8	3.7	3.8

ジェームズ・オショーネシーは、過去の膨大なデータを用いた徹底的な検証実験を行い、グラマー株（高価格の、アナリストが好きな株式）はバリュー株（低価格の、アナリストから軽蔑される株式）よりも標準偏差が高く、これがグラマー株のアンダーパフォーマンスの主因であることを明らかにした。

また、トゥイーディー・ブラウン社は、最悪の25か月と88か月の期間における株価のパフォーマンスを、安さのデシル（十分位数）で測定する（フリーキャッシュフローに対する価格で算出）することによって、バリュー株が困難な時期にもよく機能することを実証している。表5に示すように、市場の混乱期には、割安な株式の損失が少なくなる傾向が強く見られる。この傾向に反しているのは、最も安価なデシルの株式（理由があって割安になっている可能性が高い）

の低パフォーマンスのみである。

また、バリュー株は一般的に損失が少ないだけでなく、壊滅的な損失（一般的なボラティリティよりもはるかに大きなダメージを与え得る）が少ない傾向があった。

ウェスリー・グレイ博士は著書『Quantitative Value（定量的な価値）』（未訳）でこう指摘している。

「グラマー株はバリュー株の3倍以上の頻度で価値が半減していた。50%以上下落したグラマー株は全体の7%だったが、バリュー株は約2%だった[155]」。

ラコニショク、ビシュニー、シュライファーはその独創的な論文『Contrarian Investment, Extrapolation, and Risk（逆張り投資、外挿、リスク）』のなかで次のように述べている。

「（中略）バリュー戦略のリターンが高いのは、これらの戦略が典型的な投資家のミスを利用するからであり、これらの戦略のリスクが根本的に高いからではない[156]」。

医学生が、医学を学ぶ際に「ヒポクラテスの誓い」の宣誓を求められるのはよく知られている。この誓いは、主に無危害と慈恵という2つの概念を中心とする倫理基準を守ることへの約束である。無危害、すなわち「何よりも、危害を加えてはならない」という教えは、この誓いでの重要な禁止事項であり、医師は医療行為が患者に害になったり、予期せぬリスクをもたらしたりする可能性があることを考慮しなければならないことを意味している。医師にとっては慈恵（善行）を考慮するほうが自然であるが、リスク管理はさらに重要なのである。同様に、投資家にとって何よりも大切な仕事はリスク管理であり、そして適正な価格を支払うことがそのための最善策なのである。

しかし、バリュー株の購入は単なる地味なリスク管理手法ではない。バリュー株は数十年にわたって、産業や大陸を超えて収益を増加させることが示されている。この点についてこれから説明しよう。

株式の価値を見極めるには

株式の価値を測定する方法には、株価売上倍率、株価収益率、株価純資産倍率、株価フリーキャッシュフロー倍率など、様々なものがある。これらの指標には長所と短所があるが、いずれも根本的な真実を示している。それは、バリュー株が長期間にわたってグラマー株をアウトパフォームしてきたということだ。ジェームス・モンティアは、「スター株」（すなわち、歴史的にも予測的にも成長が優れているとされる銘柄）がバリュー株を年率6％近くアウトパフォームしていることを明らかにした。[157] 行動経済学者のメイア・スタットマンも、批評家がバリュー株のパフォーマンスを批判するために用いる変数、たとえばサイズ、スタイル、モメンタムなどを考慮しても、「軽蔑されている」バリュー株の銘柄がグラマー株をアウトパフォームすることを発見している。

ラコニショク、ビシュニー、シュライファーは前述の論文『逆張り投資、外挿、リスク』のなかで、株価純資産倍率がリターンに及ぼす影響を調べた。その結果、株価純資産倍率が低い銘柄（つまり、バリュー株）が株価純資産倍率の高いグラマー銘柄を1年で73％、3年で90％、5年で100％アウトパフォームしていたことを明らかにした[158]。彼らはこの研究結果に確信を抱き、この原則に基づいて投資会社を設立し、大きな成功を収めている。

エール大学のロジャー・イボットソン教授は、『Decile Portfolios of the NYSE, 1967–1985（1967―1985年におけるニューヨーク証券取引所のデシル・ポートフォリオ）』と題した論文で、株価収益率に応じて株式をデシル（十分位数）でランク付けし、1967年から1985年までのパフォーマンスを測定した。その結果、同期間において、最も安価なデシルの銘柄が最も高価なデシルの銘柄を600％以上、「平均的な」デシルの銘柄を200％以上アウトパフォームしていたことがわかった[159]。

また同様の研究で、ユージン・ファマとケネス・フレンチは、1963年から1990年までのすべての非金融銘柄を調査し、株価純資産倍率に基づいてデシルに分割した。調査対象の期間中、最も安価な銘柄は最も高価な銘柄のほぼ3倍のリターンを示していた[160]。

ジェームズ・オショーネシーの優れた著作『ウォール街で勝つ法則』（パンローリング）では、様々なバリュー要素を徹底的に検証した研究が行われている。オショーネシーは1963年から2009年末を対象に、株式をデシルに分けてリターンを観察するという、今ではお馴染みとなった手法を用いた。その結果は、バリュー投資の有効性と、年率リターンのわずかな改善によって、複利の力で資産を大幅に成長させられることを示している。株価収益率（PER）に注目すると、株価収益率に対して最も安いデシルの銘柄は1万ドルが1020万2345ドルになり、年率16・25％の複利収益率を達成していた。これに対し、同期間のインデックス・リターンは11・22％で、同じ1万ドルがわずか132万9513ドルにしかならない。安い株を買えば、大きなリターンを得るには多くのリスクが必要だという効率的市場仮説に反して、資産を900万ドルも多く増やせて、ボラティリティも低くてすんだのである[161]。

では、最も割高なデシルの銘柄、つまり最もグラマーな銘柄の場合はどうだったのだろう？　株価収益率が最も高いデシルの場合、2009年までに1万ドルは11万8820ドルになっていた。つまりインデックスより100万ドル以上少なく、「軽蔑された」銘柄を購入するより1000万ドル少なかった。これらの数値はウォーレン・バフェットの次の言葉の正しさを見事に物語っている。

「株式市場では、陽気なコンセンサスを得るために非常に高い代償が支払われる。実際には不確実性こそが、長期的価値の買い手の味方なのである[162]」。

オショーネシーによる他のバリュー変数の検証も、同様に印象的な結果をもたらしている。EV／EBITDA倍率によって評価した最安値の銘柄は、ローリング期間において全株価指数を100％アウトパフォームし、181％もの大差をつけている。同尺度で最も割高な銘柄は、なんと米国短期国債をアンダーパフォームしていた。株価フリーキャッシュフロー倍率（P／FCF）で測定した割安な銘柄も、同様に例外的な結果を示した。

最も割安なデシルのP／FCF株は、1963年後半に1万ドルだったものが2009年後半には1000万ドルを超え、同時期に130万ドルだったインデックス・リターンを大きく上回っている。パフォーマンスも一貫しており、割安なP／FCF銘柄は10年のローリング期間で100％、5年のローリング期間で91％、インデックスを上回っている。[163] さらに例を挙げることもできるが、もう私の主張に確かな裏付けがあることは十分に証明できたのではないかと思う。バリュー株は、ボラティリティが低く、驚くべき一貫性によって、大きなリターンをもたらす傾向があるのだ。欠点はあるのだろうか？

利益を生む痛み

バリュー投資がこれほど素晴らしいのなら、なぜバリュー原則に従っているファンドは全体の10％にも満たないのか？[164] テクノロジーブームが最高潮に達していた1997年後半に、最も高価なデシルの「ストーリー銘柄」に投資した人は、2000年前半にはその資金を倍以上に増やせた。この種の巨大な複利効果は主にグロース株の範囲であり、グロース株はその定義上、バリュー株よりもはるかにその傾向が強い。バリュー投資は時間の経過とともに豊かになっていくが、グロース投資は一夜にして豊かになれる。

だが前述のように、この世の中において「これもまた過ぎ去る」ことほど真理を表す言葉はない。先の架空の投資家にわずか2年余りで大金をもたらしたのと同じストーリー銘柄は、その資産を同じくらい急速に破壊し得る。2000年2月から2009年2月の間に、この最も高いデシルの銘柄は82％下落したことになる。グラマー投資は短期的な上昇をもたらすが、短期間で大きなリターンを得ることと大きな損失を出すことは、表裏一体なのである。

研究結果は、バリュー投資は時間、大陸、産業を超えて有効であることを示している[165]。また、投資の変則性（アノマリー）のなかには一過性のものや些細なものもあるが、私は、「バリュー投資は人間心理にうまく作用するものであることから、予見可能な将来において長期投資家に役立つものである」と大胆に言える。私がバリュー投資に賭けるのは、スポーツジムが2月よりも1月のほうが混雑していることに賭けるのと同じ理由だ〔訳注／1月は、新年に「今年は運動する」と誓って入会する人が多くなる〕。つまり人間にとって、物事を長期的に継続させるのは難しいことなのだ。

バリュー投資では、「価格が高いほど品質も良い」という私たちの根本的な考えを克服する必要がある。バリュー投資は、リターンを長期的に一貫して得るために、短期的に富を得るという魅惑的な機会を犠牲にしなければならない。バリュー投資家であるためには、グラマー銘柄を取り巻くポジティブな話を無視し、鼻をつまんで、一般的に見通しが悪いとされている軽蔑された銘柄を買う必要がある。これらの条件は、ほとんどの人にとっての自然な考えと真っ向から反するものである。だからこそ、バリュー投資には価値があるのだ。「マジック・フォーミュラ」で有名なジョエル・グリーンブラットは、バリュー投資の力に魔法はないと言う。それは、悪いニュースでも傷つけられないほど期待値が低い銘柄に投資するだけなのだ。何よりもまず価格を考慮するということは、成長予測という砂上の楼閣ではなく、現実という岩盤に基づいて投資をしていくということなのである。

グラマー投資は、未来は知り得るものだと仮定する。だが、ここまで見てきたように、それは違う。バリュー投資は提示された現実を扱い、上昇するものは下降する傾向があり、その逆も然りであるということ以外、将来を評価しない。人は、良いストーリーを伴う高価な株を買い、安価な株を見送るような生得的傾向を持っている。バリュー投資では、こうした人間の自然な性向を否定し、痛みを感じることをしなければならない。だがこうした痛みを伴うからこそ、良い報酬を得られるのだ。

次のステップ

考えよう――「うまく買えば、もう半分成功したようなもの」

自問しよう――「この株価で、この企業を買収したいと思うだろうか?」

実行しよう――高価な株式はシステム的に回避する。そう、常に。

▼2．プロパティ（Property）――質で買う

1983年2月6日、デビッド・クックはテキサス州ダラスにレンタルビデオショップ「ブロックバスター・ビデオ」の1号店をオープンした。

クックは大規模データベースの管理に関する自らの専門知識を活かし、各店舗に地域のユーザーの嗜好を反映した品ぞろえを可能にするシステムを構築した。こうしたマス・カスタマイゼーションの強みによって、ブロックバスターは大人気となり、革新的企業を代表する存在になった。1987年、新たな道を切り開きながら成長を続けていた同社は、任天堂を提訴し、ビデオゲームレンタルの扉を開いた。[166] 世紀の変わり目には、巨大企業となったブロックバスターは、新興企業のＮｅｔｆｌｉｘを5000万ドルで買収する機会を与えられた。だがある会議で、この創業間もない会社の買収を見送った。あるＮｅｔｆｌｉｘの共同創業者は「彼らは私たちを鼻で笑ってオフィスから追い払った」と回想している。[167]

その年の後半、ブロックバスターは別の方向に進み、よりによってエンロン・ブロードバンド・サービス社と契約した。現在、Ｎｅｔｆｌｉｘ社の時価総額は330億ドル近くに達している。エンロンがその後どうなったかは、誰もが知るところである。2000年代前半、変化

するデジタル市場のなかで、ブロックバスターは立ち位置が定まらない状況が続き、同社の株価はジェットコースターのように乱高下した。２０１２年第2四半期の初めから２０１２年第4四半期の終わりにかけてブロックバスターの株価は半減し、15ドル以下で取引を終えた。前のセクションで述べた「価格」の多くの指標からすると、同社の株は魅力的なお買い得品になった。しかし、価格だけを見て投資をすれば、その単一的な次元性に代償を支払うことになっただろう。その5年後、同社の株価は5ドルをわずかに下回る程度まで下落し、10年後には倒産してこの世からなくなっていた。イノベーションに基づいて設立され、成長した偉大な米国のブランドは、まさにイノベーションの欠如のために消滅したのだ。

この話は、企業の質をよく考慮せずに株価だけを見ていると、それが割高なのか割安なのかは決してわからないということを物語っている。「市場参加者は完全に合理的ではない」と認めることは、「市場参加者は完全に非合理的である」と示唆することとは、まったく別の話なのだ。多くの場合、ある銘柄が安いのは、実際にそれが良くないからである。実際、ジョセフ・ピオトロスキーによれば、バリュー株（株価純資産倍率で測定）は全体としては市場をアウトパフォームしているにもかかわらず、1年および2年の間隔で見たときに、そのうちの57%がアンダーパフォームしていた。バリュー戦略がアウトパフォームするのは、市場参加者による割安株についての判断の大部分が正しかった（実際に、安いなりの価値しかなかった）にもかかわらず、少数のバリュー戦略が大規模なポジティブ・パフォーマンスを示すからである。

価格だけでなく質も考慮してバリュー銘柄を選別すれば、適正な価格で買うことで得られるメリットを享受できるだけでなく、アンダーパフォームしそうな銘柄を外すこともできる。ルールベースの行動科学的ファイナンスの実践者は、価格は常にクオリティとの比較で考慮すべきであることを理解し、お買い得であるだけでなく、優れた企業を探し求める。

ウォーレン・バフェットのメンターであるベンジャミン・グレアムは、バフェットが言うところの「シケモク投資」の実践者であった。グレアムは、その企業が最終的に倒産するとしても、拾った吸殻で最後の一服をするのを望んでいた。グレアムが提唱した「ネットネット株投資法」とは、企業の価値を正味の流動資産だけで評価する投資手法である。グレアムは、清算価値以下で株を購入して、たとえその企業が最終的に（タバコの吸殻のように）捨てられても、その不幸から利益を得ようとしたのだ。

バフェットはこのような正味価値を求めてキャリアをスタートさせたものの、グレアムが大恐慌時に投資していたときよりも、正味価値を見出すのが難しくなっていると気づいた。バフェットはほどなくしてチャーリー・マンガーとコンビを組んだ。マンガーは、「並の企業を安値で買うより、優良企業を適正な価格で買うほうがはるかに良い」というバフェットの投資人生で最も重要な教訓を教えてくれた。[168] 前のセクションでは、適正な価格を支払うことについて論じた。次に、優良企業を見つける方法を探っていこう。

シケモクを超えて

適正な価格と優良企業の組み合わせは、将来の不確実性に目を向けているために、ルールベースの行動科学的投資手法の特徴となる。市場や選択した銘柄が将来どうなるかはわからない。だから、価格と質の両面で余裕を持って購入するのが最善策になる。投資用語で言えば、それは先の見えない明日に備えるための「堀」を探すことだ。作家のローアン・ロフトンは、このことを見事に表現している。

「おとぎ話に出てくるような、長髪の可愛い女の子を飢えたドラゴンや好色な王子から守ってくれる、城の周りの堀を思い浮かべてみよう。ビジネスの世界では、堀は企業とその収益を生み出す可能性を、飢えた好色な企業から守る。それは企業を他の何かから隔てることで、競争相手の優位に立ち、結果として長期間、高い利益をもたらすものなのである[169]」

これは直感的に理解できる考えだが（誰が、質の悪い企業の株を買いたいと思うだろう?）、クオリティを正確に説明しつつ、将来の収益向上を予測する差別化要因を探すのは簡単ではない。投資家が企業の質を評価する際に犯しがちな間違いは、その企業が提供する商品やサービスが私たちの生活に重要な貢献をするかどうかで銘柄を選ぼうとすることであるが、それは健全な投資先の選択とはまったく別のことだ。投資が難しいのは、悪い投資は「革命的な産業は革命的な富をもたらす」といった中途半端な真実から始まることが多いためだ。

飛行機のケースを考えてみよう。飛行機が長距離を安く、早く飛べるようになったことほど、私たちの生活やビジネスのあり方に大きな影響を及ぼしたテクノロジーの進化もないだろう。全米航空管制官協会によれば、フライトの数は米国だけでも1日に8万7000便以上に達する。にもかかわらず、この驚異的で、人々の生活を変えたテクノロジーに投資することは、ほぼ常に、悪いアイデアであった。航空マニアで、航空会社の銘柄に悲惨な投資をしたこともあるウォーレン・バフェットは、英国のテレグラフ紙のインタビューで、このことを非常に鮮やかに表現している。

「1900年代初頭にキティホーク〔訳注／米国ノースカロライナ州デア郡の町。ライト兄弟が有人動力飛行を成功させたことで知られる〕にいた資本家は、オーヴィル・ライトを拳銃で撃つべきだっただろう。そうすれば、彼は子孫の資産を守れたはずだ。真面目な話、航空会社のビジネスは実にとんでもない。過去1世紀にわたり、他のどんな産業とも比べ物にならないほど資本を食いつぶしてきた。人々は、絶えずこの業界に新しい資本を投入し続けているように見える。莫大な固定費があり、強力な労働組合があり、コモディティ価格という問題もある。これらは成功にとっての障壁になる。私は今、航空会社の株を買いたい衝動に駆られた時に電話で相談に乗ってくれる無料通話の（「８００」から始まる）番号を知っている。その番号に午前2時に電話して、「私の名前はウォーレンで、航空マニアだ」と言うと、相手は私を説得してくれるんだ〔170〕」

空の旅と同じように、インターネットも私たちの生活に革命をもたらしたが、それに見合うだけの投資リターンをもたらしてはいない。現在では毎分2億４００万件も送信されている電子メールは、人々のコミュニケーションの方法を根本から変えた。人類をつなぐことを目標とするフェイスブックのユーザー数は、10億人を突破した。毎分37万以上のツイートが投稿されているツイッター〔訳注／現X〕には、２０１3年には偽ツイートによって１３００億ドルの価値が株式市場から消えたほど強力な影響力がある。

インターネットが大成功したのは間違いないが、以前の航空機と同様、インターネット株は投資家に社会的影響と投資の質を混同させることが多かった。

書籍『ウォール街のランダム・ウォーカー』（日本経済新聞出版社）には、インターネット・バブルの時代にいかに利益が薄れていったかが書かれている。

「勇敢で新しいインターネットの世界では、なぜか売上や収益、利益は関係なかった。インターネット企業を評価するために、アナリストは代わりにウェブページの閲覧数やウェブサイトの訪問者数に注目した。特に重要なのは、ウェブサイトに3分以上滞在した「熱心な買い物客（エンゲージド・ショッパー）」の数だった。証券アナリストのメアリー・ミーカーは「Drugstore.com」を絶賛したが、それは同サイトの閲覧者の48％が「熱心な買い物客」だったからだった。その熱心な買い物客が実際に買い物をするかどうかは、誰も気にしていなかった。Drugstore.comは2000年のバブル最盛期に67・50ドルを記録したが、その1年後、人々が利益に目を向け始めたとき、同社の株は大幅に下落していた」

経済学者のバートン・マルキールも、「投資の鍵は、ある産業が社会にどれだけ影響を与えるか、あるいはどれだけ成長するかではなく、それがどれだけ利益を上げ、維持できるかに注目することある[17]」と述べている。

利益率は利益になる？

革命的な新しいアイデアに期待しても富を築けないのであれば、競争上の優位性を示す、利益率のような基礎的な指標に目を向けるべきかもしれない。結局のところ、大きな利益率は「堀」の実質的な証拠だと思われ、破壊的な変革をもたらす新興企業を評価するために使われる非金融的な指標に目を向けるよりも理にかなっている。

ジェームズ・オショーネシーは、利益率で上位10％の銘柄に投資した場合と、単純に全世界株式を購入した場合の結果を比較した。１９６３年の12月31日から毎年、利益率上位10％の銘柄に１万ドルを投資したとすると、２００９年後半には資産額は91万１１７９ドルとなり、年率10・31％の複利リターンを得たことになる。これはかなりのリターンに思えるが、全世界株式を買っていた場合のリターンと比べるとその印象は変わるだろう。

この指数に投資していた場合、年率11・22％の複利リターンが得られ、最終的な資産額は１３２万９５１３ドルになる。頭を働かせて利益率の高い株に投資したつもりが、40万ドル以上の損失を出すことになるというわけだ。この結果は、収益性の低いシケモク株が、収益性の高い銘柄群を年間リターンで２・４％上回るというトゥイーディー・ブラウン社の調査結果を裏付けるものだ。

これはどういうことだろうか。もしトレンドを予測すると利益が減り、利益率に注目するとアンダーパフォームする傾向があるのならば、私たちはどうすればクオリティを求められるのだろう？　投資における多くの事柄と同様、利益の大きさが銘柄のクオリティの証拠にならないことには、人間心理が関わっている。

ここで、これまで説明してきた投資行動についての議論、特に「過剰なものは永久には続かない」という考えにもう一度目を向けてみよう。現実を未来に投影し続けようとするのは人間の性である。たとえば今日、嫌な日を過ごしたら、良い日は二度と訪れないように感じられるかもしれない。同様に私たちは、その逆である場合も十分に起こり得るのに、現在の企業の状態が永遠に続くと考えてしまう。企業の利益率が高いと、競合他社の参入を誘発し、結果的に利益率は縮小しやすくなってしまう。さらに、平均回復の作用も働いている。企業の質を判断しようとする際には、突出したリーダーの後には凡庸な後継者が続く傾向があり、業績が好調な時期には、あまり印象的でない将来の種が蒔かれやすいということを覚えておこう。詩人のロバート・フロストは次のように述べている。

「自然の最初の緑は金色、留めるのが最も難しい色。
葉は花となって咲くが、それはいっときのこと。
やがて落ち葉になり散る。エデンの園も悲しみに沈み、
夜明けも昼に落ちぶれる。黄金の輝きは永遠には続かない」

この章で紹介してきた逸話は、投資がいかに難しいかを示しており、体系的なアプローチの必要性を強調するものだ（エビデンスベースの投資には、正直に言って論理的に意味をなさない部分がある）。ジェームズ・オショーネシーはこう述べている。

「直感的には、収益が多く利益率の高い企業の株が良い投資先であると思える。しかし、長期データはそうではないことを示している。なぜなら、投資が成功するかどうかは、将来の見通

しは良いが、現在は投資家から期待されていない株を買うことにかかっているからである」。

つまり、将来的には期待できるが、大勢の投資家からは嫌われている銘柄を探さなければならないということだ。ある銘柄が嫌われているかどうかを見分けるのはそれほど難しくはない。株価と、適切な価値基準との関係は、投資家が将来のリターンをどれくらい期待しているかをよく表すものさしになる。価格が低いほど、その銘柄は嫌われていることになる。将来的に上向きになる可能性を評価するのはそれよりも難しいが、手がかりはある。

ジェイソン・ツヴァイクは、ベンジャミン・グレアムの名著『賢明なる投資家』（パンローリング）の解説のなかで、こうしたヒントをいくつか示している。

「企業の堀を広げる力には様々なものがある。強力なブランド・アイデンティティ（ハーレーダビッドソン社がその典型だ。消費者は身体に同社のロゴをタトゥーとして入れている）、市場の独占または独占に近い状態、規模の経済――または大量の商品やサービスを安価に供給する能力（ジレット社はカミソリの刃を10億個も量産できる）、独自の無形資産（コカ・コーラ社のフレーバーシロップの秘密の調合法には実際には特別な物理的価値はないが、消費者の心をつかんで離さない）、代替に対する抵抗力（たとえば大多数の企業にとって電気を使う以外の選択肢がないため、電力会社がすぐに置き換えられることはないと予想できる）などだ[172]」

こうした特徴を備え、かつ割安に売られている企業を見つけたら、それは行動科学的な投資手法の特徴である、重要な「堀」を発見したと考えられる。

ヒツジとヤギ

バリューとクオリティの世界で過小評価されている英雄、会計学者のジョセフ・ピオトロスキーは、会計の尺度を用いて良いものと悪いものを区別できるかどうかを探るために、バリュー投資に革命を起こすシンプルな指標を作成した。彼はこう述べている。

「その（バリュー）戦略の成功は、少数の企業の堅調な業績に依存する一方で、多くの企業の不振を容認している。私の調査によれば、ポートフォリオ形成後2年間にプラスの市場調整後リターンを得られる高BM（つまり安価な）企業は、全体の44％未満である。こうしたポートフォリオで実現される多様な結果を考えると、投資家は事前に、最終的に強い企業と弱い企業を区別しておくことで利益を得られるだろう。この論文では、財務諸表に基づくシンプルなヒューリスティックをこれらの好ましくない銘柄に適用した場合、強い見通しの企業と弱い見通しの企業を区別できるかどうかについて考察する[173]」

簡単に言うと、それなりの理由があって安くなっている銘柄と、心理的な理由によって安くなっている優良企業をどう見分ければいいのか、ということだ。

ピオトロスキー教授は、後に「ピオトロスキーFスコア」と呼ばれるようになった、９つのクオリティ指標に注目した。Fスコアは、収益性やレバレッジ、営業効率を考慮して、現在、当該の企業がしっかりとした財務基盤を持っているか、そして何より良い方向に向かっているかどうかを判断するというものだ。Fスコアでは、各指標でポジティブに評価されると１ポイントが与えられ、最大９ポイントとなる。９つの指標は以下の通りである。

1. **営業利益**――営業利益はプラスか？
2. **営業キャッシュフロー**――前年度比の営業キャッシュフローはプラスか？
3. **総資産利益率（ROA）**――ROAは前年比で改善されているか？
4. **収益のクオリティ**――前年度の営業利益率はROAを超えているか？
5. **長期債務と資産**――長期債務は資産と比較して減少しているか？
6. **流動比率**――運転資本は増えているか？
7. **発行済み株式数**――前年に株式の希薄化はあったか？
8. **粗利益率**――利益率は前年比で増加しているか？
9. **資産回転率**――売上高は資産価値と比較して増加しているか？

各指標の意味を詳しく理解していなくても、ピオトロスキーFスコアの全般的な有用性からメリットは得られる。ピオトロスキーは、負債を管理し、株主に優しく、効率的に運営されている収益性の高い企業が、スコアの低い同業他社をアウトパフォームするかどうかを検証しようとし、それが正しいことを裏付けた。彼は著書『Value Investing: The Use of Historical Financial Statement Information to Separate Winners from Losers（バリュー投資：過去の財務諸表情報に基づき勝者と敗者を分ける）』（未訳）のなかで、Fスコアが最も高い企業（スコア8または9）を買い、Fスコアが最も低い株式（スコア0から2）を売るポートフォリオは、1976年から1996年のあいだに年率23％のリターンが得られていたことを示した。[174]この結果は、安い銘柄を買うのも良いが、クオリティの高い安い銘柄を買うのはそれよりもはるかに良いことを示唆している。

ジョエル・グリーンブラットもまた、優良企業を適正価格で買いというバフェット＝マンガーのアプローチを体系化しようと試み、その名を知られるようになった伝説的な投資家である。グリーンブラットは1985年に「ジャンクボンドの帝王」と呼ばれるマイケル・ミルケンの出資を中心としたわずか700万ドルの資本金で投資会社ゴッサム・キャピタルを設立した。[175]グリーンブラットはその後の21年間、ウォール街の歴史のなかでも際立って印象的な実績を残し、投資家の資産を年率34％で複利運用して、自らも億万長者になった。[176]しかし、超富裕層になるまでのあいだに面白いことが起こった。グリーンブラットは、たった2つの変数を見るだけで、自身の複雑なヘッジファンドと同等のパフォーマンスを市場から引き出せることに気づいたのだ。

グリーンブラットはバリュー投資をできるだけ単純化しようとし、価格を表す変数とクオリティを表す変数を1つずつ使うだけで、「投資家が、平均以上の企業グループを購入できるよう設計された、長期的な投資戦略」を構築することに取り組んだ。彼はバリューの尺度には益回り（earnings yield／基本的には株価収益率の逆数）、クオリティの尺度には資本利益率（Return On Capital／ＲＯＣ）を選んだ。このマジック・フォーミュラは単純すぎるように思えるかもしれないが、結果は決して退屈なものではなかった。オリジナルのマジック・フォーミュラは時価総額５０００万ドル以上の企業を対象にしており、表6に示すように、驚くべきバックテスト〔訳注／過去のデータを用いたシミュレーション〕結果が得られた。

マジック・フォーミュラは、大企業（時価総額10億ドル超）に適用した場合でも、１９８８年から２００９年までに年率19・7％のリターンをもたらすことになる――しかもこの期間には、極めて激しいボラティリティが含まれている。グリーンブラットはこれをマジック・フォーミュラ（魔法の公式）と呼んでいるが、実はこのアプローチに魔法はない。彼は単に、バリューとクオリティを組み合わせるという、直感的だが十分には活用されていない方法を採用しただけであり、結果がそのことを如実に物語っている。ピオトロスキーの指標と同様、グリー

表6　グリーンブラットのマジック・フォーミュラと、S&P500のパフォーマンスの比較（1988～2004年[177]）

	マジック・フォーミュラ パフォーマンス（%）	S&P500 パフォーマンス（%）
1988年	27.1	16.6
1989年	44.6	31.7
1990年	1.7	−3.1
1991年	70.6	30.5
1992年	32.4	7.6
1993年	17.2	10.0
1994年	22	1.3
1995年	34	19.6
1996年	17.3	23
1997年	40.4	33.4
1998年	25.5	28.6
1999年	53	21
2000年	7.9	−9.1
2001年	69.6	−11.9
2002年	−4	−22.1
2003年	79.9	−28.7
2004年	19.3	10.9

ンブラットの指標が効果的なのは、対象の企業がリソースを賢く使っているかどうかを把握できる点にある――そう、これこそがカギなのだ。リソースを賢く管理している企業を安く買うことは、ほぼ常に投資家にとって良いことになる。

人生にもビジネスにも、厳しい時期は必ず訪れる。それは、「来るかどうか」ではなく、「いつ来るか」の問題だ。ウォーレン・バフェットはこの点についても見事な言葉を残している。「私は、愚かな人間でも経営できるほど優れたビジネスモデルを採用している企業の株を買うようにしている――なぜなら、遅かれ早かれ実際にそうなるからだ」。厳しい時期が訪れる原因が、愚かな経営者によるものであれ、景気の低迷によるものであれ、規制の変更によるものであれ、それに対処するためのアドバイスは同じである――大切なのは、クオリティだ。厳しい時期は避けられないが、復活はそうではない。クオリティに注目することは、いつの日か市場が再びあなたの株に好意を抱くことを保証する最良の手段なのである。

適正な価格で買うことが、あまり知られていないリスク管理の手段であるように、買う銘柄のクオリティを評価することも、同じ機能を果たす。ブランド・エクイティ、資本利益率、営業効率など、どのような指標に注目しても、長期的に保有する価値のある企業の株を買ったと、ある程度の自信を持って言えるはずである。ベン・グレアムはかつてこう言った。

「市場は、短期的に見れば人気投票の場にすぎないが、長期的に見れば、企業の価値を測る計測器として機能する」。価格は、その時点で市場があなたの株にどのような票を投じているかを教えてくれる。クオリティは、最終的にその株がどのように評価されるかを示す最良のガイドになるのである。

次のステップ

考えよう――「クオリティは時間の経過とともに認識される」
自問しよう――「この銘柄は独自のルールをつくれるか？」
実行しよう――クオリティのためにもう少しお金を払う準備をする。

▼3．落とし穴（Pitfall）―リスク

「あれは詐欺だ。株式市場の連中はいかさま師だ」
――アル・カポネ（米国の禁酒法時代に暗躍したマフィアのボス）

親愛なる読者へ――まだお目にかかったことはないが、私はあなたのことをよく知っているような気がする――あなたの性格について、ある程度推測できるほどに。試してみよう。以下の描写は、あなたにどれくらい当てはまるだろうか？

「私は、他人からはしっかりしているように見られがちだが、内心では心配性で不安を感じることが多い。他人から褒められたいと思っていて、物事を判断するときにはそのことを考える。まだ大きなことは成し遂げていないかもしれないが、いつかその日が来るような気がする。自分にはまだ手付かずの可能性がたくさん眠っているように感じる。独自の考えを持っていて、アイデアを受け入れる前にはよく検討する。ある程度の変化や多様性を好み、制約や制限に縛られるのを嫌う。自分が完璧ではないのはわかっているが、弱点を補うために自分の個性を活かせる」。

どうだっただろうか？　1から5までの尺度で、5が最も当てはまるとしたら、どれくらい正確にあなたの性格が描写されていただろうか？　たいていの人は、この文章を読んで、「4」か「5」と評価する。あなたもそうだったのではないだろうか。なぜ、会ったこともないのに、自分のことをこんなによく知っているのかと戸惑うかもしれない。

これは、「バーナム効果」〔訳注／あるいはフォーチュン・クッキー効果〕と呼ばれる、偉大なエンターテイナーでありサーカス王であるP・T・バーナムにちなんで名付けられた現象だ。

バーナムは「世の中には、1分ごとにカモが生まれている」とうそぶき、人を騙す方法についての知識を駆使して大勢から金をむしり取ったことで有名だ。バーナムの人を騙す方法についての理解は、サーカスという特殊な環境下で生まれたものだが、専門教育を受けた多くの学者のそれを凌駕している。バーナムは、心理学者が「確証バイアス」と呼ぶもの、すなわち、人にはすでに持っているアイデアを補強する情報を探そうとする傾向があることを理解していた。

私たちがフィードバックを受け取るとき、確証バイアスという現象を構成する2つのダイナミクスが同時に発生する。1つ目は自己検証で、これは既存の考えを強化する傾向である。2つ目は自己高揚で、自分を心地よくさせる情報に目を向けようとする傾向である。この2つのダイナミクスの機能は明らかで、それは自尊心と自信を保とうとすることだ。一般に、これは良いことである——そもそも、自分に満足したくない人などいるだろうか?

だがこれらのダイナミクスは、信念や自尊心が脅かされたときなどに、過剰に作用してしまう場合が多い。私たちは確証バイアスのために、不確実な情報に直面しても現状を維持しようとしたり、自分に関する現実的で否定的なフィードバックから目を背けようとしたりしてしまうのだ。自分は有能であると信じたいばかりに、警告を無視して将来を過度に楽観視しようとする。良いことではないかと思う人もいるかもしれないが、これは投資生活にどう影響するだろう? それは、効率的市場仮説の理論家が長いあいだ主張してきた合理的なホモ・エコノミクス(経済人)とは程遠い。確証バイアスの傾向は、ファイナンスの意思決定の際にも、人生の他の側面と同じくらい顕著に表れる。ファイナンスの意思決定は重要度と不確実性が高いため、こうした誤った考えに陥る可能性もさらに高くなる。

私たちは何らかのメカニズムを通じて、金融市場がどう機能しているかについての意見を形成してきた。同様に、長い時間をかけて資産のポートフォリオを形成してきた。そのなかには、他よりも大切にしているものがある（たとえば、亡くなったバーサおばさんから、絶対に手放さないでと言い残されたGE社の株）。これらの各資産には、それが資産として良いものであるか悪いものであるかを示す様々な指標がある。しかし私たちは、自分は有能であるという考えを保ちたい（バーサおばさんの知恵の言葉も守りたい）ために、自分に都合の良い指標だけに目を向けようとしがちになる。

ルールベースの行動科学的ファイナンスの実践者の特徴は、真実の科学者になれることである。自分の仮説の正しさを補強する情報だけでなく、それを覆す情報も探そうとする。「なぜこれが良い投資になるかもしれないのか？」は良い質問だが、「なぜ私は間違っているかもしれないのか？」のほうがはるかに優れた質問であることを理解しているのだ。

ある銘柄のクオリティが高い可能性を示すのが「プロパティ（特性）」であるならば、「ピットフォール（落とし穴）」への注目は、その銘柄のクオリティが低くないと確認し、リスクを管理することだ。ウォーレン・バフェットはこう述べている。

「投資家は、大きな間違いをしない限り、正しいことをする必要はほとんどない」。

しかし、これから紹介するストーリーで見るように、人間にとって、ある投資が良いアイデアであるかもしれないと思うことは、リスクを深く考慮するよりもはるかに自然なことなのだ。あなたの頭上の天井には、誰かが書いた「人は騙されやすい」という言葉が記されているかもしれない。

心理学者のスティーブン・グリーンスパンの著書『Annals of Gullibility: Why We Get Duped and How to Avoid It（騙されやすさの歴史：人が騙される理由とその回避方法）』（未訳）には、トロイの木馬や、イラクでの大量破壊兵器の発見の失敗、常温核融合を取り巻く悪い科学など、人の騙されやすさが顕在化した有名な事例が概説されている。同書は逸話を中心にして書かれているが、最終章では騙されやすさの構造の解明に取り組み、それは以下の要因の組み合わせによるとしている。

・**社会的圧力**——詐欺は、同じような宗教的背景を持つ人々など、「親しみを覚えやすい集団」の内部で行われることが多い。
・**認知**——騙されるということは、ある程度、知識や論理的な思考が欠如していることを表している（ただし、必ずしも知性の欠如ではない）。
・**性格**——思い込みが激しく、「ノー」と言えない性格の人は、利用されやすい。
・**感情**——何らかの感情的報酬（簡単にお金を稼げるというスリル）を期待することは、騙されるきっかけになりやすい。

スティーブン・グリーンスパンは、このあまり研究されていない分野をテーマにして同書を書いた。彼は、騙されやすさの研究に関する第一人者と呼べる存在だ。だからこそ、そのグリーンスパンが悪名高い詐欺師バーニー・マドフに資産の3割を騙し取られたという事実には驚かされる。

グリーンスパンは自身の騙されやすさについて率直に語った文章を、ウォールストリート・ジャーナル紙に寄稿している。

「私がライ・ファンドに投資することを決めたのは、金融に対する無知と、その無知を改善しようとしない怠惰さによるものだ。自分に金融の知識がなく、金融に対して怠惰であるという問題から逃れるために、私は金融の知識があるアドバイザーを見つけて、その人の判断とアドバイスを信頼するというヒューリスティック（または精神的省略）を思いついた。このヒューリスティックは過去に効果があったし、今回のケースでもうまくいくはずだと思っていた。

マドフ事件の本当の謎は、私のような世間知らずの個人投資家がなぜこの投資が安全だと考えたかではなく、なぜ金融の専門知識のある人たちまでもが、リスクや警告の兆候に気づかなかったかということだ。これらの金融の専門知識を持っていた人たちには、マドフという船を浮かせるための様々なフィーダーファンドを運営していた、高収入の企業幹部もいた。その理由には、マドフの投資アルゴリズムが（彼の組織の他の側面と同様）厳重に守られた秘密になっていて、詳細を知り得なかったということもある。また、（人が騙されるあらゆるケースがそうであるように）強い感情と自己欺瞞のプロセスが働いていたはずだ。言い換えれば、彼らはこの投資のアイデアをとても気に入っていたので、すべてが崩壊するかもしれないという考えを受け入れられなかったのだ[178]」

グリーンスパンは、この件での自身の判断と動機を客観的に分析している。彼は、過去にうまくいった近道（「他人に考えてもらう」）に頼り、今回はうまくいかないかもしれない可能性を考えなかったことを認めている。同様に、この事件で騙された多くの金融の専門家たちも、自分たちを天才のように見せているシステムを批判的に検証することに興味がなかった。フランシス・ベーコンはこうした現象を見事に説明している。

「人間は、一度ある意見を受け入れると、他のあらゆるものをその意見を裏付けるものと見なそうとする。反対側には多数の重要な事例があるにもかかわらず、それらを無視し、軽蔑し、何らかの区別をして脇に置き、拒絶しようとする。このような強引で有害な決めつけによって、以前に導いた結論の権威が揺るがないようにするのだ」。

精神科医のアーヴィン・ヤーロムが、若い恋人たちに2人の関係に欠陥がある可能性について批判的に考えるよう仕向けるのが難しいと感じたように、今まさに金儲けをしている人たちに「なぜ私は間違っているのだろう？」と考えさせるのは、ほとんど不可能なのだ。

「投機は、少量のお金を大量に増やそうとする、おそらくは失敗するであろう試みである。投資は、大量のお金が減らないようにするための、成功すべきものと考えられている試みである[179]」。

作家のフレッド・シュウィードによるこの言葉は、単純だが深遠な概念を示している。つまり、何かが間違っているかもしれないとシステマティックに考えるプロセスこそが、投資と投機を区別するものなのである。では、もしリスク管理が賢明な投資の必須条件であるならば、なぜ私たちはこれを当たり前のように見過ごすのだろう？

第一の理由は、リスクは本質的に目に見えず、未来にしか存在しないため、測定が難しいというものだ。伝説的なマネー・マネージャーのハワード・マークスは、リスクを考慮したポートフォリオ・マネジメントを、耐震性に優れた建築物の建設に喩えている。地面が揺れ始めるまで、誰も、将来のリスクから建物を守るために費やされる労力や資金を評価しない（文句は言うかもしれないが）。マークスはこう述べている。

「〝あなたのためにこんなことを避けました〟と言うより、〝あなたのためにこんなことをしました〟と言うほうが、はるかに何かを売り込みやすい。だが、たとえ事故に遭うとは思っていなくとも、シートベルトとエアバッグが備わった車を買うことは理にかなっていると誰もが思うはずだ。同様に、特に長期投資家にとっては、途中で〝暴落〟が起こるのは事実上間違いないのだから、投資で何かがうまくいかなくなる可能性を考慮するのは、あらゆるパラダイムにおいて賢明なことなのである[180]」。

リスク管理が難しい第二の理由は、実際にはリスクが高いのに、人間心理の欠陥のせいで、主観的にリスクを低いものと見なしてしまうことである。これをハワード・マークスは「リスクの倒錯」と呼んだ。私たちは弱気相場をリスクと考えがちだが、実際には真のリスクは強気相場に蓄積され、弱気相場で顕在化するだけである。好況時には、投資家はリスク資産を買い、波に乗るために見境なく割高な銘柄を手に入れようとする。こうした強気相場の時期には誰もが利益を得ているため、実際にはリスクが膨らんでいるのに、ほとんど気づかれない。ある時点で、株式は割高になる。だがこのリスクは、リスクとボラティリティを直接同一視する業界の多くの人に無視されてしまう。

株価が急上昇する時期には資本市場への関心が高まり、市場全体が幸福感に包まれて、リスクへの認識が薄れる。一方、バリュエーションが上昇することで、将来的にリターンが低下するリスクが高まり、価格は持続できないレベルまで押し上げられていく。ルールベースの投資ではなく、直感に頼って投資をしていると、リスクや安全に対して本来あるべきものとは正反対の感情を抱いてしまうことになる。

リスクは目に見えないかもしれないが、それはリスクから身を守ることができないという意味ではない。「5つのP」の一番目である「価格（Ｐｒｉｃｅ）」で見たように、適正な価格で株を買うことは、高リターンと低リスクを同時に実現させる可能性を高める優れた方法である。

もうひとつの方法は、バークシャー・ハサウェイのチャーリー・マンガーが言う「逆、常に逆」である。マンガーは、本セクションの冒頭で提起した、「なぜ私は間違っているかもしれないのか?」と考えるようアドバイスしているのだ。これは個人として考慮すべき、賞賛に値する作業であるが、自分の考えを真に客観的かつ批判的に検証するのは、人間が様々な認知バイアスに縛られている以上、至難の業だ。そのため私のリスク管理の取り組みでは、「悪魔の代弁者」として、遠慮なく疑問を投げかけてくれる第三者の力を借りることが重要な部分を占めている。異なる意見をぶつけてもらうために料金を払っているファイナンスの専門家（悪魔の代弁者）に、自分の投資手法の問題点を指摘されると、衝動的に反論したくなる。だが私は、相手が主張する自分とは反対の意見への理解を深めるための質問をするよう努める。つまり「なぜそう考えたのか、もう少し詳しく教えてほしい」とは尋ねるが、「君は間違っている、その理由を言わせてくれ!」と言うのは極力避けるようにしているのだ。

平均的な投資家は、アンダーパフォームした銘柄を事後検証して問題点を探り、その教訓を次回に活かそうとする。だが優れた投資家は、期待されるパフォーマンスが何かを事前検証し、それに応じて軌道修正をしていく。トレーダーで心理学者のブレット・スティーンバーガーはこの概念について、「私の勝ちトレードのほとんどは、ネガティブな視点で〝もしも〟のシナリオをリハーサルし、撤退戦略をシミュレーションすることから始まっていた」と述べている[181]。逆に、最悪のトレードはどれくらい利益が得られるかという見積もりから始まっていた。

投資意思決定理論家のマイケル・モーブッシンは、この概念を理論化し、5項目から成るチエックリストを作成している。

1. **代替案を検討する**——意思決定は他の選択肢を考えずに行うべきではない。意思決定が適切かどうかは、他の選択肢との比較によって初めて判断できる。「次善策は何か？」と自問しよう。

2. **反対意見を求める**——他人に、自分の考えの間違いを指摘してもらう。反対意見を拒絶せず、まずは受け入れてみよう。「私の考えはどこでズレているのか？」と自問しよう。

3. **過去の意思決定を記録する**——意思決定を下した理由をその瞬間に書き留めておこう。記録を後で読み返し、明確な思考をしていたかを判断する。「過去の意思決定で失敗した原因は何か？」と自問しよう。

4. **極端に感情的になっているときは、意思決定を避ける**——ストレスや恐怖、貪欲、興奮はリスク認識に影響を及ぼす。意思決定には何らかの感情が伴うが、極端な感情は論理的な思考を鈍らせる。「今は感情的に正しい意思決定ができる状態だろうか？」と自問しよう。

5. **インセンティブを理解する**——金銭的なインセンティブが投資上の意思決定の原動力であるのは間違いないが、他にも考慮すべきインセンティブはある。投資家は、評判やキャリアに関するリスクも大きなモチベーションになっていることを認識すべきである。「私は何を得て、何を失う立場にあるのか？　それが自分の認識にどう影響しているか？」と自問しよう。

一度騙されたら相手の恥、二度騙されたら自分の恥

投資家は、ビジネスや市場、行動などの面でのリスクに加えて、ハイ・ファイナンスの世界に残念ながら確実に存在する悪徳行為のリスクも考慮しなければならない。この倫理観の欠如は、法律の網の目をかいくぐるような狡猾な会計手法から、エンロン社のような完全に腐敗した手法に至るまで、様々な形で投資家の資本を大きなリスクにさらしている。

行動科学的な投資家は、人間行動の暗部を考慮したうえで、慎重に投資判断をすべきだ。幸い、倒産の可能性から帳簿の偽造に至るまで、様々なリスクを調べるための便利で、十分に活用されていないツールを多数利用できる。これらのツールについて徹底的な分析をすることは本書（と私の注意力）の範囲を超えているので、ここではお勧めのツールをいくつか紹介するに留める。詳しく知りたい人はぜひ自分でさらに調べてみていただきたい。

モンティアのCスコア

Cスコアの「C」とは、「帳簿を改ざんする（cooking the books)」を意味している。この尺度は、投資家で行動科学の専門家であるジェームス・モンティアが、売り対象とする銘柄を

特定するために開発したものだが、全般的なチェックにも使える。この尺度では、以下の6つのパラメータを確認する。

1. 純利益と営業キャッシュフローの差の拡大
2. 売掛金回転日数の増加
3. 在庫日数の増加
4. 収益に対する他の流動資産の増加
5. 有形固定資産に対する総減価償却費の減少
6. 利益を歪めるような連続的な買収

各条件を満たすごとに対象銘柄に1ポイントが加えられ、合計ポイントが大きいほど帳簿を改ざんしている可能性が高くなる。モンティアによれば、1993年から2007年にかけて、Cスコアの高い銘柄は米国市場を年率8％アンダーパフォームしていた。Cスコアとバリュエーション指標と尺度を組み合わせると、さらに強力な結果が得られた。Cスコアが高くバリュエーションも高い（株価売上高倍率が2を超える）銘柄は年率リターンがマイナス4％で、米国市場を年率14％アンダーパフォームしていた。会計のごまかしは短期的には一定の人々を騙せるかもしれないが、このようなごまかしが長期化すると投資家にとって悲惨な影響が生じる。

アルトマンのZスコア

Zスコアは、ニューヨーク大学の金融学教授だったエドワード・アルトマンによって考案されたものだ。Zスコアは、2年以内に倒産する企業を予測するアルトマンの（非常に成功した）取り組みの成果である。アルトマンは66社をバックテストし、72％の確率で倒産を予測した。Zスコアは、次の5つの要素で構成され、その予測力によって重み付けされている。

1. **運転資本／総資産**――流動性を測定する。
2. **利益剰余金／総資産**――レバレッジを測定する。
3. **EBIT（利払税引前利益）／総資産**――収益性を測定する。
4. **時価総額／負債合計**――支払能力を測定する。
5. **売上高／総資産**――効率を測定する。

アルトマンはその後、民間企業に使用できるバージョンの式を開発したが、金融企業に対しては、そのビジネスの複雑さと不透明さのためにZスコアは適用すべきではないとされている。

Zスコアを用いれば、最終的に600億ドルの投資家の富を破壊したエンロンへの投資を避けるのに役立っただろうと言われている。

リスクと、別の結末

リスク管理は、未来を予測することだと見なされがちだ。私たちは、水晶玉をもっと磨けば、損失を防ぐために必要な知識が得られるかもしれないと考える。だが実際のリスク管理では、未来の予測の精度を高めようとするより、現在を深く理解することに注力したほうが賢明だ。リスクは目に見えないかもしれないが、現実世界にその影を落としている。

リスクの影は、ファンダメンタルズに比べて割高な株式や、誠実さよりも操作を好む企業などに現れる。ルールよりも直感に頼り、正直な批評よりもエゴを重んじるときにも存在する。リスク管理があまり注目されないのは、とらえどころがなく、退屈で、リターンを追い求めるよりも魅力的ではないからだ。しかしまさにこのような理由のために、それに注目する投資家にとっては大きな利益の源になるのである。

リスクについての考察の締めくくりに、野球ファンの最も心に残る名シーンを批判的（ある意味冒瀆的）な観点から検証してみよう。ここでは、足を負傷し、さらに胃腸炎で体調を崩していたドジャースのカーク・ギブソンが、1988年のワールドシリーズ第1戦で9回裏ツーアウト、ランナー2塁で代打に登場し、逆転サヨナラホームランを放ったシーンを例に取ろう。

ギブソンが二塁から三塁に向かう途中で見せた、拳を握りしめて腕を引く独特のポーズは野球ファンの心に強く刻まれ、多くの草野球のヒーローたちに真似されるものになった。ドジャースに第1戦で劇的な逆転勝利をもたらしただけでなく、最終的なワールドシリーズ優勝に導いたこのホームランは、間違いなく野球史上最も記憶に残るシーンのひとつだ。しかし、この英雄的な行為を思い出すとき、私たちはその前に何があったかを忘れがちである。

ギブソンが予想外の代打としてバッターボックスに立った時、スコアは4対3で相手のオークランド・アスレチックスにリードされていた。この4点は、2回表に後ろ髪の長い「マレット・ヘア」の（そしてその後、ステロイドの使用が発覚した）スーパースター、ホセ・カンセコに満塁本塁打を打たれて失ったものだった。カンセコはこの１９８８年、打率3割0分7厘、42本塁打、１２４打点、そして現在の野球の常識からは考えられないような40盗塁を記録し、傑出した活躍を見せていた。満塁でカンセコを打席に迎えるのは、最終的にセンターフェンスの向こうに運ばれた甘いスライダーを投げるのと同様、非常に危険なことだった。しかし、それよりもリスクが高かったのは、インフルエンザにかかって体調を崩し、直前に行われたナショナル・リーグ・チャンピオンシップシリーズ（ＮＬＣＳ）で負傷した足を引きずった状態のギブソンをここぞという場面で代打に送り込んだことだった。これをリスクだと認識しないのは、心理学で「反事実的思考」と呼ぶものの一例である。結果的にこの賭けはドジャースに有利に働いたため、監督のトミー・ラソーダは戦略の天才と見なされた。しかし、もしギブソンがあの場面で凡退していれば、ラソーダは酷評されただろう。実際、統計的に考えれば、たとえ最高の打率を誇る打者でさえ、ヒットを打つ確率は半分に満たないのだ。

私たちは、リスクや事実とは反対のことを十分に想像せずに、あり得ない確率で起こる印象的なスポーツの結果を称賛するのと同じように、大規模で特異的な金融イベントを称賛する。たとえば、ジョン・ポールソンによるサブプライム関連商品の空売りや、ジョージ・ソロスによる100億ドルの通貨の空売りなどだ。これらの出来事は規模が極端に大きく、人々の記憶に残り、大成功したため、リスク調整後リターンの期待値とは一致しないレベルの先見性があったと見なされやすい。

私の友人の一人は、「男はみんな、10回腹筋をすればブラッド・ピットになれると思っている」と冗談を言っていた。私は、トレーダーがプロか初心者かを問わず同じような自信過剰であるのを観察してきたので、「株に熱中している人は誰でも、あと1回トレードすればジョージ・ソロスになれると思っている」と言いたいところだ。「史上最高のトレード」について語るのは楽しい。だが、実際には富のほとんどは、劇的なホームランではなく、三振をしないことによって蓄積されていく。一貫した方法で潜在的な落とし穴に注意深く目を配ることが投資アプローチの一部になっていない人は、勝つための最も確実な道——すなわち、負けない道——を、見落としていることになる。

次のステップ

考えよう――「長期的に見れば、勝つための秘訣は負けないことである」
自問しよう――「詐欺や不正の証拠はないだろうか？　それとも結果が良すぎるのか？」
実行しよう――Cスコア、Zスコア、Mスコアなどの指標や、自分の懐疑心を駆使して、購入時には慎重に検討する。

▼4．人（People）――リーダーに従う

イエス・キリストは言った、「人を見分けるには、その人が何を否定しているかではなく、どんな実を結んでいるかに目を向ければいい」
――ウィリアム・S・バロウズ（米国の小説家）

あなたはここまで、本書を読むことを通じて、行動投資家になるには何が必要かを考えるためにかなりの時間を費やしてきた。そろそろ、何らかの行動を実際に起こしてみてもいいはずだ。そこで、簡単なシミュレーションをしてみよう。あなたは今、人間心理に精通した投資家になるための道を急ピッチで進んでいるが、ここで少し歩みを止めて、陸軍の主任尋問官にな

ってみよう。あなたのチームは容疑者を逮捕し、天井から紐で吊り下げられた揺れる電球に照らされた薄暗い取調室で、椅子に縛り付けられた相手を取り調べている最中だ。

容疑者は大都市圏に爆弾を仕掛けたと噂されている。しかしそれが狂言なのか、事実なのかはわからない。もし実際に爆弾が仕掛けられているとしたら、それが街のどの辺りなのかはだいたい想像がつく。しかし、今はクリスマス・シーズンの最中であり、爆弾処理班が街に現れればクリスマスの買い物客を怖がらせることになる。もし爆弾が仕掛けられていなければ、あなたの部署は恥をかく。選択肢は2つ。容疑者が嘘をついているかどうかを見極めるために時間を費やすか（ただし、強引な尋問のテクニックは使えない）、不要に騒ぎを起こすことになるリスクを冒してすぐに爆弾処理班を街に送り込むかだ。この選択は、1つの基本的な質問に依存している――「あなたは嘘を見抜けるか？」だ。

『ライ・トゥ・ミー　嘘は真実を語る』のようなテレビ番組は、専門家は微表情（マイクロエクスプレッション）だけを手がかりに相手の真意を見抜けるという概念を世間に広めた。瞬間的な意図せぬ表情から、詐欺師の真の動機を突き止められるというのだ。だが、この手の番組のファンとしては非常に残念なことだが、研究結果はそれが事実ではないことを示唆している。米国運輸保安庁（TSA）は、9・11の同時多発テロのような事件を防ごうとして、10億ドル以上を投じ、数千人規模の行動検知担当官を訓練して、乗客の非言語的な表情やしぐさを手がかりにしてテロリストを見つけ出そうとした。こうしたプログラムの有用性は十分に論理的であると思われたし、その動機も賞賛に値するが、結果は期待外れであった。米国政府説明責任局によるレビューでは、有効であることが証明できなかったため、プログラムを完全に廃止することを推奨した。[182]

この決定は、チャールズ・Ｆ・ボンド・ジュニアとベラ・Ｍ・デポーロによる、ボディランゲージによる欺瞞検出に関する研究２００件のメタ分析によっても裏付けられている。[183] ボンドとデポーロは文献を徹底的に調査し、人が、相手が嘘をつくのを見抜ける確率は、なんと偶然よりも低い（47％）ことを明らかにした。つまり、誰かの行動を詳細に分析しようとするよりも、コインを投げたほうが、相手が嘘をついているかどうかを当てやすいということだ。心理学者のマリア・ハートウィッグはこの現象について「嘘つきがボディランゲージで相手を騙すという世間の常識は、単なる文化的フィクションにすぎないと思われる」[184]と述べている。

カシン、マイスナー、ノーウィックによる２００５年の論文は、専門家がボディランゲージを読めるという考えそのものを否定している。３人の研究者は服役中の囚人たちに、自らが実際に犯した罪の自白と架空の犯罪について自白してもらい、その様子を動画に撮影した。その後、学生グループと訓練を受けた法執行機関の専門家（捜査員）グループに、この自白を動画または音声のみで見聞きさせ、それが作り話なのか、本当の犯罪の自白なのかを推測させた。専門家たちは本格的な経歴の持ち主だった。平均11年の経験があり、大多数が欺瞞を見抜くための訓練を受けていた。事前の予測では、安物のビールを飲みながらテレビで『ＣＳＩ：科学

チャート6　学生と捜査員の判断の精度（「動画あり」「音声のみ」別[185]）

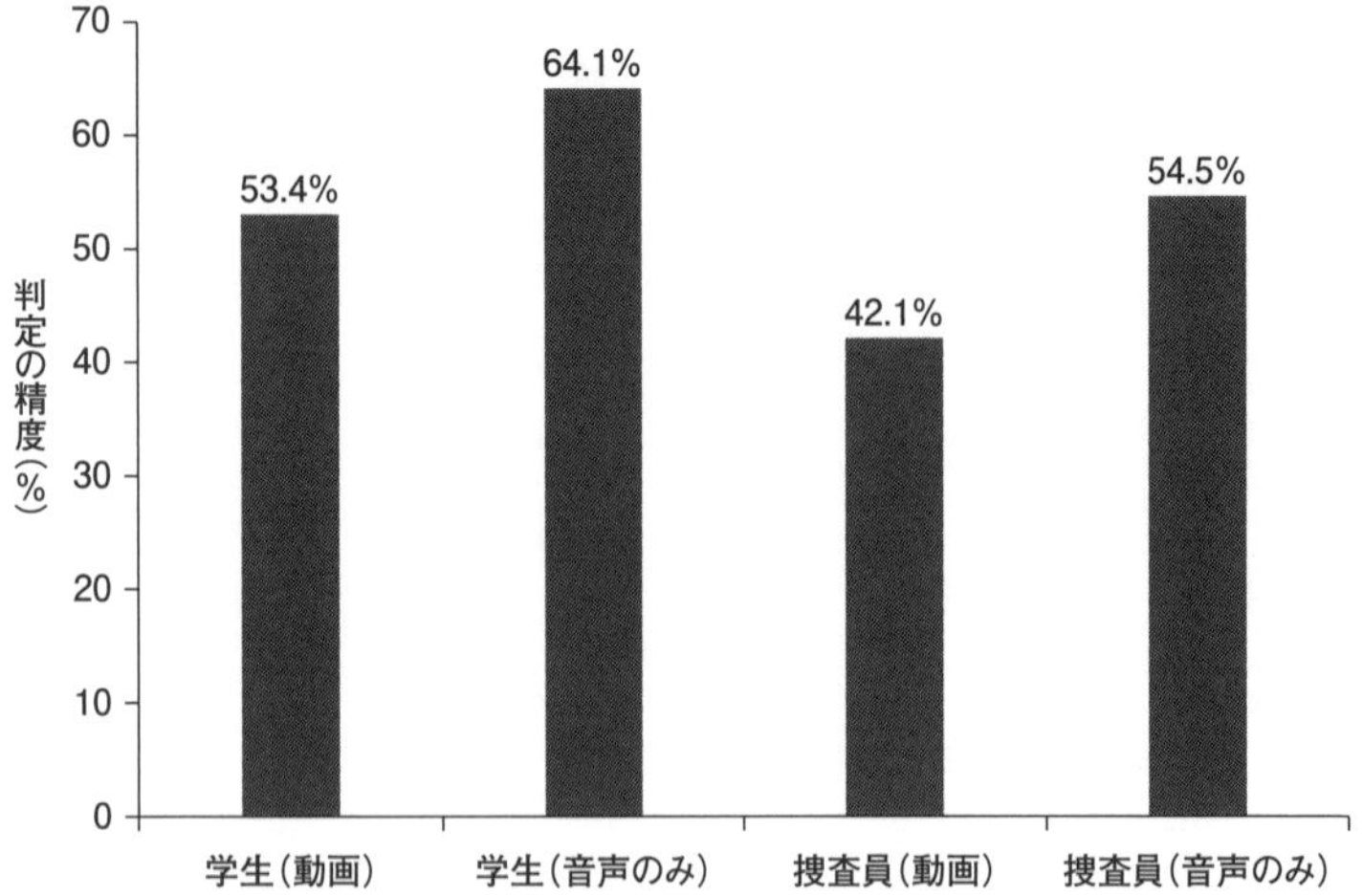

捜査班』を見たことがあるだけの学生グループよりも優れた結果を出すと思われた。

ここでも、専門知識は自信を高めるが、パフォーマンスを向上させるわけではないことが示された。学生はあまり自信を示していなかった（10点満点中6・18点）が、53・4％の確率で犯罪者の自白の真偽を的中させた。一方、専門家は学生よりはるかに自信があったが（10点満点中7・65点）が、正解率は低かった。専門的な訓練を受け、豊富な経験があったにもかかわらず、専門家の結果はここでもコイン投げより悪く、正解率は42％であった。興味深いのは、ボディランゲージの手がかりを取り除いて音声だけで自白を聞かせた場合、両群の予測の精度が大きく高まっていることだ。この研究は、ボディランゲージが私たちの真実を見抜く目を曇らせている可能性を示唆していると言えるだろう。

大きな欠陥のある人の7つの習慣

数百件もの査読付き論文が、「人は相手が嘘をついているかどうかを見抜くのが優れていない」(それどころか、苦手である)ことを明らかにしている。だがこうした圧倒的な証拠があるにもかかわらず、ファンド・マネージャーは、投資対象企業の経営陣の質や性格を深く掘り下げることに時間と手間を注ぐことで、顧客の金を浪費し続けている。

私たちは、経営陣と直接会い、昼食をともにし、身なりを見れば、何らかの利点があるはずだと信じたがる。その企業の成功に責任を負っている人と会えば、企業の性格や将来性を判断できると期待するのだ。ごく自然な発想だとも言えるが、残念ながらこれは心のトリックであり、時間とお金の大きな無駄なのである。

シドニー・フィンケルスタインの著書『名経営者が、なぜ失敗するのか?』(日経BP)は、会社を破滅に追い込むタイプの企業リーダーを見抜くためのチェックリストとして読める[186]。一般的なビジネス書はビジネスリーダーの好ましい特徴に注目するが、フィンケルスタインは正反対の方針を取り、破滅的なリーダーの共通点を探っている。私自身がこの本からまとめた「欠陥の多い管理職の7つの習慣」は以下の通りである。

1. 自分や自分の会社が業界を支配していると考えている。
2. 会社と自分を完全に同一視しており、個人的な利益と会社の利益の境界線が曖昧である。
3. 何でもわかっているという態度を取る。
4. 自らのビジョンに賛同しようとしない者は容赦なく排除する。
5. 完璧な会社のスポークスパーソンであり、会社のイメージを保つことに多くの時間を割いている。
6. 深刻な問題を、一時的な障害物のように扱う。
7. 最初に効果的だった古い戦略にすぐに戻ろうとする。

フィンケルスタインは、ワールドコムやタイコ、AOL/タイム・ワーナーのような、印象的な失敗企業の例を引き合いに出し、誰もが信じたいと思うこと――すなわち、「暴君は悪い上司である」ということ――を、説得力のある形で主張している。

同書が書かれたのは2004年だが、仮にアップル社が設立された1976年4月1日にこのチェックリストにアクセスできたとしてみよう。あなたは架空の企業メガファンド社の大胆なアナリストとして、上記の7つの基準に照らして、スティーブ・ジョブズという人物のリーダーシップ能力を評価する仕事を任される。そう、全社会議で、ある従業員を名指しして解雇した、あのスティーブ・ジョブズだ。親子鑑定で陽性だったにもかかわらず、長年子どもへの愛情を否定して養育費を支払わず、競合他社の人間を引き抜くために、ゼロックスで「君が今までやってきたことは全部クソだ。私のために働かないか？」と言ったあのスティーブ・ジョブズだ。

ジョブズとのミーティングを終えたあなたは、彼が優秀な人間だという印象は持ったはずだ。しかし、フィンケルスタインの考えに基づけば、ジョブズのリーダーシップ能力に疑問を覚えることになっていただろう。上記の７つのチェックリストにすべて当てはまるという直感から、アップルへの投資を取りやめることにするはずだ。その結果、１９７６年４月１日のミーティングの後に投資をしていたら２０１５年７月の段階で得られていたはずの３万１５９０％の投資収益率を失うことになる。

自分の赤ちゃんは可愛い

四半期ごとに、名門デューク大学フクア・スクール・オブ・ビジネスとＣＦＯマガジンは共同でＣＦＯと雑誌購読者を対象にした調査を行っている。この調査は、「企業の楽観度、ＧＤＰ成長率の予測、設備投資計画、様々な業種における四半期ごとの変化率に関するトレンドデータを収集する」ことを目的として、長期にわたって定期的に実施されている。[187]

ジェームス・モンティアがホワイトペーパー『Seven Sins of Fund Management: A Behavioural Critique（ファンド・マネジメントの七つの大罪：行動批判）』で指摘したように、この調査の結果には、「CFOは一般に経済全体より自社を高く評価している」という一貫した傾向が見られる。デューク大学の調査データを調査したグレアムとハーベイは、ハイテク企業のCFOのほぼ90％が、ハイテクバブルのピークに近い時期に、自社の株価が過小評価されていると考えていたことを明らかにした。[188] 誰もが、自分の赤ちゃん――自分の会社――が一番可愛いと思っているということだ。たとえ、統計的にはあり得ないとしても。

投資をする際に、経営陣と直接会うことでその企業の経営状態を把握したいと思うのは、自然かつ価値のある欲求だ。だがそれは、投資家にとって真に価値ある情報を得るための効果的な方法ではないようだ。まず、アナリストやファンド・マネージャーには、経営陣に直接会った結果をポジティブに評価したいというバイアスが組み込まれている。わざわざ時間とお金をかけて会いに行ったのだから、失望したくはないと思ってしまうのだ。自家用ジェット機の法外な燃料代が、無駄になってしまう。

第二の問題は、経営陣は概して、実際の経営環境を反映していない非現実的な楽観的見通しを持っていることである。そのため経営陣にはその意識がなくても、投資家は欺かれてしまうことになる。

第三の問題は、私たちが、相手が嘘をついていることを見抜ける確率は、偶然以下であるという事実だ。

つまり、経営陣と会って適正な評価を行うという考えは、常識的には魅力的なものだと思えるが、実際には、ファンド・マネージャーに誤った自信を植え付け、その莫大な費用を顧客に転嫁させる、高価な無駄遣いにすぎないのである。

とはいえ、企業内部の人々の行動を調べるのは良い考えである。経営陣と会うのは、そのための効果的な方法ではないというだけだ。幸い、経営陣から有益な情報を引き出すのに、退屈なステーキディナーを食べたり、耐えがたいドッグショーやポニーショーに付き合ったりする必要はない。企業内の人々についての貴重な洞察を得られ、その企業の投資を比較検討するのに役立つ情報は、３種類ある。インサイダー取引、自社株買い、配当金だ。これから詳しく見ていこう。

症状は嘘をつかない

『ドクター・ハウス（Dr. HOUSE）』は、２００４年から２０１２年までの８シーズンにわたって放映された米国の人気テレビシリーズだ。俳優のヒュー・ローリーが、鎮痛剤を常用する人間嫌いの主人公、ドクター・ハウスを見事に演じている。このドラマは毎回同じような筋書きなのだが、それでも非常に見ごたえがある。各エピソードでは、ハウスが患者の曖昧な訴えに耳を貸さず、症状のみに目を向けることで、診断が難しい病気を突き止めていくという内容になっている。ハウスの口癖は、「患者は嘘をつくが、症状は嘘をつかない」だ。

インサイダー取引

経営陣の行動にも同じことが言える。彼らが自分のビジネスについてどう感じているかを、そのお金の使い方以上に正確に物語るものはない。企業のインサイダーは、自社株の売買に関する情報を開示することが義務付けられている。インサイダー取引に注目すれば、投資家はその企業についての価値ある情報が得られる。企業のインサイダー取引のリターンは、市場指標を年率6％ポイント上回っている。これ以上の成績を上げているのは、年率12％という驚異的なアウトパフォームを誇っている、上院議員（その立場を利用した特権的な情報に基づいて取引ができる）の取引だけである。[189]

ある企業の見通しを熟知する人間が自らの資金で株を売買しようとしているのだから、投資家はそれに注目すべきだ。インサイダーが株を売る理由はたくさんあるが（たとえば、避暑地のハンプトンズの別荘、離婚調停の費用、愛人への口止め料）、買うべき正当な理由はひとつしかない――確かな情報に基づいて、その企業の明るい未来を信じていることだ。

ジアムーリディス、リオダキス、モニーツは論文『Some Insiders are Indeed Smart

Investors（インサイダーの一部は実際に賢い投資家である）』のなかで、インサイダー取引のポジティブな要素が世界各地で見られるという証拠を提示している。[190] たとえば英国では、インサイダー取引の絶対値が大きいほど、その後のリターンも大きくなることを発見した。彼らはまた、あなたがすでに推測しているかもしれないことを明らかにした――「インサイダーが現在持っている知識は、時間の経過とともに市場に理解されるようになる」ということだ。インサイダーが株を買う場合、購入直後は市場を０・７％アウトパフォームしているが、１２０日後にはアウトパフォームの規模は２・９％に拡大する。

トゥイーディ・ブラウン社は、その影響力の大きな著作『What Has Worked in Investing: Studies of Investment Approaches and Characteristics Associated with Exceptional Returns（投資でうまくいったこと：例外的リターンに関連する投資アプローチと特性の研究）』のなかで、インサイダーによる買いに伴う顕著な株式リターンを調査した。その際、複数のインサイダーがある企業の株式を購入し、当該期間のインサイダーの購入回数が、インサイダーの販売回数を上回っていた調査のみを対象にした。その結果は、もし投資家がインサイダーの好む銘柄を買えば、同じ期間に指数平均のほぼ2倍から4倍の値が得られることを示している！　この結果を表7に示す。

これらの調査結果は、「目の前にその答えがあるのに、なぜ経営陣が自社株について語ることを聞く必要があるのか？」と思わせるほど劇的である。ある人が何を考え、何を大切にして

表7　インサイダーによる購入後の投資収益率〔191〕

		年間投資収益率（%）	
著者	調査期間	インサイダー株	市場指数
ロゴフ	1958年	49.6	29.7
グラス	1961～1965年	21.2	9.5
ディーバー	1960～1965年	24.3	6.1
ジャフェ	1962～1965年	14.7	7.3
ツヴァイク	1974～1976年	45.8	15.3

いるかを測るのに、その人のお金の使い方を見るほど真に迫るものはないということだ。

自社株買い

インサイダー取引に加えて、経営陣が会社の資金で自社株を買い戻すことも、将来に対する楽観的な見方を示す行為になる。ウォーレン・バフェットはこのことを的確に示している。

「投資先の企業が実践する内部留保の使い道として、我々が歓迎すべきもののひとつが自社株の買い戻しである。その理由は単純だ。もし、優れた企業が市場で実際の価値よりもはるかに割安な価格で売られているとしたら、その格安価格ですべての所有者の利益を大幅に拡大するよりも、確実かつ有益な資本の活用方法はあるだろうか？　企業買収には競争的な性質があるため、ある企業が他の企業の全株式を購入する場合、実質的にはぼ満額の支払いが保証されている。しかし、株式市場にはオークションの性質があるため、優良企業は、他の企業を買収することによって得られるのと同じ収益力を、半分以下の資金で自社事業の一部を買うことで獲得できる」と表現している。[192]

自社株を買い戻すことは、その会社が自らの将来に強気であることの証拠であり、自社の持ち株比率を高めるという良い副作用もある。将来に前向きな期待を持ち、短期的な利益も得られることから、アクティブに自社株買いを行う企業のリターンが非常に良好なのも当然だと言える。１９８５年にフォーチュン誌に掲載されたキャロル・ルーミスの記事では、１９７４年から１９８３年にかけてアクティブに自社株買いを行った企業の投資収益率を調査した結果が掲載されている。[193]自社株買いがされた日に投資を行い、１９８４年まで保有したと仮定すると、自社株買いを行った企業の年複利収益率が平均22・６％であるのに対し、Ｓ＆Ｐ５００は14・１％である。

ジェームズ・オショーネシーも著書『ウォール街で勝つ法則』（パンローリング）で自社株買いのアウトパフォームを検証している。オショーネシーは、真の自社株買いと、自社株買いと同時に新株を発行する狡猾な行為を区別するために、ある期間と別の期間の発行済み株式数を比較する「自社株買い利回り」という指標を開発した。その結果、自社株買い利回りが最も高い（すなわち、発行済み株式数を最も減らした）企業（上位10％）の翌年の平均リターンが13・69％であるのに対し、自社株買い利回りが最も低い（すなわち、発行済み株式数を最も増やした）企業（下位10％）の平均リターンはわずか5・94％であった。

自社株買いを発表するという行為は、企業側の本意というより、巧妙なPRであるという批判がある。しかしウェス・グレイ博士が著書『Quantitative Value（定量的な価値）』（未訳）で示唆しているように、「自社株買いを発表するだけで、株価は上がることが多い。自社株買いを発表した銘柄は、自社株買いが実際に実行されるかどうかにかかわらず、発表直後から長期にわたってアウトパフォームする[194]」のである。自社株買いは非常に強力であるため、言及するだけでもパフォーマンスに大きなプラス効果をもたらすのだ。

配当

インサイダー取引や自社株買いがアウトパフォームにつながるのは、内部事情を知る者がその企業をどう考えているかについての純粋な洞察を与えてくれるからだ。経営陣がどう行動するかと同じくらい重要なのは、株主であるあなたをどう扱うかである。自社株買いほど「私はこのビジネスを信じている」ことを示すものはないように、適切な配当ほど「私は株主を大切にしている」ことを示すものはない。株式の購入が事業の一部を所有することなら、配当を受け取ることは利益の一部を取り戻すことである。

どのような投資手法を採用しているかによるが、配当は歴史的な株のリターンの44%から50%強を占めている。[195] しかし、配当が多い銘柄は、〝寡婦と孤児〟銘柄〔訳注/安全で、非循環的な、アップサイドが限られた株式〕と揶揄されることも多い。良い配当のように割の合うものの価値を低く見積もることには複雑な心理が働いているが、本書でこれまで見てきたように、価値は高いのに大きく見過ごされている何かを見つけることは、ルールベースの行動科学的投資手法の核心になる。

配当が好ましいものである大きな理由は、保証はされていないが、株式市場そのものより変動が小さな傾向があることである。ベン・カールソンによれば、「1929年9月から1932年6月にかけて、インフレ調整後のS&P500指数で測定した株式市場は81%下落した。しかしその間、インフレ調整後の配当は11%しか減少していなかった。1973年1月から1974年12月にかけて市場が54%下落したときも、実質配当金は6%しか下落しなかった」[196]。配当は好況時に良いものであるだけでなく、不況時には欠かせないものだと言えるだろう。

また、配当は単に手堅く利益を得る手段ではなく、正しく理解すれば、リターンを劇的に高められるものだと見なすべきだ。配当利回りに応じて全銘柄を10分割して分析したジェームズ・オショーネシーの研究は、魅力的な結果を示している。この研究は、配当は強力で、逆に良すぎることが問題である場合すらあり得ることを示唆している。1926年から2009年までの配当利回りが最も高かった上位10%の銘柄は年率11・77%という素晴らしいリターンを上げ、株式全体の年率10・46%を堅実に上回っていた。だが10分割したグループのなかで、上から2番目、3番目、4番目のグループの銘柄、つまり堅実だが安全な配当をしている銘柄のリターンは、1番目のグループのリターンを上回っていた。最も生産性が高かった上から3番目のグループに投資すれば、調査期間の当初に投資した1万ドルは、1億4500万ドルに増えたことになる。

　目を見張るような配当を出す銘柄は、利回りを求める投資家を簡単に儲かるという〝保証〟で誘い込もうとしているのかもしれない。残念ながら、こうした派手な利回りはその企業の根本的な問題の目隠しになっている可能性があり、それがアウトパフォームの比率が低い理由の説明になっている。一方、無配株の投資家はほぼ株価の上昇にのみ賭けていることになるが、それは必ずしも株主の思い通りにならない賭けになる。適正な配当金が支払われる銘柄は、過度な配当金を出すことで将来を担保にすることなく、現在の株主に報いられる。

　もうお気づきだと思うが、私が米国市場で見出した行動科学的な投資手法のテーマは、世界中で当てはまる傾向がある。人間の本性は国を問わず不変であり、お金に関して〝予想通りに不合理〟な行動を取る傾向も人類共通である。バース大学のマリオ・リービス教授が1955年から1988年までロンドン証券取引所に上場していた4413社の配当利回りに対するパフォーマンスを調べた研究[197]も、それを裏付けている。

表８　配当利回りに応じた英国企業銘柄への投資結果（1955～1988年〔198〕）

配当利回りグループ	利回り（%）	年間投資収益率（%）	期間当初に100万ポンドを投資した場合の1988年12月時点の資産価値（単位：100万ポンド）	平均時価総額（単位：100万ポンド）
1	13.6	19.3	403.4	283.4
2	10.9	17.7	254.9	278.5
3	8.7	16.8	196.4	337.2
4	7.4	16.0	155.4	266.4
5	6.4	15.4	130.3	223.1
6	5.5	14.1	88.7	206.5
7	4.7	12.4	53.2	112.1
8	4.0	11.9	45.7	95.4
9	3.1	11.5	40.5	94.4
10	1.4	13.8	81.1	74.6
全株数	5.3	13.0	63.8	503.5

その結果を表8に示す。ここでも配当利回りと投資収益のあいだには、ほぼ直線的な強い相関が見られる。オショーネシーの分析とは異なり、リービスの調査での「配当が多いほどリターンが多くなる」というルールの唯一の例外は、無配当の銘柄が市場のパフォーマンスをわずかに上回る傾向があることだ（ただし、配当のある銘柄の上位50%のパフォーマンスよりもはるかに低い）。

行動が雄弁すぎるので、言葉が耳に入ってこない

行動科学に基づく投資手法は、投資プロセスのあらゆる側面の中心は人であるという考えに根ざしているが、その一部には人間としての自らの限界を認識することも含まれている。ヘッジファンドや投資信託のマネージャーは、現場に足を運んで経営陣と深く掘り下げた話をするのが好きだ。これは直感的には魅力的だが、「見たいものだけを見る」確証バイアスの罠にはまりやすく、実質的な効果の薄い取り組みに顧客の大切な資金をつぎ込むことにつながってしまう。

投資家は、ファンド・マネージャーがＣＥＯに表面的な質問を投げかけるために高額の報酬を支払うべきではない。大切なのは、経営陣の真の意図を示すコンパス、すなわち彼らの行動に目を向けることである。経営陣は自社のビジネスを信じているからこそ、苦労して稼いだお金を使って自社株を買い戻しているのだろうか？　魅力的な価格だと思う株を買うために、会社の資金を使っているのだろうか？　利益を分け与えられるほど、投資家のことを気にかけているのだろうか？

もしこれらの問いに対する答えがイエスであるならば、あなたは良い投資のアイデアを持っている確率が高い。もし答えがノーなら、投資家よりも自分の懐を満たそうとする経営陣を相

手にしている可能性が高い。ジェームズ・W・フリックはこう述べている。「あなたが何を大切にしているかは言わなくていい。あなたが何にお金を使っているのか見せてくれれば、それでわかる」。

次のステップ

考えよう――「内部の人間ほど、その企業のビジネスのことを詳しく知っている人はいない」
自問しよう――自問はしない。その企業の人たちが何にお金を使っているかを観察し、同じことをする。
実行しよう――投資家を大切にしてくれる企業の部分的なオーナーになろう。

▼5．プッシュ（Push）――流れに従う

「すべてのトレンドは永遠に続く――終わりが来るまでは」
――ジョン・ネフ（米国の投資家）

上品な趣味と比類ない美貌の持ち主であるあなたなら、異性の相手に恵まれていないはずは

ないだろう。しかし科学的な探求の手段として、ここではあなたが独身で孤独を感じていて、運命の人を探しているという架空の設定で話を進めてみよう。あなたは善意の友人から、「いい人を知っているから、試しにその人とデートしてみないか」と誘われた。最初は強がって無関心を装うが（「ありがとう、でも心配は無用だよ！」）、長い間誰も乗せていない自転車の後ろにクモの巣が張っているのを見てさすがに心が揺れ動き、最終的にはこの提案を受け入れることにした。

その相手（ここでは「友人」と呼ぼう）に会ったあなたは、誰かにお膳立てされたデートはしないという自分のルールに今回は従わなくてよかったと喜んだ。「友人」は魅力的で、親切で、会話が上手だった。「友人」は通常なら6か月も予約待ちしなければならない人気のレストランに連れていってくれ、取り組んでいる慈善活動について熱心に語ってくれた。嫌味のないウィットに富んだ話しぶりに、あなたは強い好感を抱いた。最初のデートが終わった後、もう次のデートが楽しみになっていた。あの人は、「運命の人」なのだろうか？

2回目のデートは、距離を縮めるのにうってつけのダンスレッスン。3回目はセントラルパークでのピクニックランチ。4回目のデートはオペラハウス――あなたは無教養な人間だと思われたくなくて、オペラを楽しんだふりをした（これは何世紀にもわたってオペラが存続してきた最大の要因である）。4回のデートを終え、あなたは「友人」に真剣に恋をし始めていた。だが、ここから事態は思わぬ方向に転がり始める。5回目のデートで、「友人」はいつもの高級セダンではなく、安っぽい中古車に乗ってやってきた。あなたは失礼にならないように、その件については触れなかった。身なりも、皺だらけのカジュアルな服に変わっていた。マスタードの染みのようなものもついている（マスタードの染み以外の何かであってほしくはなかった）。

最悪なのは、「友人」の態度がすっかり変わってしまったことだ。あの好ましいウィットは辛辣な意地悪さに取って代わられ、それはときにあなたにも向けられた。寛大さは神経質さに、高尚な議論は共通の友人の噂話に取って代わられた。5回目のデート（場所はボウリング場だった）が終わったとき、あなたの頭は混乱していた。6回目のデートはすべきだろうか？　現れるのは、良い「友人」だろうか、それとも悪い「友人」だろうか？　「友人」はあなたの答えを必要としている。どうすべきか、真剣に考えてみよう。

もしあなたが普通の人と同じような考えを持っているのなら（この質問の答えに関係なく、あなたは基本的にそうであるのだが）、「友人」にもう一度チャンスを与えるべく、6回目のデートの約束をするはずだ。とはいえこの寛大な判断をしたのは、あなたの心が広いからというよりも、「アンカリング」と「確証バイアス」という心理現象が作用しているという理由が大きい。アンカリングとは、何らかの意見を形成し、意思決定を行う際に、最初に接した情報に大きな影響を受けるという人間心理の傾向のことだ。

私たちは初対面の人に会うと、数秒のうちにその相手に対する意見を形成し始める。「第一印象を与えるチャンスは二度とない」というフケ予防シャンプーのコマーシャルのキャッチフレーズも、このことを的確に表している。この第一印象、つまりアンカーは、その後の印象からこの第一印象を保護するためのガードレールになる。新しい情報は、最初のアンカーと、相手のタイプについての瞬時の判断に基づいて処理されるようになる。一方、確証バイアスとは、新しい情報を、先入観や自分の利益と一致するように解釈する人間心理の傾向である。

「友人」の例の場合、あなたは最初に良い経験をしたために、知的で洗練された、面白くて親切な人物という印象を相手に抱いた。それに、夜一人で寝るのは寂しいので、相手が本当にその印象の通りの人であってほしいとも思っている。つまりあなたは、「友人」が良い人であることを観察しただけでなく、「友人」が良い人であってもらわないと困るのだ。

このアンカリングと確証バイアスが強力に組み合わさることで、私たちは現実を未来に投影したり、新たな情報に目を向けなくなったりする。日常生活においては、それは相性の悪い相手とダラダラとデートを続けてしまうことにつながる。ファイナンスの世界では、それはモメンタム（本章の言葉では「プッシュ」）を生む。私たちは、望ましい恋愛相手は今後もずっと望ましい人であり続けてくれるはずと考えるように、株式の現在の見通しを遠い将来に当てはめて予測をする傾向がある。モメンタム効果は紛れもなく非合理的であり、確率よりも倹約を好む私たちの太古の脳が生じさせているものである。そして、にもかかわらずモメンタムは紛れもなく強力である。

モメンタム投資の簡単な歴史

モメンタム（勢い、方向性）という概念は、物理学の世界で生まれたものである。モメンタム投資とは基本的に、「あらゆる物体は、他の力が作用しない限り、静止状態を維持するか、等速運動を続ける」というニュートンの運動の第一法則（慣性の法則）をファイナンスの世界に当てはめたものである。[199] ニューファンドリサーチ社のコリー・ホフスタインは、「モメンタムとは、直近のリターンに基づいて売買する投資システムのことである。モメンタム投資家は、アウトパフォームしている銘柄を買い、アンダーパフォームしている銘柄を避けるか売る。（中略）彼らは、アウトパフォームしている銘柄は、大きな逆風がない限り、そのパフォーマンスを継続すると想定している」と述べている。[200]

もう少し掘り下げると、実際にはモメンタムには絶対モメンタムと相対モメンタムの２種類が存在する。絶対モメンタムは株式の最近のパフォーマンスを過去のパフォーマンスと比較することで、相対モメンタムは他の銘柄とに比較によって当該の銘柄の動きを調べることだ。どちらも、「強さと弱さは短期的に持続する」という同様の法則に基づいている。

これからモメンタム研究の歴史を手短に説明するが、さらに詳しく知りたい人は、ゲイリー・アントナッチの著書『ウォール街のモメンタムウォーカー』（パンローリング）やコーリー・ホフステインの白書『Two Centuries of Momentum（モメンタムの2世紀）』（未訳）を一読することをお勧めする。一部のバリュー投資純粋主義者からはブードゥー教のような扱いをされているモメンタム投資だが、実際には2世紀にわたる実証的裏付けの歴史がある。

1838年にはすでにジェームズ・グラントが、英国の経済学者デヴィッド・リカードの大成功した取引戦略を検証した本を出版している。グラントはリカードの成功についてこう述べている。

「リカードは、3つの黄金律と呼ぶ投資の原則に厳しく従うことで莫大な財産を築き、この黄金律に従うことを友人たちにも推奨していた。この3つの黄金律とは、『手に入る選択肢は拒否しない』『損失は早めに』『利益はそのままに』だ。『損失は早めに』とは、保有する株の価格が下落しているときはすぐに売るべきという意味だ。『利益はそのままに』とは、保有する株の価格が上がっているときには価格が最高値に達し、再び下落し始めるまで売るべきではないということだ。これらはまさに黄金律であり、株の取引以外の様々な取引にも当てはまるものである[201]」

モメンタム投資は長年、その支持者によって任意に実践されてきたが、1937年にハーバート・ジョーンズとアルフレッド・カウルズ3世によって、この投資手法に対する初めての厳密な実証的検証が行われた。ふたりは1920年から1935年にかけて、「1年を測定単位とすると、ある年に中央値を上回った銘柄が翌年も上回る傾向が非常に顕著である」[202]ことを発見した。

１９５０年代には、投資ニュースレターの著者であるジョージ・チェスナットは、モメンタム戦略について次のように述べている。

「どちらが優れた投資ポリシーだろうか？　先行する強い株を買うことか？　それとも、追いつくことを期待して眠っている株や市場に遅れている株を買い漁ることか？　何千件ものデータを対象とした統計に基づけば、最善策が何かは明確である。多くの場合、先行する銘柄を買い、後れを取っている銘柄は放っておいたほうがよいのだ。市場でも、世の中の他の様々な領域と同様、強者は強くなり、弱者は弱くなるのである[203]」

チェスナットの同時代人であるニコラス・ダーバスは、「ボックス理論」を提唱した。これは、高値を更新〔訳注／直近の高値と安値で形成される範囲をボックスと見なし、そこからブレークアウトすること〕した銘柄を買い、ストップ・ロスでヘッジするというものだ。ダーバスはこの方法について、「私は弱気相場には手を出さない。このような例外的な銘柄は、市場のトレンドに逆らって資金をリスクにさらしても構わない人に任せている[204]」と述べている。その後、ロバート・レビーが１９６０年後半に「相対力指数」という概念を提唱したが、その努力にもかかわらず、モメンタム投資は約30年間、日の目を浴びなかった。
ベンジャミン・グレアム（さらに、後にはウォーレン・バフェット）が提唱するファンダメンタルズ投資のアプローチが定着し始めると、モメンタム投資はいんちきまがいのものと見なされるようになった。バフェットも、価格モメンタムへの嫌悪感をはっきりと語っている。「私はいつも、価格と出来高の動きについての研究、つまりチャートを中心とした研究が大量に行われていることに驚かされる。たとえば、先週や先々週に株価が上がったという理由で、その企業全体を買収することを想像できるだろうか？〔205〕」
近年では、モメンタム投資は理論家のあいだで受け入れられつつある。なぜなら、どのような致命的で特異的な作用によって生じているとしても、モメンタムの持続性と浸透性は否定できないからである。ジェガディッシュとティトマンによる論文『Returns to Buying Winners and Selling Losers: Implications for Stock Market Efficiency（勝ち株の買いと負け株の売りへの回帰：株式市場の効率性への影響）』では、1965年から1989年にかけて、平均して勝ち株がその後6か月から12か月にわたって負け株をアウトパフォームしていることが示されている。また、アウトパフォームの規模は、他のリスク要因によるリターンの違いの調整後でも、月に1％とかなりの規模であった。〔206〕
実際、モメンタムの効果は、市場や場所、時間に限定されず、広範囲に及ぶ傾向がある。クリス・ゲッチーとミハイル・サモノフは、「世界最長のバックテスト」と親しみを込めて呼ばれるテストを実施し、米国ではモメンタム効果がなんと１８０１年から現在に至るまで持続していることを発見した。[207] モメンタムのシグナルは、英国ではヴィクトリア時代から有効に機能しており、[208] 40か国、十数種類以上の資産クラスでその力と持続性が実証されている。[209] モメンタムを求める人間心理の傾向は根強く、「モメンタム・プレミアムは、研究者が科学的に研究するよりもはるか前から市場の一部であった」という。無意識の心理的傾向から生じるあらゆるファイナンスの変数と同様に、モメンタム投資が今後も続くと推測するのは妥当であろう。

モメンタム＋適正価格

ここで、あなたは私が最初にモメンタムの力を確信したときと同じような岐路に立っていることに気づくかもしれない。すなわち、モメンタム投資が有効であることを示す証拠は直感的にも実証的にもある一方で、あのウォーレン・バフェットはモメンタム投資を否定しているという問題だ。しかし、もっと繊細な見方をすれば、「モメンタムは偉大」派と「モメンタムはブードゥー教」派の両陣営の主張にはもっともな部分があり、両方のいいとこ取りをすれば、純粋なモメンタム戦略よりもマイナス面の少ないモメンタム（プッシュ）の力を活用できることがわかるはずだ。

ジェームズ・オショーネシーが、６か月間でモメンタムが高かった上位10％の銘柄を市場指数のパフォーマンスと比較したところ、モメンタム戦略のリターンは年率14・11％だったのに対し、市場指数は10・46％であった。[210] ３％ポイントは劇的な差に思えないかもしれないが、１９２６年12月31日に初期投資額１万ドルで運用を開始したと想定すると、最終的なポートフォリオの資産価値は、市場指数の場合が３９００万ドル程度なのに対し、モメンタム戦略は５億７３００万ドル近くに達する。オショーネシーは、ある程度の一貫性を持ってモメンタム戦略が市場指数を上回ることを発見した。５年間のローリングの場合では、モメンタム戦略が87％の確率でベンチマークを上回っている。[211]

これで答えははっきりしたのだろうか？　毎年モメンタム株の上位10％を買えば、スクルージ・マクダック〔訳注／お金を愛するディズニー・キャラクター〕のように金貨の山を抱えて引退できるのか？　だが、話はそんなに単純ではない。モメンタム投資は通常、良い賭けになるが、うまくいかない場合は悲惨な結果になることがあるからだ。ご想像の通り、モメンタム株のなかには割高になるものもある。しかも、それらはかなりの割高になる傾向がある。そのため純粋なモメンタム戦略を追求すると、20世紀と21世紀の変わり目に起きたＩＴバブルのような投機的バブルによって潰される可能性がある。このバブルが崩壊する前は、モメンタム投資は非常に優れており、１９９５年12月から２０００年２月[212]にかけて上位10％の銘柄は42・24％上昇した。だがその後の３年間は逆の現象が起き、モメンタムの高い銘柄は半値近くまで下げ、市場指数よりもはるかに悪い結果に終わった。

では、プッシュ戦略を純粋に追求するのではなく、すでに本書で学んだ「適正な価格を支払う」という戦略と組み合わせたらどうだろうか？　クリフ・アスネスは『The Interaction of Value and Momentum Strategies（価値とモメンタムの相互作用戦略）』と題した論文で、経験的に健全なこれら2つの投資戦略を組み合わせることの効果を検証した。[213]　予想通り、価格とモメンタムには負の相関があることがわかった。つまり、安い銘柄はモメンタムが弱く、モメンタムが強い銘柄は安くない傾向があった。アスネスは銘柄全体を価格とモメンタムに応じて5つのグループに分割して、両者の最悪の結果（高価格、低モメンタム）と最良の結果（低価格、高モメンタム）を比較した。その結果は目覚ましいものであった。高価格、低モメンタムのポートフォリオの年率リターンは期待外れの0・36％だったのに対して、低価格で高モメンタムのポートフォリオは19・44％という驚異的な数字を示したのである。モメンタムとファンダメンタルズを組み合わせるのをブードゥー教と呼ぶのなら、私は喜んで針と人形を手にするだろう。

ジェームズ・オショーネシーは、「ウォール街のあらゆる信念のなかで、効率的市場理論家を最も大声で吠えさせるのはプライス・モメンタムである」と正しく指摘している。完璧な世界では、価格が上がったからといって、今日のビジネスに昨日よりも多くの金額を支払う正当な理由はないだろう。しかしここは完璧な世界ではなく、ウォール街の不思議な世界であり、これらがルールなのだ。

ベンジャミン・グレアムがシケモク投資を紹介したとき、彼は「企業の株式に支払う価格は非常に重要」だという、単純だが不変の真実を述べた。チャーリー・マンガーはウォーレン・バフェットに適正な価格で優良な銘柄を買うよう促し、この基礎を築いた。行動科学的な投資手法とは、この誇り高き遺産を新たに繰り返すことである。良いビジネスに適正な価格を支払えば、他の投資家があなたの考えに同意し始めたときに、最大の報酬がもたらされるのである。

5つのPまとめ

ルールベースの行動科学的投資手法には健全な方法がいくつもある。ここで紹介した5つのPはその一例である。5つのPが効果的なのは、研究結果の裏付けがあり、シンプルで、企業のファンダメンタルズを測定するものだからだ。ルールに従い、経営陣の信頼を得た、クオリティが高くて安価な銘柄を買えばアウトパフォームするはずだという考えは、常識的にも経験的にも理にかなったものだ。

ＲＢＩの枠組みに独自の要素を加えて、５Ｐモデルを改善することは可能だ。だがそれは、「複雑で難しそうなものはいいものだ」という考えに従ったものであるべきではない。ルールベースの行動科学的投資手法は、「大きな影響を生じさせる小さなことをするだけで、長期的には信じられないような結果が得られる」という単純な理由によって機能するのである。

次のステップ

考えよう――「動いている銘柄は動き続ける傾向がある」

自問しよう――「過去半年から1年で、この銘柄の相対的、絶対的なモメンタムはどうだったか？」

実行しよう――最近のカタリストを享受している、魅力的な価格の高クオリティ銘柄を集中的に買うプロセスを自動化する。

おわりに

おかしくなった世界で行動科学的な投資手法を実践する

「バリュー投資家になるのは、大勢と歓喜の抱擁をするためではない」
——セス・クラーマン（米国の投資家）

エドウィン・ルフェーブルはコロンビア生まれのジャーナリスト、作家、外交官で、ウォール街の文化に関する著作でよく知られている。彼は8冊の本を書いたが、最も有名なのは、表向きは小説だが、実質的には投資家ジェシー・リバモアの伝記である、『欲望と幻想の市場—伝説の投機王リバモア』（東洋経済新報社）である。私がルフェーブルの大著のなかで最も好きなのは、投資における理論と応用のバランスの取り方についての印象的な一節である。

「私は、株式市場で架空の運用を行い、架空の数字を導き出して、自分がいかに正しいかを証明することを面白がる人たちの話を聞いたことがある。このような幽霊賭博師は時として、架空の計算上で莫大な富を手にする。だが、それはとても簡単なことだ。翌日に決闘を控えた男についての、よくある昔話と同じである。近くにいた人が、『あなたは射撃が上手なのですか？』と聞くと、男は『20歩離れた場所からワイングラスの軸に弾を命中させられる』と落ちついて答えた。『それは結構なことです』と、近くにいた人は感心しない様子で言った。『でも、ワイングラスが弾の入ったピストルをまっすぐあなたの心臓に向けているときに、ワイングラスの軸に弾を命中させられますか？』

本書では、ここまでは読者にほとんど何も要求してこなかった。自分の行動と資産の管理のために効果的な行動科学を学び、株式投資界の偉大な思想家たちの知恵を得たあなたは、理論的には、20歩離れた位置から行動の非効率性を撃つことができるだけのスキルを身につけている。だが、ひとつ問題がある。市場が撃ち返してくることだ。

私は、リスク管理から個人の意思決定、銘柄選択に至るまで、行動が様々なものに及ぼす影響についての知識を広めたいと考えてきた。ある種の取り組みでは、この種の書籍を通じた学習が必要かつ十分な場合もあった。しかし投資においては、知識だけでは不十分だ。

経済学者のエマニュエル・ダーマンは、ノーベル賞受賞者のオーストリアの経済学者フリードリヒ・ハイエクの考えを引用し、ハードサイエンスと、投資管理のようなソフトスキルとの違いについて述べている。

「物理学では、具体的な経験を通して巨視的なものを知り、抽象化を通して微視的なものに進む」[214]。

たとえば、初期の理論は私たちが感覚的にすぐに理解できる概念（たとえば圧力）を扱い、やがて圧力は微視的な原子の働きであるという理解へと導かれていく。ハードサイエンスでは、マクロな観察はミクロなレベルでの理論化や探求の道を開く傾向があるのだ。

物理学への深い羨望（すべての社会科学が物理学を羨ましく思っている――そして、投資も社会科学である）により、初期の投資運用の「科学化」の試みは、全体に目を向けるところから始まり、個々の市場参加者を軽視していた。この試みが失敗したのはまさにそのためである。ダーマンは、「抽象化の順序を逆にすべきである。個々の具体的な経験から個別のエージェントやプレーヤーを理解し、マクロ的な〝経済〟が抽象化するのだ。具体的なものから抽象的なものに進むのが正しい道であるならば、経済学ではエージェントから始めて経済学や市場の理解へと進むべきだ。その逆ではない[215]」と述べている。

実際の投資アプローチを構築するには、個人の心理を――短所や長所も含めて――考慮しなければならない。幸い、他人の誤った行動は、一貫して、システマチックにあなたのチャンスを生み出す。だが、あなたにも同じ誤った行動を取る傾向がある。つまり、あなたがルールに厳格に従わなければ、それは他人にとってのチャンスをつくり出すことになってしまうのだ。

人は皆、思考や行動においてシステマチックに誤りを犯しがちであるという事実は、「なぜこの投資手法をこれから先も続けるべきなのか？」という問いに対する優れた答えになる。価格（Price）や経営者（People）、モメンタム（Push）のようなアイデアについて考えることのできる研究結果にアクセスできるのは、あなただけではない。しかし私は、これらのアイデアの力は、人々が常に食べ過ぎ、浮気し、ビッグマックよりもサメを恐れるのと同じ理由で持続するだろうと、ある程度の自信を持って言うことができる。米国人に肥満が多いのは、スポーツジムや栄養情報が不足しているからではない。私たちが太っているのは、ブロッコリーよりもドーナツのほうがおいしいからだ。ヘッジファンド・マネージャーのセス・クラーマンはこの考えを支持し、次のように述べている。

「もし国民全員が証券アナリストになり、ベンジャミン・グレアムの『賢明なる投資家』の内容を記憶し、ウォーレン・バフェットの年次株主総会に定期的に出席するようになっても、ほとんどの人は、今話題の新規株式公開やモメンタム戦略、投資ブームに魅力を感じるだろう。デイトレードや、株価チャートのテクニカル分析にも魅力を感じるだろう。国民全員が証券アナリストの国は、それでも市場の動きに過剰反応するだろう。つまり、最高の訓練を受けたとしても、人は投資家が永遠に犯し続けてきたのと同じ間違いを、同じ不変の理由で犯してしまうのだ[216]」

人は間違いを犯しやすいという事実は、あなたが資産を増やすうえでの最大の永続的な利点になる。逆に、あなたが他の人と同じように間違いを犯しやすいという事実は、あなたが資産を増やすうえでの最大の障害になる。

長期的にRBIアプローチが成功し続ける一番目の理由が人間の思考や行動に矛盾があることだとすれば、二番目の理由はあまり直感的ではない。それは、このアプローチが短期的には失敗する可能性があることだ。他の様々な投資アプローチのほうがRBIアプローチよりも優れていることは、数か月単位、さらには年単位でもあるだろう。だが、あのウォーレン・バフェットですら数えきれないほど失敗しているし、ジョエル・グリーンブラットの「マジック・フォーミュラ」も中長期的にはS&P500をアウトパフォームしたが、3年にわたってアンダーパフォームしたことがあり、歴史的に見ても1年のうち5か月はアンダーパフォームしている。

そのような時には、近視眼的な投資家はRBIアプローチの有効性を疑い、このシンプルな知恵の価値を認めず、このアプローチを見捨てるだろう。だが歴史に学ぶのなら、このような退場の直後にアウトパフォームの時期を迎える可能性が高い。ベンジャミン・グレアムはこう述べている。

「株式市場では大勢の優秀な専門家が働いていることを考えると、健全でありながら人気のないアプローチが存在するという考えは、むしろ奇妙なことだと思える。だが、私たちのキャリアや評判は、このありそうもない事実に基づいているのだ[217]」

行動科学的な投資手法は、人気競争を気にする者が行うべきではない、孤独な取り組みであることは、多くの著名な投資家によって示唆されてきた。行動ファイナンスという言葉が生まれるずっと前に、ジョン・メイナード・ケインズは次のような見解を示している。

「投資資金が委員会や評議会、銀行に管理される場合、最も批判を受けるのは、公共の利益を最も促進する長期投資家である。なぜなら、普通の考えを持つ人々の眼には、長期投資家の行動の本質は、常軌を逸し、型破りで、軽率に映るからである。もし投資家が成功しても、世間は投資家の軽率さを確認するだけである。そして（こちらのほうが確率は高いが）もし短期間に失敗しても、あまり同情してはもらえない。世間の考えでは、突飛なことをして成功するより、慣習に従って失敗するほうが、評判がいいのである」〔218〕

ルールベースの行動科学的投資手法は、まさにケインズが、大衆が誤解すると予測した、成功への型破りな道である。あなたの身の回りの人、たとえば頑固なインデックス投資派の人たちは、RBIのアプローチは好みに合わないほどアクティブだと感じるだろう。また、1つの銘柄に大きな賭けをすることにこだわる人は、あなたの忍耐強く体系的なアプローチを地味すぎると見なすだろう。しかし、人生全般においてもそうであるように、お金の管理における真実とは、その場ではどんなに型破りに見えたとしても、安定した中道的な方法を貫くことが満足のいく結果につながる最善策であるということだ。

ここまでは、行動科学的な投資手法の様々な利点を説明してきたが、その最大の恩恵にはまだ言及していなかった――それは、内省と個人的成長という計り知れない恩恵である。投資は傍目には、不毛な営みで、人間味がなく、利益の追求のみに関心を向けていると思われているかもしれない。しかし、真に有能な投資家は、投資の人間的性質について理解を深めることで、投資のプロセスを改善するだけでなく、人生を向上させる機会をも得ているのだ。ジェイソン・ツヴァイクは、投資の専門家に向けて熱くこう語っている。

「行動ファイナンスを主に世界への窓として見ていると、自分自身や顧客、自分のビジネスに大きな害を与えることになる。実は、行動ファイナンスは自分自身の姿を映す鏡でもある。しかも、それは自分の欠点や不完全さを拡大して、際立たせる鏡である。

高い見晴らしの良い場所からは単純で安全な道がはっきりと見えるのに、窓から下界を見て、愚かな大衆が本当に行きたい場所にたどり着けずにさ迷い、つまずいているのを眺めているのは、勇敢な行為ではない。

しかし、鏡をじっと見つめ、そこに映る自分の本当の姿を深く理解するのは、かなりの勇気が必要だ。あなたを見つめ返しているのは、少数の法則や後知恵バイアス、過剰反応、ナローフレーミング、メンタルアカウンティング、現状維持バイアス、将来の後悔を予想できないこと、そして何よりも自信過剰であることの餌食になっている人間なのだ。」[219]

古代ギリシャでは、地球が宇宙の中心であり、その周りを他の物体が回っているという、現代人には受け入れがたい考えである天動説を信じていた。古代、人間の身体には血液、粘液、黄胆汁、黒胆汁の4つの体液があり、健康は4つの体液の適切なバランスによってもたらされると広く考えられていた。それほど遠くない昔、医師たちはヒルに吸わせることで病人の血液を抜き、それによってその人の活力を取り戻せると考えていた。

私は個人的、職業的な謙虚さを保つために、オフィスに骨相学で用いる頭蓋骨を保管している。頭の形によって人の性格や人柄が推測できると考えられていた時代があったことを忘れないようにするためだ。しかし、もっと恐ろしいのは、私たちが今日信じていることのなかには、将来の世代からするとこれらの例と同じように非常識に思えるものが必ずあるということだ。

人々は今、こうした時代錯誤を笑いものにしている。だが私は、市場参加者の行動を何らかの方法で説明しようとしない金融モデルが開発されたことが同じように笑いものになる時代が、そう遠からず訪れるのではないかと確信している。私には3人の小さな子どもがいるが、彼らが大学に通うようになったときに、依然として「行動ファイナンス」をテーマにした講座が行われていないことを心から願っている。もし行われているとすれば、金融学の世界は相変わらず知的な縄張り争いから抜け出せておらず、優れたアイデアが表面的な違いのみによって注目されていることになるからだ。こうした題名の講義がある限り、行動ファイナンスの他のファイナンス理論との融合が阻まれていることの証である。私は自分の子どもたちには、ファイナンスを「複雑で、曖昧で、厄介で、教授たちがある程度数学的な正確さをもってアプローチしようとはしているが、ファイナンスに命を吹き込む人間心理が決して切り離して考えられたりはしない学問」として学んでほしいと願っている。心理学とファイナンスを統合することには、リターンと自己認識の両方を高める可能性がある。そこには、真の豊かさがあるのだ。

訳者あとがき

本書は、2021年（改定前のハードカバー版は2016年）に米国で刊行された『The Laws of Wealth: Psychology and the secret to investing success（直訳すると「富の法則：心理学と投資を成功させる秘訣」）』の邦訳である。

著者は、心理学の博士号を持つ行動ファイナンスの専門家であり、アセット・マネージャーとしても活躍するのダニエル・クロスビー博士。著書『行動科学と投資 その努力がパフォーマンスを下げる』（パンローリング）などから、その主張に馴染みのある読者もいるだろう。

本書のテーマは、原題のタイトルに端的に表されているように、著者が主張する、行動科学の知見に基づいた「投資で成功するための10個の法則（基本的原則）」をベースにして、投資戦略の指針となる考え方を提案するというものだ。

本書は2部構成になっている。第1部では、投資において最も重要な「自分の行動」をコントロールすることを主眼にした、10個の法則をひとつずつ説明する。

第2部では、実践編として、著者が提案する「ルールベースの行動科学的投資手法」（RBI＝Rule Based behavioural Investing）のアプローチを紹介する。第1部で学んだ法則を実際の資産運用に応用する方法が、主として行動リスクの観点から解説されている。

著者の心理学者、ファイナンスの専門家としての豊富な知識、経験に裏付けられた本書は、複雑な投資の世界で取るべき行動をごくシンプルな原則に落とし込むと同時に、極めて理知的で奥深い投資戦略を提案する。投資の初心者はもちろん、経験を積んだ投資家にもまったく新たな視点をいくつも提供する内容になっている。

近年、行動経済学をはじめとする行動科学分野の研究成果には目覚ましいものがあり、その知見は広く一般的に知られるようになった。しかし、著者の言うとおり、頭で理解していることと、実際にその通りに行動を取れることとは別の話である。情報過多の世の中にあって、私たちはあるときは過度に興奮し、あるときは不安に煽られて、結果的に失敗してしまう。だが、本書のアドバイスに従ってうまく自分の行動をコントロールできるようになれば、大きなリターンを手にできるようになるはずだ。

著者が言うように、人間行動への理解を深め、自らの行動を律することは、単に投資において有利になるだけではなく、私たちの人生全体に大きな恩恵をもたらしてくれるものになる。本書が読者の人生を経済的、精神的に豊かにする一助となることを心より願っている。

翻訳に際しては、徳間書店学芸編集部の武井章乃氏に温かく心強いサポートをいただいた。心よりお礼申し上げる。

児島修

参考文献

Antonacci, G., *Dual Momentum Investing: An Innovative Strategy for Higher Returns with Lower Risk* (McGraw-Hill Education, 2014)〔ウォール街のモメンタムウォーカー』〔ゲイリー・アントナッチ著、長尾慎太郎監修、山下恵美子訳、パンローリング、2015年〕

Ariely, D., *Predictably Irrational: The Hidden Forces that Shape Our Decisions* (HarperCollins, 2009)〔『予想どおりに不合理：行動経済学が明かす「あなたがそれを選ぶわけ」』(ダン・アリエリー著、熊谷淳子訳、早川書房、2013年)〕

Arnott, R. D., Berkin, A.L. and Ye, J., 'How Well Have Taxable Investors Been Served in the 1980's and 1990's?', *First Quadrant* (2000)

Arnott, R. D., Hsu, J.C. and West, J.M., *The Fundamental Index: A Better Way to Invest* (John Wiley & Sons, 2008)

Asness, C. S., 'The Interaction of Value and Momentum Strategies', *Financial Analysts Journal* 53:2 (1997)

Asness, C. S., Frazzini, A., Israel, R. and Moskowitz, T.J., 'Fact, Fiction and Momentum Investing' (SSRN, 2014)

Asness, C. S., Ilmanen, A. and Maloney, T., 'Market Timing Is Back In The Hunt For Investors' institutionalinvestor.com (November 11, 2015)

Bennyhoff, D. G. and Kinniry Jr., F.M., 'Advisor's alpha', Vanguard. com (April, 2013)

Bernstein, P., *Against The Gods: The Remarkable Story of Risk* (John Wiley & Sons, 2008)

Blanchett, D. and Kaplan, P., 'Alpha, Beta, and Now… Gamma', Morningstar (August 28, 2013)

Bond, Jr., C. F. and DePaulo, B.M., 'Accuracy of Deception Judgments', *Personality and Social Psychology Review* 10:3 (2006)

Brown, J. M., *Backstage Wall Street: An Insider's Guide to Knowing Who to Trust, Who to Run From, and How to Maximize Your Investments* (McGraw-Hill Education, 2012)

Browne, C. H., Browne, W. H., Spears, J. D., Shrager, T. H. and Wyckoff, Jr., R. Q., 'What Has Worked In Investing: Studies of Investment Approaches and Characteristics Associated with Exceptional Returns' (Tweedy, Browne Company, 1992)

Browne, C. H., 'Value Investing and Behavioral Finance', presentation to Columbia Business School (November 15, 2000)

Browne, C. H., *The Little Book of Value Investing* (John Wiley & Sons, 2006)〔『バリュー投資：株の本当の価値を問う』(クリストファー・H・ブラウン著、林康史監訳、福重嘉徳訳、日経 BP 社、2007年)〕

Browne, C. H., Browne, W. H., Spears, J. D., Shrager, T. H. and Wyckoff, Jr., R. Q., 'What Has Worked In Investing: Studies of Investment Approaches and Characteristics Associated with Exceptional Returns' (Tweedy, Browne Company, revised edition, 2009)

Buffett, W. E., 'The Superinvestors of Graham-And-Doddsville' (1984)

Carlson, B., *A Wealth of Common Sense: Why Simplicity Trumps Complexity in Any Investment Plan* (John Wiley & Sons, 2015)

Casselman, B., 'Worried About The Stock Market? Whatever You Do, Don't Sell.', FiveThirtyEight.com (August 25, 2015)

Chabot, B., Ghysels, E. and Jagannathan, R., 'Momentum Cycles and Limits to Arbitrage — Evidence from Victorian England and Post-Depression US Stock Markets' (NBER working paper, 2009)

Cialdini, R. B., *Influence: The Psychology of Persuasion* (Harper Business, 2006)〔『影響力の武器：なぜ、人は動かされるのか 第3版』(ロバート・B・チャルディーニ著、社会行動研究会訳、誠信書房，2014年)〕

Cogliati, G. M., Paleari, S. and Vismara, S., 'IPO Pricing: Growth Rates Implied in Offer Prices' (SSRN, February 1, 2008)

Cohen, R. B., Polk, C. and Silli, B., 'Best Ideas', SSRN.com (March 15, 2010)

Connors, R. J., *Warren Buffett on Business: Principles from the Sage of Omaha* (Wiley, 2009)

Cremers, M. and Petajisto, A., 'How Active is Your Fund Manager? A New Measure That Predicts Performance' (SSRN, March 31, 2009)
Damodaran, A., Damodaran Online, Investment Management, 'Risk and Time Horizon'.
Davies, G. B. and de Servigny, A., (McGraw-Hill Education, 2012)
DePodesta, P., 'Draft Review—About Process', itmightbedangerous. blogspot.com (June 10, 2008)
Derman, E., *Models.Behaving.Badly.: Why Confusing Illusion with Reality Can Lead to Disaster, on Wall Street and in Life* (Free Press, 2012)
Diamond, J., Collapse: *How Societies Choose To Fail Or Succeed* (Viking, 2005)〔『文明崩壊：滅亡と存続の命運を分けるもの』（ジャレド・ダイアモンド著、楡井浩一訳、草思社、2005年）〕
Dinkelman, T., Levinsohn, J. A. and Majelantle, R., 'When Knowledge Isn't Enough: HIV/AIDS Information and Risk Behavior in Botswana', NBER Working paper (2006)
Evans, J. L. and Archer, S. H., 'Diversification and the Reduction of Dispersion: An Empirical Analysis', *The Journal of Finance* 23:5 (December 1968)
Faber, M. T., 'A Quantitative Approach to Tactical Asset Allocation' (SSRN, February 1, 2013)
Fama, E., French, K. R., 'The Cross-Section of Expected Stock Returns', *Journal of Finance* 47:2 (1992)
Felder, J., 'Don't Buy The Buy-And-Hold Line Of BS', the felderreport. com (August 5, 2014)
Felder, J., 'How To Time The Market Like Warren Buffett: Part 1', thefelderreport.com (August 7, 2014)
Felder, J., 'Are Passive Investors Taking On Far More Risk Than They Realize?', thefelderreport.com (February 3, 2016)
Finkelstein, S., *Why Smart Executives Fail: And What You Can Learn from Their Mistakes* (Portfolio, 2004)〔『名経営者が、なぜ失敗するのか？』（シドニー・フィンケルシュタイン著、酒井泰介訳、橋口寛監訳・解説、日経 BP 社2004年）〕
Galbraith, J. K., *A Short History of Financial Euphoria* (Penguin, 1994)〔『バブルの物語：人々はなぜ「熱狂」を繰り返すのか 新版』（ジョン・K・ガルブレイス著、鈴木哲太郎訳、ダイヤモンド社、2008年）〕
Geczy, C. and Samonov, M., 'Two Centuries of Price Return Momentum' (SSRN, 2016)
Giamouridis, D., Liodakis, M. and Moniz, A., 'Some Insiders are Indeed Smart Investors' (SSRN, July 29, 2008)
Gilbert, D., 'The surprising science of happiness', TED.com (February 2004)
Goldstein, N. J., Martin, S.J. and Cialdini, R.B., *Yes!: 50 Scientifically Proven Ways to Be Persuasive* (Free Press, 2009)
Graham, J. R. and Harvey, C. R., 'Expectations, optimism and overconfidence' (2005)
Graham, B. and Zweig, J., *The Intelligent Investor: The Definitive Book on Value Investing. A Book of Practical Counsel* (Harper Business, 2006)〔『賢明なる投資家—割安株の見つけ方とバリュー投資を成功させる方法』（ベンジャミン・グレアム著、土光篤洋監修、増沢和美訳、新美美葉訳、パンローリング、2000年）〕
Graser, M., 'Epic Fail: How Blockbuster Could Have Owned Netflix', Variety (November 12, 2013)
Gray, W. R., and Carlisle, T., *Quantitative Value: A Practitioner's Guide to Automating Intelligent Investment and Eliminating Behavioral Errors* (John Wiley & Sons, 2012)
Gray, W. R., Vogel, J. R. and Foulke, D. P., *DIY Financial Advisor: A Simple Solution to Build and Protect Your Wealth* (John Wiley & Sons, 2015)
Greenblatt, J., *You Can Be a Stock Market Genius: Uncover the Secret Hiding Places of Stock Market Profits* (Touchstone, 1999)〔『グリーンブラット投資法：M&A、企業分割、倒産、リストラは宝の山』（ジョエル・グリーンブラット著、奥脇省三訳、パンローリング、2001年）〕
Greenblatt, J., *The Little Book That Still Beats the Market* (John Wiley & Sons, 2010)
Greenspan, S., 'Why We Keep Falling for Financial Scams', The Wall Street Journal (January 3, 2009)
Grenny, J., Patterson, K., Maxfield, D., McMillan, R. and Switzler, A., *Influencer: The Power to Change Anything* (McGraw-Hill Education, 2013)
Griffin, T., 'A Dozen Things I've Learned from Marty Whitman/Third Avenue about Investing', 25iq.

com (December 15, 2013)
Hargreaves, R., 'Seth Klarman: Now's Not The Time To Give Up On Value', valuewalk.com (January 26, 2016)
Housel, M., '25 Important Things to Remember As an Investor', fool. com (March 28, 2013)
Howard, C. T., *Behavioral Portfolio Management: How successful investors master their emotions and build superior portfolios* (Harriman House, 2014)
Howard, C. T., *The New Value Investing: How to Apply Behavioral Finance to Stock Valuation Techniques and Build a Winning Portfolio* (Harriman House, 2015)
Ibbotson, R., 'Decile Portfolios of the NYSE, 1967.1984', Yale School of Management Working Paper (1986)
Jegadeesh, N. and Titman, S., 'Returns to Buying Winners and Selling Losers: Implications for Stock Market Efficiency', *Journal of Finance* 48:1 (1993)
Jones, M. A., *Women of The Street: Why Female Money Managers Generate Higher Returns* (and How You Can Too) (Palgrave Macmillan, 2015)
Kalchik, B., 'Top 10 Cases Of The SI Cover Jinx', rantsports.com (October 7, 2014)
Keynes, J. M., *The General Theory Of Employment, Interest, And Money* (CreateSpace, 2011)〔『雇用・利子および貨幣の一般理論』(J・M・ケインズ著、塩野谷祐一訳、東洋経済新報社、1995年、他)〕
Lakonishok, J., Vishny, R.W. and Shleifer, A., 'Contrarian Investment, Extrapolation and Risk' (Working paper, 1993)
Lincoln, A., 'Address before the Wisconsin State Agricultural Society', abrahamlincolnonline.org (September 30, 1859)
Lindstrom, M., *Buyology: Truth and Lies About Why We Buy* (Random House Business, 2009)
Lofton, L., *Warren Buffett Invests Like a Girl: And Why You Should, Too* (Harper Business, 2012)
Loomis, C. J., 'Beating the market by buying back stock', Fortune (November 21, 2012)
Malkiel, B.G. and Ellis, C., *The Elements of Investing: Easy Lessons for Every Investor* (John Wiley & Sons, 2013)〔『投資の大原則：人生を豊かにするためのヒント』(バートン・マルキール、チャールズ・エリス著、鹿毛雄二、鹿毛房子訳、日本経済新聞出版社、2010年年)〕
Malkiel, B. G., *A Random Walk Down Wall Street: The Time-Tested Strategy for Successful Investing* (W. W. Norton & Company, 11th edition, 2016)〔『ウォール街のランダム・ウォーカー ：株式投資の不滅の真理』(バートン・マルキール著、井手正介訳、日経 BP、2023年)〕
Marks, H., *The Most Important Thing: Uncommon Sense for the Thoughtful Investor* (Columbia University Press, 2011)〔『投資で一番大切な20の教え：賢い投資家になるための隠れた常識』(ハワード・マークス著、貫井佳子訳、日本経済新聞出版社、2012年)〕
Mauboussin, M. J., *Think Twice: Harnessing the Power of Counterintuition* (Harvard Business Review Press, 2012)
Max, S., 'Writing a Bigger Book', Barron's (August 23, 2014)
Montier, J., 'Seven Sins of Fund Management: A behavioural critique', DrKW Macro Research (November 2005)
Montier, J., 'Painting by numbers: an ode to quant', DrKW Macro Research (August 2, 2006)
Montier, J., *Value Investing: Tools and Techniques for Intelligent Investment* (John Wiley & Sons, 2009)
Montier, J., *The Little Book of Behavioral Investing: How not to be your own worst enemy* (John Wiley & Sons, 2010)
O'Shaughnessy, J., *What Works on Wall Street: The Classic Guide to the Best-Performing Investment Strategies of All Time* (McGraw-Hill Education, 4th edition, 2011)
Peters, T. J. and Waterman, Jr., R. H., *In Search of Excellence: Lessons from America's Best-Run Companies* (Harper Business, 2006)〔『エクセレント・カンパニー』(トム・ピーターズ、ロバート・ウォータマン著、大前研一訳、英治出版、2003年)〕
Piotroski, J. D., 'Value Investing: The Use of Historical Financial Statement Information to Separate Winners from Losers', University of Chicago Graduate School of Business (2002)
Portnoy, B., *The Investor's Paradox: The Power of Simplicity in a World of Overwhelming Choice*

(St Martin's Press, 2014)
Rayer, M. D., 'Goals-Based Investing Saves Investors from Rash Decisions', SEI Wealth Network (2008)
Reed, T., 'Buffett Decries Airline Investing Even Though at Worst He Broke Even', *Forbes* (May 13, 2013)
Schwartz, B., *The Paradox of Choice: Why More Is Less* (Harper Perennial, 2005)
Shiv, B., 'Thinking Money—Horizontal Wine Tasting', YouTube.com (October 14, 2014)
Silver, N., *The Signal and the Noise: Why So Many Predictions Fail — but Some Don't* (Penguin, 2015)〔『シグナル & ノイズ：天才データアナリストの「予測学」』（ネイト・シルバー著、川添節子訳、日経BP社、2013年）〕
Soe, A.M., 'SPIVA U.S. Scorecard', S&P Dow Jones Indices (2014)
Statman, M., *What Investors Really Want: Know What Drives Investor Behavior and Make Smarter Financial Decisions* (McGraw-Hill Education, 2010)
Steenbarger, B. N., *The Psychology of Trading: Tools and Techniques for Minding the Markets* (John Wiley & Sons, 2002)
Taleb, N. N., Fooled By Randomness: *The Hidden Role of Chance in Life and in the Markets* (Random House, 2005)〔『まぐれ：投資家はなぜ、運を実力と勘違いするのか』（ナシーム・ニコラス・タレブ著、望月衛訳、ダイヤモンド社、2008年）〕
Taleb, N. N., *Antifragile: Things That Gain from Disorder* (Random House, 2014)〔『反脆弱性：不確実な世界を生き延びる唯一の考え方』（ナシーム・ニコラス・タレブ著、望月衛監訳、千葉敏生訳、ダイヤモンド社、2017年）〕
Task, A., 'Pride cometh before the fall: Indexing edition', aarontask. tumblr. com (August 29, 2014)
Tetlock, P., 'Theory-Driven Reasoning about Plausible Pasts and Probable Futures in World Politics' in *Heuristics and Biases: The Psychology of Intuitive Judgment*, ed. T. Gilovich, D. Griffen, and D. Kahneman (Cambridge University Press, 2003)
Tierney, J., 'At Airports, a Misplaced Faith in Body Language', *The New York Times* (March 23, 2014)
Widger, C. and Crosby, D., *Personal Benchmark: Integrating Behavioral Finance and Investment Management* (John Wiley & Sons, 2014)〔『ゴールベース資産管理入門：顧客志向の新たなアプローチ』（チャック・ウィジャー、ダニエル・クロスビー著、新井聡監訳、野村證券ゴールベース研究会訳、日本経済新聞出版社、2016年）〕
Yanofsky, D., 'How you could have turned $1,000 into billions of dollars by perfectly trading the S&P 500 this year', qz.com (December 16, 2013)
Zweig, J., 'Behavioral Finance: What Good Is It, Anyway?', jasonzweig. com (June 20, 2015)

原注

〔1〕J. Grenny, K. Patterson, D. Maxfield, R. McMillan and A. Switzler, *Influencer: The Power to Change Anything* (McGraw-Hill Education, 2013), p. 17.
〔2〕S. Fiorillo, 'What Is the Average Income in the U.S.?', TheStreet (February 11, 2020).
〔3〕Damodaran Online, Investment Management, 'Risk and Time Horizon'.
〔4〕N. Silver, *The Signal and the Noise: Why So Many Predictions Fail—but Some Don't* (Penguin, 2015).〔『シグナル & ノイズ：天才データアナリストの「予測学」』(ネイト・シルバー著、川添節子訳、日経 BP 社、2013年)〕
〔5〕B. Carlson, *A Wealth of Common Sense: Why Simplicity Trumps Complexity in Any Investment Plan* (John Wiley & Sons, 2015), p. 12.
〔6〕M. Statman, *What Investors Really Want: Know What Drives Investor Behavior and Make Smarter Financial Decisions* (McGraw-Hill Education, 2010), p. 6.
〔7〕L. Lofton, *Warren Buffett Invests Like a Girl: And Why You Should, Too* (Harper Business, 2012), p. 25.
〔8〕J. Diamond, *Collapse: How Societies Choose To Fail Or Succeed* (Viking, 2005).〔『文明崩壊：滅亡と存続の命運を分けるもの』(ジャレド・ダイアモンド著、楡井浩一訳、草思社、2005年)〕
〔9〕G. Antonacci, *Dual Momentum Investing: An Innovative Strategy for Higher Returns with Lower Risk* (McGraw-Hill Education, 2014), p. 83.『ウォール街のモメンタムウォーカー』〔ゲイリー・アントナッチ著、長尾慎太郎監修、山下恵美子訳、パンローリング、2015年〕
〔10〕B. Graham and J. Zweig, *The Intelligent Investor: The Definitive Book on Value Investing. A Book of Practical Counsel* (Harper Business, 2006), p. 215.〔『賢明なる投資家—割安株の見つけ方とバリュー投資を成功させる方法』(ベンジャミン・グレアム著、土光篤洋監修、増沢和美訳、新美美葉訳、パンローリング、2000年)〕
〔11〕D. G. Bennyhoff and F. M. Kinniry Jr., 'Advisor's alpha', Vanguard. com (April, 2013).
〔12〕D. Blanchett and P. Kaplan, 'Alpha, Beta, and Now… Gamma', Morningstar (August 28, 2013).
〔13〕'The Value Of Financial Planning', Financial Planning Standards Council, fpsc.ca.
〔14〕J. M. Brown, *Backstage Wall Street: An Insider's Guide to Knowing Who to Trust, Who to Run From, and How to Maximize Your Investments* (McGraw-Hill Education, 2012), p. 9.
〔15〕Graham and Zweig, *Intelligent Investor*, p. 217.
〔16〕Carlson, *Common Sense*, p. 68.
〔17〕Ibid, p. 26.
〔18〕N. J. Goldstein, S. J. Martin and R. B. Cialdini, *Yes!: 50 Scientifically Proven Ways to Be Persuasive* (Free Press, 2009), p. 188.
〔19〕J.K. Galbraith, *A Short History of Financial Euphoria* (Penguin, 1994), p. 6.〔『バブルの物語：人々はなぜ「熱狂」を繰り返すのか 新版』(ジョン・K・ガルブレイス著、鈴木哲太郎訳、ダイヤモンド社、2008年)〕
〔20〕D. Ariely, *Predictably Irrational: The Hidden Forces that Shape Our Decisions* (HarperCollins, 2009), p. 97.〔『予想どおりに不合理：行動経済学が明かす「あなたがそれを選ぶわけ」』(ダン・アリエリー著、熊谷淳子訳、早川書房、2013年)〕
〔21〕Ibid.
〔22〕B. N. Steenbarger, *The Psychology of Trading: Tools and Techniques for Minding the Markets* (John Wiley & Sons, 2002), p. 54.
〔23〕G. M. Cogliati, S. Paleari and S. Vismara, 'IPO Pricing: Growth Rates Implied in Offer Prices' (SSRN, February 1, 2008).
〔24〕M. Lindstrom, *Buyology: Truth and Lies About Why We Buy* (Random House Business, 2009), pp. 27–28.
〔25〕J. O'Shaughnessy, *What Works on Wall Street: The Classic Guide to the Best-Performing Investment Strategies of All Time* (McGraw-Hill Education, 4th edition, 2011), p. 26.
〔26〕J. Montier, *Value Investing: Tools and Techniques for Intelligent Investment* (John Wiley &

Sons, 2009).
〔27〕T.J. Peters and R.H. Waterman, Jr., *In Search of Excellence: Lessons from America's Best-Run Companies* (Harper Business, 2006).〔『エクセレント・カンパニー』(トム・ピーターズ、ロバート・ウォータマン著、大前研一訳、英治出版、2003年)〕
〔28〕Brown, *Backstage Wall Street*, p. 6.
〔29〕Montier, *Value Investing*, p. 17.
〔30〕Galbraith, *A Short History*, p. 110.
〔31〕Lindstrom, *Buyology*, p. 54.
〔32〕Ibid.
〔33〕R. B. Cialdini, *Influence: The Psychology of Persuasion* (Harper Business, 2006), p. 115.〔『影響力の武器:なぜ、人は動かされるのか 第3版』(ロバート・B・チャルディーニ著、社会行動研究会訳、誠信書房, 2014年)〕
〔34〕Ibid., p. 118.
〔35〕Ibid.
〔36〕Graham and Zweig, *Intelligent Investor*, p. 219.
〔37〕M. D. Rayer, 'Goals-Based Investing Saves Investors from Rash Decisions', SEI Wealth Network (2008).
〔38〕C. Widger and D. Crosby, *Personal Benchmark: Integrating Behavioral Finance and Investment Management* (John Wiley & Sons, 2014), p. 158.〔『ゴールベース資産管理入門:顧客志向の新たなアプローチ』(チャック・ウィジャー、ダニエル・クロスビー著、新井聡監訳、野村證券ゴールベース研究会訳、日本経済新聞出版社、2016年)〕
〔39〕Ibid., p. 159.
〔40〕Grenny, Patterson, Maxfield, McMillan and Switzler, Influencer, p..89.
〔41〕D. Gilbert, 'The surprising science of happiness', TED.com (February 2004).
〔42〕N. N. Taleb, *Antifragile: Things That Gain from Disorder* (Random House, 2014), p. 150.〔『反脆弱性:不確実な世界を生き延びる唯一の考え方』(ナシーム・ニコラス・タレブ著、望月衛監訳、千葉敏生訳、ダイヤモンド社、2017年)〕
〔43〕Montier, *Value Investing*, p. 11.
〔44〕O'Shaughnessy, *What Works on Wall Street*, p. 11.
〔45〕Graham and Zweig, *The Intelligent Investor*, p. 374.
〔46〕C. H. Browne, *The Little Book of Value Investing* (John Wiley & Sons, 2006).〔『バリュー投資:株の本当の価値を問う』(クリストファー・H・ブラウン著、林康史監訳、福重嘉徳訳、日経 BP 社、2007年)〕
〔47〕B. G. Malkiel, *A Random Walk Down Wall Street: The Time-Tested Strategy for Successful Investing* (W. W. Norton & Company, 11th edition, 2016), p. 167.〔『ウォール街のランダム・ウォーカー:株式投資の不滅の真理』(バートン・マルキール著、井手正介訳、日経 BP、2023年)〕
〔48〕B. Portnoy, *The Investor's Paradox: The Power of Simplicity in a World of Overwhelming Choice* (St Martin's Press, 2014), p. 36.
〔49〕P. Tetlock, 'Theory-Driven Reasoning about Plausible Pasts and Probable Futures in World Politics' in Heuristics and Biases: The Psychology of Intuitive Judgment, ed. T. Gilovich, D. Griffen, and D. Kahneman (Cambridge University Press, 2003).
〔50〕Brown, *Backstage Wall Street*, p. 148.
〔51〕J. Montier, *The Little Book of Behavioral Investing: How not to be your own worst enemy* (John Wiley & Sons, 2010), p. 78.
〔52〕J. Greenblatt, *The Little Book That Still Beats the Market* (John Wiley & Sons, 2010), p. 30.
〔53〕Ibid, p. 102.
〔54〕Carlson, *Common Sense*, p. 52.
〔55〕Graham and Zweig, *The Intelligent Investor*, p. 260.
〔56〕A. Lincoln, 'Address before the Wisconsin State Agricultural Society', abrahamlincolnonline.org (September 30, 1859).
〔57〕B. Kalchik, 'Top 10 Cases Of The SI Cover Jinx', rantsports.com (October 7, 2014).

〔58〕 P. Bernstein, *Against The Gods: The Remarkable Story of Risk* (John Wiley & Sons, 2008), p. 271.
〔59〕 O'Shaughnessy, *What Works on Wall Street*, p. 21.
〔60〕 Montier, *Value Investing*, p. 95.
〔61〕 Ibid., p. 205.
〔62〕 Carlson, *Common Sense*, p. 22.
〔63〕 O'Shaughnessy, *What Works on Wall Street*, p. 28.
〔64〕 Ibid., p. 30
〔65〕 Graham and Zweig, *The Intelligent Investor*, p. 16.
〔66〕 H. Marks, *The Most Important Thing: Uncommon Sense for the Thoughtful Investor* (Columbia University Press, 2011), p. 100.〔『投資で一番大切な20の教え：賢い投資家になるための隠れた常識』(ハワード・マークス著、貫井佳子訳、日本経済新聞出版社、2012年)〕
〔67〕 Carlson, *Common Sense*, p. 126.
〔68〕 Ibid., p. 72.
〔69〕 Ibid., p. 133.
〔70〕 Antonacci, *Dual Momentum*, p. 51.
〔71〕 Ibid., p. 56.
〔72〕 Ibid., p. 56.
〔73〕 Marks, *The Most Important Thing*, p. 36.〔『投資で一番大切な20の教え：賢い投資家になるための隠れた常識』(ハワード・マークス著、貫井佳子訳、日本経済新聞出版社、2012年)〕
〔74〕 Graham and Zweig, *The Intelligent Investor*, p. 122.
〔75〕 M. Housel, '25 Important Things to Remember As an Investor', fool.com (March 28, 2013).
〔76〕 'Historical Returns for US Stock/Bond Allocations, And Choosing Your Allocation', QVM Group (July 30, 2013).
〔77〕 G. B. Davies and A. de Servigny, *Behavioral Investment Management: An Efficient Alternative to Modern Portfolio Theory* (McGraw-Hill Education, 2012), p. 53.
〔78〕 C. T. Howard, *Behavioral Portfolio Management: How successful investors master their emotions and build superior portfolios* (Harriman House, 2014), p. 20.
〔79〕 Marks, *The Most Important Thing*, p. 66.〔『投資で一番大切な20の教え：賢い投資家になるための隠れた常識』(ハワード・マークス著、貫井佳子訳、日本経済新聞出版社、2012年)〕
〔80〕 Bernstein, *Against The Gods*, p. 197.
〔81〕 Taleb, *Antifragile*, p. 107.〔『反脆弱性：不確実な世界を生き延びる唯一の考え方』(ナシーム・ニコラス・タレブ著、望月衛監訳、千葉敏生訳、ダイヤモンド社、2017年)〕
〔82〕 P. DePodesta, 'Draft Review .About Process', itmightbedangerous. blogspot.com (June 10, 2008).
〔83〕 W. R. Gray, J. R. Vogel and D. P. Foulke, *DIY Financial Advisor: A Simple Solution to Build and Protect Your Wealth* (John Wiley & Sons, 2015), p. 31.
〔84〕 O'Shaughnessy, *What Works on Wall Street*, p. 42.
〔85〕 Portnoy, *The Investor's Paradox*, p. 43.
〔86〕 www.investopedia.com/terms/p/passivemanagement.asp
〔87〕 W. R. Gray and T. Carlisle, *Quantitative Value: A Practitioner's Guide to Automating Intelligent Investment and Eliminating Behavioral Errors* (John Wiley & Sons, 2012), p. 9. 88 A. M. Soe, 'SPIVA U.S. Scorecard', S&P Dow Jones Indices (2014).
〔89〕 Portnoy, The Investor's Paradox, pp. 54–55.
〔90〕 R. D. Arnott, J. C. Hsu, J. M. West, *The Fundamental Index: A Better Way to Invest* (John Wiley & Sons, 2008), p. 72.
〔91〕 J. Gittelsohn, 'End of Era: Passive Equity Funds Surpass Active in Epic Shift', Bloomberg (September 11, 2019).
〔92〕 A. Task, 'Pride cometh before the fall: Indexing edition', aarontask. tumblr.com (August 29, 2014).
〔93〕 J. Felder, 'Are Passive Investors Taking On Far More Risk Than They Realize?', thefelderre-

port.com (February 3, 2016).
〔94〕 Taleb, *Antifragile*, p. 5.〔『反脆弱性：不確実な世界を生き延びる唯一の考え方』(ナシーム・ニコラス・タレブ著、望月衛監訳、千葉敏生訳、ダイヤモンド社、2017年)〕
〔95〕 Arnott, Hsu, West, *The Fundamental Index*, p. 72.
〔96〕 R. D. Arnott, A. L. Berkin and J. Yketae, 'How Well Have Taxable Investors Been Served in the 1980's and 1990's?', First Quadrant (2000).
〔97〕 B.G. Malkiel and C. Ellis, *The Elements of Investing: Easy Lessons for Every Investor* (John Wiley & Sons, 2013), p. 33.〔『投資の大原則：人生を豊かにするためのヒント』(バートン・マルキール、チャールズ・エリス著、鹿毛雄二、鹿毛房子訳、日本経済新聞出版社、2010年年)〕
〔98〕 Portnoy, *The Investor's Paradox*, p. 33.
〔99〕 J. Zweig, 'Behavioral Finance: What Good Is It, Anyway?', jasonzweig.com (June 20, 2015).
〔100〕 Lindstrom, *Buyology*, p. 158.
〔101〕 J. Montier, 'Painting by numbers: an ode to quant', DrKW Macro Research (August 2, 2006), p. 3.
〔102〕 Gray and Carlisle, *Quantitative Value*, p. 27.
〔103〕 Ibid.
〔104〕 Silver, *The Signal and the Noise*.〔『シグナル & ノイズ：天才データアナリストの「予測学」』(ネイト・シルバー著、川添節子訳、日経 BP 社、2013年)〕
〔105〕 M.J. Mauboussin, *Think Twice: Harnessing the Power of Counterintuition* (Harvard Business Review Press, 2012), p. 44.
〔106〕 Carlson, *Common Sense*, p. 93.
〔107〕 Gray, Vogel and Foulke, *DIY Financial Advisor*, p. 23.
〔108〕 Mauboussin, *Think Twice*, p. 45.
〔109〕 N.N. Taleb, *Fooled By Randomness: The Hidden Role of Chance in Life and in the Markets* (Random House, 2005), p. xlvii.〔『まぐれ：投資家はなぜ、運を実力と勘違いするのか』(ナシーム・ニコラス・タレブ著、望月衛訳、ダイヤモンド社、2008年)〕
〔110〕 T. Dinkelman, J. A. Levinsohn and R. Majelantle, 'When Knowledge Is Not Enough: HIV/AIDS Information and Risk Behavior in Botswana', NBER Working paper (2006).
〔111〕 B. Schwartz, *The Paradox of Choice: Why More Is Less* (Harper Perennial, 2005), p. 113.
〔112〕 Derman, *Models Behaving Badly*, p. 140.
〔113〕 Taleb, *Antifragile*, p. 190.〔『反脆弱性： 不確実な世界を生き延びる唯一の考え方』(ナシーム・ニコラス・タレブ著、望月衛監訳、千葉敏生訳、ダイヤモンド社、2017年)〕
〔114〕 Schwartz, *The Paradox of Choice*, p. 75.
〔115〕 Antonacci, *Dual Momentum*, p. 34.〔ウォール街のモメンタムウォーカー』〔ゲイリー・アントナッチ著、長尾慎太郎監修、 山下恵美子訳、パンローリング、2015年〕
〔116〕 Graham and Zweig, *The Intelligent Investor*, pp. 39.40.〔『賢明なる投資家─割安株の見つけ方とバリュー投資を成功させる方法』(ベンジャミン・グレアム著、土光篤洋監修、増沢和美訳、新美美葉訳、パンローリング、2000年)〕
〔117〕 Silver, *The Signal and the Noise*, p. 185.〔『シグナル & ノイズ：天才データアナリストの「予測学」』(ネイト・シルバー著、川添節子訳、日経 BP 社、2013年)〕
〔118〕 Carlson, *Common Sense*, p. xii.
〔119〕 Graham and Zweig, *The Intelligent Investor*, p. 31.〔『賢明なる投資家─割安株の見つけ方とバリュー投資を成功させる方法』(ベンジャミン・グレアム著、土光篤洋監修、増沢和美訳、新美美葉訳、パンローリング、2000年)〕
〔120〕 Marks, *The Most Important Thing*, p. 7.〔『投資で一番大切な20の教え：賢い投資家になるための隠れた常識』(ハワード・マークス著、貫井佳子訳、日本経済新聞出版社、2012年)〕
〔121〕 R. Hargreaves, 'Seth Klarman: Now's Not The Time To Give Up On Value', valuewalk.com (January 26, 2016).
〔122〕 M. Cremers and A. Petajisto, 'How Active is Your Fund Manager? A New Measure That Predicts Performance' (SSRN, March 31, 2009).
〔123〕 D. Yanofsky, 'How you could have turned $1,000 into billions of dollars by perfectly trading the

S&P 500 this year' qz.com (December 16, 2013).
〔124〕 Carlson, *Common Sense*, p. 66.
〔125〕 Malkiel, *Random Walk*, p. 161.〔『ウォール街のランダム・ウォーカー：株式投資の不滅の真理』（バートン・マルキール著、井手正介訳、日経 BP、2023年）〕
〔126〕 B. Casselman, 'Worried About The Stock Market? Whatever You Do, Don't Sell.', FiveThirtyEight.com (August 24, 2015).
〔127〕 Malkiel, *Random Walk*, p. 186.〔『ウォール街のランダム・ウォーカー：株式投資の不滅の真理』（バートン・マルキール著、井手正介訳、日経 BP、2023年）〕
〔128〕 M.T. Faber, 'A Quantitative Approach to Tactical Asset Allocation', SSRN (February 1, 2013).
〔129〕 E. Rosenbaum, '$128 billion and growing: Warren Buffett's Berkshire Hathaway cash puzzle', CNBC (November 1, 2019).
〔130〕 J. Felder, 'How To Time The Market Like Warren Buffett: Part 1', thefelderreport.com (August 7, 2014).
〔131〕 J. Felder, 'Don't Buy The Buy-And-Hold Line Of BS', thefelderreport.com (August 5, 2014).
〔132〕 'Trend Following In Financial Markets: A Comprehensive Backtest', philosophicaleconomics.com (January 2, 2016).
〔133〕 C.S. Asness, A. Ilmanen and T. Maloney, 'Market Timing Is Back In The Hunt For Investors', institutionalinvestor.com (November 11, 2015).
〔134〕 C. T. Howard, *The New Value Investing: How to Apply Behavioral Finance to Stock Valuation Techniques and Build a Winning Portfolio* (Harriman House, 2015), p. 9.
〔135〕 J. L. Evans and S. H. Archer, 'Diversification and the Reduction of Dispersion: An Empirical Analysis', *The Journal of Finance* 23:5 (December 1968).
〔136〕 J. Greenblatt, *You Can Be a Stock Market Genius: Uncover the Secret Hiding Places of Stock Market Profits* (Touchstone, 1999), p. 9.〔『グリーンブラット投資法：M&A、企業分割、倒産、リストラは宝の山』（ジョエル・グリーンブラット著、奥脇省三訳、パンローリング、2001年）〕
〔137〕 Graham and Zweig, *The Intelligent Investor*, p. 114.〔『賢明なる投資家―割安株の見つけ方とバリュー投資を成功させる方法』（ベンジャミン・グレアム著、土光篤洋監修、増沢和美訳、新美美葉訳、パンローリング、2000年）〕
〔138〕 Howard, *New Value Investing*, p. 95.
〔139〕 Gray and Carlisle, *Quantitative Value*.
〔140〕 Montier, Value Investing, p. 37.
〔141〕 C. H. Browne, 'Value Investing and Behavioral Finance', presentation to Columbia Business School (November 15, 2000).
〔142〕 Widger and Crosby, *Personal Benchmark*, p. 232.〔『ゴールベース資産管理入門：顧客志向の新たなアプローチ』（チャック・ウィジャー、ダニエル・クロスビー著、新井聡監訳、野村證券ゴールベース研究会訳、日本経済新聞出版社、2016年）〕
〔143〕 M. A. Jones, *Women of The Street: Why Female Money Managers Generate Higher Returns (and How You Can Too)* (Palgrave Macmillan, 2015), p. 278.
〔144〕 R. B. Cohen, C. Polk and B. Silli, 'Best Ideas', SSRN.com (March 15, 2010).
〔145〕 Silver, *The Signal and the Noise*, p. 237.〔『シグナル＆ノイズ：天才データアナリストの「予測学」』（ネイト・シルバー著、川添節子訳、日経 BP 社、2013年）〕
〔146〕 T. Griffin, 'A Dozen Things I've Learned from Marty Whitman/ Third Avenue about Investing', 25iq.com (December 15, 2013).
〔147〕 Lofton, *Warren Buffett Invests Like a Girl*, p. 86.
〔148〕 Gray and Carlisle, *Quantitative Value*, p. 16.
〔149〕 B. Shiv, 'Thinking Money – Horizontal Wine Tasting', YouTube. com (October 14, 2014).
〔150〕 Silver, *The Signal and the Noise*, p. 365.〔『シグナル＆ノイズ：天才データアナリストの「予測学」』（ネイト・シルバー著、川添節子訳、日経 BP 社、2013年）〕
〔151〕 R. J. Connors, *Warren Buffett on Business: Principles from the Sage of Omaha* (Wiley, 2009), p. 159.
〔152〕 Marks, *The Most Important Thing*, p. 33.〔『投資で一番大切な20の教え：賢い投資家になるため

の隠れた常識』(ハワード・マークス著、貫井佳子訳、日本経済新聞出版社、2012年)〕
〔153〕Ibid., pp. 46–47.
〔154〕C. H. Browne, W. H. Browne, J. D. Spears, T. H. Shrager and R. Q. Wyckoff, Jr., 'What Has Worked In Investing: Studies of Investment Approaches and Characteristics Associated with Exceptional Returns' (Tweedy, Browne Company, revised edition, 2009).
〔155〕Gray and Carlisle, *Quantitative Value*, p. 220.
〔156〕J. Lakonishok, R.W. Vishny and A. Shleifer, 'Contrarian Investment, Extrapolation and Risk' (Working paper, 1993).
〔157〕Montier, *Value Investing*, p. 75.
〔158〕Lakonishok, Vishny and Shleifer, 'Contrarian Investment'.
〔159〕R. Ibbotson, 'Decile Portfolios of the NYSE, 1967.1984', Yale School of Management Working Paper (1986).
〔160〕E. F. Fama and K. R. French, 'The Cross-Section of Expected Stock Returns', *Journal of Finance* 47:2 (1992).
〔161〕O'Shaughnessy, *What Works on Wall Street*, p. 85.
〔162〕Lofton, *Warren Buffett Invests Like a Girl*, p. 71.
〔163〕O'Shaughnessy, *What Works on Wall Street*, p. 127.
〔164〕Montier, *Little Book of Behavioral Investing*.
〔165〕Browne, '*What Has Worked In Investing*' (revised edition, 2009).
〔166〕en.wikipedia.org/wiki/Blockbuster_LLC
〔167〕M. Graser, 'Epic Fail: How Blockbuster Could Have Owned Netflix', Variety (November 12, 2013).
〔168〕Gray and Carlisle, *Quantitative Value*, p. 36.
〔169〕Lofton, *Warren Buffett Invests Like a Girl*, p. 56.
〔170〕T. Reed, 'Buffett Decries Airline Investing Even Though at Worst He Broke Even', Forbes (May 13, 2013).
〔171〕Malkiel, *Random Walk*, p. 97.〔『ウォール街のランダム・ウォーカー：株式投資の不滅の真理』(バートン・マルキール著、井手正介訳、日経 BP、2023年)〕
〔172〕Graham and Zweig, The Intelligent Investor, p. 304.〔『賢明なる投資家―割安株の見つけ方とバリュー投資を成功させる方法』(ベンジャミン・グレアム著、土光篤洋監修、増沢和美訳、新美美葉訳、パンローリング、2000年)〕
〔173〕J.D. Piotroski, 'Value Investing: The Use of Historical Financial Statement Information to Separate Winners from Losers', University of Chicago Graduate School of Business (2002).
〔174〕Ibid.
〔175〕en.wikipedia.org/wiki/Joel_Greenblatt
〔176〕S. Max, 'Writing a Bigger Book', Barron's (August 23, 2014).
〔177〕'Magic Formula Investing - In 3 Steps', theintelligentinvestor. com (June 11, 2010).
〔178〕S. Greenspan, 'Why We Keep Falling for Financial Scams', *The Wall Street Journal* (January 3, 2009).
〔179〕Carlson, *Common Sense*, p. xiii.
〔180〕Marks, *The Most Important Thing*.〔『投資で一番大切な20の教え：賢い投資家になるための隠れた常識』(ハワード・マークス著、貫井佳子訳、日本経済新聞出版社、2012年)〕
〔181〕Steenbarger, *Psychology of Trading*, p. 61.
〔182〕J. Tierney, 'At Airports, a Misplaced Faith in Body Language', *The New York Times* (March 23, 2014).
〔183〕C. F. Bond, Jr., and B. M. DePaulo, 'Accuracy of Deception Judgments', *Personality and Social Psychology Review* 10:3 (2006).
〔184〕Tierney, 'At Airports'.
〔185〕J. Montier, 'Seven Sins of Fund Management: A behavioural critique', DrKW Macro Research (November 2005).
〔186〕S. Finkelstein, *Why Smart Executives Fail: And What You Can Learn from Their Mistakes*

(Portfolio, 2004).〔『名経営者が、なぜ失敗するのか?』(シドニー・フィンケルシュタイン著、酒井泰介訳、橋口寛監訳・解説、日経 BP 社2004年)〕
〔187〕www.cfosurvey.org/about.html
〔188〕J.R. Graham and C.R. Harvey, 'Expectations, optimism and overconfidence' (2005).
〔189〕Statman, *What Investors Really Want*, p. 8. 0
〔190〕D. Giamouridis, M. Liodakis and A. Moniz, 'Some Insiders are Indeed Smart Investors' (SSRN, July 29, 2008).
〔191〕Browne, 'What Has Worked In Investing' (revised edition, 2009).
〔192〕'Warren Buffett on Share Repurchases', *Value Investing World* (September 13, 2012).
〔193〕C. J. Loomis, 'Beating the market by buying back stock', *Fortune* (November 21, 2012).
〔194〕Gray and Carlisle, *Quantitative Value*, p. 168.
〔195〕O'Shaughnessy, *What Works on Wall Street*, p. 189.
〔196〕Carlson, *Common Sense*, p. 84.
〔197〕C. H. Browne, W. H. Browne, J. D. Spears, T. H. Shrager and R. Q. Wyckoff, Jr., 'What Has Worked In Investing: Studies of Investment Approaches and Characteristics Associated with Exceptional Returns' (Tweedy, Browne Company, 1992).
〔198〕Ibid.
〔199〕Antonacci, *Dual Momentum*, p. 13.〔ウォール街のモメンタムウォーカー』〔ゲイリー・アントナッチ著、長尾慎太郎監修、山下恵美子訳、パンローリング、2015年〕
〔200〕Newfound Research, 'Two Centuries of Momentum' (www.thinknewfound.com/foundational-series/two-centuries-of-momentum).
〔201〕Ibid.
〔202〕Antonacci, Dual Momentum, p. 15.〔ウォール街のモメンタムウォーカー』〔ゲイリー・アントナッチ著、長尾慎太郎監修、山下恵美子訳、パンローリング、2015年〕
〔203〕Ibid., p. 16.
〔204〕Newfound Research, 'Two Centuries of Momentum'.
〔205〕W. E. Buffett, 'The Superinvestors of Graham-And-Doddsville' (1984).
〔206〕N. Jegadeesh and S. Titman 'Returns to Buying Winners and Selling Losers: Implications for Stock Market Efficiency', *Journal of Finance* 48:1 (1993).
〔207〕C. Geczy and M. Samonov, 'Two Centuries of Price Return Momentum', SSRN (2016).
〔208〕B. Chabot, E. Ghysels and R. Jagannathan, 'Momentum Cycles and Limits to Arbitrage–Evidence from Victorian England and Post-Depression US Stock Markets', NBER working paper (2009).
〔209〕C. S. Asness, A. Frazzini, R. Israel and T. J. Moskowitz, 'Fact, Fiction and Momentum Investing', SSRN (2014).
〔210〕O'Shaughnessy, *What Works on Wall Street*, p. 408.
〔211〕Ibid., p. 410.
〔212〕Ibid., p. 419.
〔213〕C. S. Asness, 'The Interaction of Value and Momentum Strategies', *Financial Analysts Journal* 53:2 (1997).
〔214〕E. Derman, *Models.Behaving.Badly.: Why Confusing Illusion with Reality Can Lead to Disaster, on Wall Street and in Life* (Free Press, 2012), p. 48.
〔215〕Ibid.
〔216〕Gray and Carlisle, *Quantitative Value*, p. 29.
〔217〕Graham and Zweig, *The Intelligent Investor*, p. 380.〔『賢明なる投資家─割安株の見つけ方とバリュー投資を成功させる方法』(ベンジャミン・グレアム著、土光篤洋監修、増沢和美訳、新美美葉訳、パンローリング、2000年)〕
〔218〕J. M. Keynes, *The General Theory Of Employment, Interest, And Money* (CreateSpace, 2011), p. 93.〔『雇用・利子および貨幣の一般理論』(J・M・ケインズ著、塩野谷祐一訳、東洋経済新報社、1995年、他)〕
〔219〕Zweig, 'Behavioral Finance: What Good Is It, Anyway?'.

著者略歴：ダニエル・クロスビー（Daniel Crosby）

ブリガム・ヤング大学とエモリー大学で教育を受け、博士号を取得。心理学者、行動ファイナンスの専門家、アセット・マネージャーとして活躍し、市場心理学の研究成果を金融商品の開発から証券の選択まで幅広く応用している。著書に『行動科学と投資 その努力がパフォーマンスを下げる』（長岡半太郎監修、井田京子訳、パンローリング）共著書に『ゴールベース資産管理入門：顧客志向の新たなアプローチ』（新井聡監訳、野村證券ゴールベース研究会訳、日本経済新聞出版社）がある。ノクターン・キャピタルの創設者。行動ファイナンスの最前線で活動し、ハフィントン・ポスト紙やリスク・マネジメント紙に寄稿しているほか、ウェルスマネジメント・ドット・コムやインベストメント・ニュース誌に毎月コラムを執筆している。モンスター・ドット・コムの「注目すべき12人の思想家」、AARPの「読むべき金融ブロガー」、インベストメント・ニュース誌の「40歳未満のトップ40人」などに選出。趣味は映画鑑賞と野球鑑賞（セントルイス・カージナルスの熱狂的なファン）。妻と3人の子供がいる。

訳者略歴：児島 修（Osamu Kojima）

英日翻訳者。訳書に『JUST KEEP BUYING 自動的に富が増え続ける「お金」と「時間」の法則』『サイコロジー・オブ・マネー 一生お金に困らない「富」のマインドセット』『DIE WITH ZERO 人生が豊かになりすぎる究極のルール』（以上、ダイヤモンド社）などがある。

装丁／井上新八
校正／株式会社鷗来堂
組版／株式会社キャップス

THE LAWS OF WEALTH
PSYCHOLOGY AND THE SECRET TO INVESTING SUCCESS
©Daniel Crosby

Originally published in the UK by Harriman House Ltd in 2021,
www.harriman-house.com.
Japanese translation rights arranged with
Harriman House Ltd
through Japan UNI Agency, Inc., Tokyo

富の法則
一生「投資」で迷わない行動科学の超メソッド

第１刷　2023年９月30日

著　者　ダニエル・クロスビー
序　文　モーガン・ハウセル
訳　者　児島 修
発行者　小宮英行
発行所　株式会社徳間書店
〒141-8202 東京都品川区上大崎 3-1-1 目黒セントラルスクエア
電話 編集(03)5403-4344　販売(049)293-5521
振替 00140-0-44392

印刷・製本 中央精版印刷株式会社

本書の無断複写は著作権法上での例外を除き禁じられています。
購入者以外の第三者による本書のいかなる電子複製も一切認められておりません。

乱丁・落丁はおとりかえ致します。
© Osamu Kojima 2023, Printed in Japan
ISBN978-4-19-865692-8